看懂證道歌

呂冬倪——著

to
UNDERSTAND
EVERY
THING
is to
FOGIVE
EVERYTHING

前言

我開始撰寫第一本書《看懂心經》時，我的出發點是，用「唯識學」的角度，來說明「釋迦牟尼佛到底在說什麼？」、「《心經》在講什麼？」、「佛法到底是什麼？」

我繼續撰寫第二本書《看懂禪機》時，我的想法是，用「唯識學」的角度，來說明「禪是什麼？」、「禪宗在講什麼？」、「禪機到底是什麼？」

為什要用「唯識學」的角度，來說明佛法，來解釋《心經》和「禪機」呢？因為我的學佛經驗告訴我，學習了二十幾年的佛法，仍然不知道「不生不滅、不垢不淨、不增不減、不來不去、過去心不可得、現在心不可得、未來心不可得」等等經文，到底是什麼意思？

為什麼在「拈花微笑」的公案裡，「迦葉尊者」的一個微笑，釋迦牟尼佛就傳法給他，「迦葉尊者」就成為禪宗初祖？

為什麼「二祖慧可」，初見「菩提達摩」求「安心」，菩提達摩說：「把心拿來。」二祖慧可想了良久說：「覓心不可得。」菩提達摩說：「我已經把你的心安好了。」

為什麼「菩提達摩」要傳法時，要四個徒弟做心得報告。前面三個徒弟說完，最後「二祖慧可」禮拜了菩提達摩，依次序站在自己的位置上，沒有開口說話。菩提達摩卻說：「你學到了我的精髓。」然後就傳法給他？

這些「為什麼」，等我學習到「唯識學」之後，才找到答案。原來，一切的佛法，都只是在說明一件事情。那就是，停止自己第六識「意識」的分析判斷功能，讓第六識「意識」無法傳達分析判斷的結果，給第七識「末那識」做決定，第七識「末那識」就會停止作用，無法產生「妄想執著」，被「妄想執著」覆蓋住的「自性」，自然顯現。

只有停止自己第六識「意識」的分析判斷功能，才眞正知道「不生不滅、不垢不淨、不增不減、不來不去、過去心不可得、現在心不可得、未來心不可得」等等經文，是什麼意思。因爲「生滅、垢淨、增減、來去、過去、未來、現在」等，這些「概念」都是自己第六識「意識」的分析判斷結果。「自性」是不能夠用第六識「意識」來思考的。所以，懂這個道理的人，被問到「自性是什麼？」都是用「沉默不語」，用不說話的態度來回答。

我繼續撰寫第三本書《看懂證道歌》，這是寫給有興趣學習禪法，想要每天實際修習「靜坐禪定」的讀者看的。

我建議讀者們看完《看懂心經》和《看懂禪機》之後，每天要安排至少三十分鐘來練習「靜坐禪定」，否則一切都只是紙上談兵。而練習「靜坐禪定」，身旁必須要有一本「禪修參考書」，來做爲良師良伴。

修習「靜坐禪定」的「禪修參考書」很多，常見的有「三祖僧璨」所著述的《信心銘》，「牛頭法融」所著述的《心銘》，以及「永嘉玄覺」所著述的《證道歌》。

我最推薦「永嘉玄覺」所著述的《證道歌》，因爲《證道歌》的內容淺顯易懂，是現代有心修習「禪定」者的禪修良伴。

說到寫這本書《看懂證道歌》，這還有一個奇妙的因緣故事。

其實，這本《看懂證道歌》的第一篇「初級篇：《證道歌》」部分，在二十七年前（一九九四年），我就開始著手撰寫了。撰寫的原因，是我想參加一個「禪修靜坐班」，那個班是我生平第一次實際的靜坐經驗。

想要參加這個「禪修靜坐班」，有一個規定，就是班員要事先背誦《證道歌》。爲了了解《證道歌》的內容，我就到高雄的各大書局，尋找《證道歌》的白話翻譯本，當時大約找到八本左右，全部買回家研讀。

看完這八本《證道歌》的白話翻譯本，我覺得都翻譯的不太完整。許多「名相（專有名詞）」沒有解釋，許多引用佛經的典故沒有說明，還有一些經文的字不同，甚至有一些作者的觀點解釋，居然不一樣。所以，我就興起一個念頭，我自己來寫一本清楚明白，讓人看得懂的《證道歌》白話翻譯本。

我到高雄七賢路的「佛光書局」，買到一本「臺灣商務印書館」出版的《佛教思想大辭典》，作者是吳汝鈞先生。然後，開始撰寫我生平的第一本書，我把它取名爲《證道歌啟示錄》，還自己取一個筆名「道旺」。

這本《證道歌啟示錄》，總共寫了八個月，完稿日當天，就在我最敬愛奶奶的靈柩旁。我奶奶於一九九四年的年中過世，家人日夜輪流守靈，完稿的那一天，剛好輪到我守通宵。在凌晨完稿時，我面向奶奶的靈柩，雙手合十，心裡默念禱告：這本《證道歌啟示錄》我將影印送給有緣人，假如日後有「法施」的功德，我願全數迴向給在天上的奶奶。

一九九五年的某日，我找一家文具店，幫我把《證道歌啟示錄》的原稿影印，並且裝訂成書，共計一百本。我留下五十本，另外五十本送給準備一起參加「禪修靜坐班」的同修們。同修們收到這本書，都開心極了，直說看完比較了解《證道歌》的內容，有助於背誦。

後來，這本《證道歌啟示錄》，在我結束「禪修靜坐班」的課程後，陸續還有「靜坐班」的同修們，向我索取。到了二零零七年，我還印了修訂再版的《證道歌啟示錄》，因爲經過十二年的精進學習，我對《證道歌》，又有新的心得。

二零一三年，我獲邀到美國紐約的一個道場講課。道場的主持人，就是當年一起參加「禪修靜坐班」的一位同修。當我到達道場時，遇到許多人都睜大眼睛，問我說：「你就是呂冬倪嗎？」「是的！我就是！請問有什麼事嗎？」我疑惑的回答著，因爲我不認識他們，他們就笑著拿出一本書給我看。

我一看，天啊！這不就是我十八年前寫的《證道歌啟示錄》嗎？我的書怎麼會出現在美國紐約的這個道場裡？而且還人手一本？後來才知道，原來他們這裡也在開「禪修靜坐班」。道場主持人，也就是我當年同班的同修，把我送給他的《證道歌啟示錄》，再影印成書，分發給參加靜坐的人員。知道原委之後，心裡頓時感動莫名，原來這本《證道歌啟示錄》，是可以利益衆生的。

直到二零二一年的今天，當我想撰寫一本練習「靜坐禪定」的「禪修參考書」時，第一個想到的就是這一本，二十六年前所寫的《證道歌啟示錄》。

當我把這本《證道歌啟示錄》做第三次修訂後，我覺得這本《看懂證道歌》，應該再加入二個重要的禪修資料，才會更加完善，成爲禪修者一輩子的良師良伴。因爲，《證道歌》只是適合初學者的「禪修參考書」。

所以，我再加入適合中級禪修的「《楞嚴經》的五十種陰魔」，以及適合高級禪修的「八部修習禪定的經典」，就完成這本《看懂證道歌》。

我現在繼續著手在撰寫我的第四本書《看懂宗教》，敬請期待！

最後，讀者們可以掃描本書背面的QR Code，或者上網瀏覽我設立的《看懂系列叢書網頁》，可以獲得更多的資訊，網址如下：https://www.kandonbook.com/

呂冬倪

二零二一年六月寫於 澳洲・布里斯本・家中

導讀

這本《看懂證道歌》原本只有《證道歌》的部分，但是爲了更加完善這本定位爲「禪修者一輩子的良師良伴」的「禪修參考書」。所以，最後我決定再加碼「中級」和「高級」的禪修資料。

《證道歌》是適合「初學禪修者」的參考書，「《楞嚴經》的五十種陰魔」是適合「進階禪修者」的參考書，而「八部修習禪定的經典」是適合「高階禪修者」的參考書。

以下簡單說明這三大部分的重點和內容，讓讀者們在最短的時間內，知道自己適合閱讀哪個階段的「禪修參考書」。

《看懂證道歌》重點導讀：

（一）第一篇　初級篇：《證道歌》

簡介作者「永嘉禪師」、關於《證道歌》、本書的編寫方式、《證道歌》的全文翻譯和《證道歌》的原文。

我參加「禪修靜坐班」之前，必須背誦《證道歌》，因爲老師會在適當的時機，誦出書中的經文，來印證自己當下的境界。「夢裡明明有六趣。覺後空空無大千。」這一句經文，是我的最愛。當你背熟了《證道歌》，你自己在用功修習靜坐禪定時，一遇到境界發生，你的腦海裡，自動會搜尋出，適合這個境界的經文，就好像作者「永嘉禪師」，隨時在你的身旁諄諄教誨一般。

總結《證道歌》的全文重點只有一個：學習佛法，剛開始要精進不懈怠，盡量去博覽群經；一旦明白釋迦牟尼佛的教導，接下來就要專心修習禪定，不要再執著所看過的佛經。看懂佛經之後，你只需要做一件事情：就是忘了所有的佛經，然後「專心修習禪定」。

要想「不除妄想，不求眞」，只有一個方法，就是修習禪定，停止自己第六識「意識」的分析判斷功能，你的第七識「末那識」才會停止作用，你的「自性、佛性、如來藏」才會顯現出來。

（二）第二篇 中級篇：《楞嚴經》的五十種陰魔

簡介《楞嚴經》、五十種陰魔、《楞嚴經》卷九翻譯（部分）、《楞嚴經》卷十翻譯（部分）、《楞嚴經》卷九原文（部分）和《楞嚴經》卷十原文（部分）。

總結《楞嚴經》所謂的「五十種陰魔」，包括「陰魔（禪修者自己心裡生出來的「五陰魔」）」，各種外來的天魔、魍魎、妖精和鬼神，以及從禪定中，得到少許的禪定功夫，就自滿自足，內心所生出的狂妄自大「外道魔」。

常有朋友問我一個問題：聽說學習靜坐禪定，一不小心就會「走火入魔」。我笑著回答他說：「放心好了，你還沒有資格『走火入魔』。」因為，必須經過長期練習「靜心」的過程，一直到能夠「息心、住心」，才有「境界」會出現。有「境界」出現，才會有「走火入魔」的問題。

那什麼是「走火入魔」呢？

⑴走火：是屬於「生理」上的問題，在修習靜坐時，長時間的意守「丹田（肚臍眼下面一寸三分的地

方）」，用「意識」把「心念」集中在那裡，那裡就會發燒、發熱，這就稱爲「火」。當你想要把這個「火」，用「意識」來引導，打通「任、督二脈」，甚至於轉「小周天、大周天」的時候。如果是業障太重，或者是心情過於急躁；或者是方法拿捏不對，就會產生「氣血逆流」的情況。氣血運行不順，就會引發血管或者心臟的疾病；或者「神經叢」收縮，導致「微細神經」受損；甚至發生吐血、半身不遂的現象。

⑵入魔：是屬「心理」上的問題，「入魔」有數種方式，常見的有二種。一種是「天魔附身」，通常是修行者希望神佛加持，助其修行；另一種是通過長時間精神上的自我強化，則會產生「幻境」，信以爲眞，所謂「魔由心生」，最後產生精神疾病。

「走火」的問題，只要記住一個原則：「不理它、隨順它」，就可以解決。禪修時，身體會有發熱、氣動、癢、酸、刺、痛、麻等等感覺，都不要管它。這是身體在做自我修復時，所產生的自然正常現象。等身體自我修復完畢，這些現象就會消失。

而「入魔」的問題，就要詳細閱讀《楞嚴經》中，釋迦牟尼佛所介紹的「五十種陰魔」。禪宗祖師提示學人，靜坐禪修時，要「佛來佛斬，魔來魔斬」。意思是說，在境界當中見到「佛」現身時，不崇拜、不歡喜；看到「魔」現前時，也不厭惡、不畏懼。「佛」代表好的境界；「魔」代表壞的境界；「斬」就是不理它。看到好的，不貪著；看到壞的，也不煩惱；好的境界不理它，壞的境界也不理它，心不落兩邊，才能離相，達到「無相」的境界，心就能得自在。

（三）第三篇　高級篇：推薦八部修習禪定的經典

我推薦《治禪病祕要法》、《佛說大安般守意經》、《修行道地經》、《坐禪三昧經》、《五門禪經要用法》、《達摩多羅禪經》、《禪祕要法經》以及《禪法要解》，共計八部述說修習禪定的經典。等你修習禪定有境界了，再研習這八部經典，你會受益匪淺，一切妙處，盡在無言中，法喜充滿在心中。

目錄 CONTENTS

第三篇

高級篇：推薦八部修習禪定的經典

第一篇

初級篇：《證道歌》

簡介作者「永嘉禪師」

一、簡介作者「永嘉禪師」

永嘉禪師，俗姓戴，字明道，法號「玄覺」，又號「眞覺大師」，謚號「無相」，溫州永嘉人（今屬浙江省）。「永嘉」是地名，唐朝在此地設置溫州，宋、元、明、清時稱此地爲「溫州府」，現今此地稱爲「浙江省永嘉縣」。世人稱呼作者以「地名」代替「姓名」，是表示尊敬之意。稱呼「禪師」而不稱爲「祖師」，是因爲雖然有得道，但是並沒有掌道統。

永嘉禪師，是唐朝的高僧，四歲就出家，熟讀「三藏（經藏、律藏、論藏）」，精通「天台宗」的「止觀法門」。他在日常的「行、住、坐、臥（卽四威儀）」中，時常表現出他的禪觀，並且能夠在沒有師父的教導下，自己一個人坐禪、誦讀《維摩經》而有所悟。

永嘉禪師，是唐朝「禪宗」、「天台宗」兩宗的大師，提倡「禪宗」、「天台宗」融合之說。永嘉禪師曾經向禪宗「六祖惠能」請益，並且得到印可。六祖惠能留他住一晚，後人稱爲「一宿覺」，著有《永嘉集》以及《永嘉證道歌》，《永嘉證道歌》是記錄永嘉禪師的悟境。

二、永嘉禪師的「一宿覺」

永嘉禪師曾經向禪宗「六祖惠能」請益，兩人談完之後，永嘉禪師的悟境得到六祖惠的認可，並且要留永嘉禪師住一晚，後人稱爲「一宿覺」，這段精彩的對話過程，記錄在《六祖大師法寶壇經》裡面。

《六祖大師法寶壇經》機緣品第七原文：

永嘉玄覺禪師，溫州戴氏子。少習經論，精天台止觀法門。因看《維摩經》發明心地。

偶師弟子玄策相訪，與其劇談，出言暗合諸祖。

策云：「仁者得法師誰？」

曰：「我聽方等經論，各有師承。後於《維摩經》悟佛心宗，未有證明者。」

策云：「威音王已前即得，威音王已後，無師自悟，盡是天然外道。」

曰：「願仁者為我證據。」

策云：「我言輕。曹溪有六祖大師，四方雲集，並是受法者。若去，則與偕行。」覺遂同策來參，繞師三匝，振錫而立。

師曰：「夫沙門者，具三千威儀、八萬細行。大德自何方而來，生大我慢？」

覺曰：「生死事大，無常迅速。」

師曰：「何不體取無生，了無速乎？」

曰：「體即無生，了本無速。」

師曰：「如是，如是！」

玄覺方具威儀禮拜，須臾告辭。

師曰：「返太速乎？」

曰：「本自非動，豈有速耶？」

師曰：「誰知非動？」

曰：「仁者自生分別。」
師曰：「汝甚得無生之意。」
曰：「無生豈有意耶？」
師曰：「無意，誰當分別？」
曰：「分別亦非意。」
師曰：「善哉！少留一宿。」
時謂一宿覺。後著《證道歌》，盛行于世（謚曰無相大師，時稱為真覺焉）。

《六祖大師法寶壇經》機緣品第七翻譯：

永嘉禪師，溫州人，俗家姓戴。他年輕的時候，就學習佛經和佛論，精通「天台宗」的「止觀法門」，後來看了《維摩經》而明白心地法門。

偶然間，六祖惠能大師的弟子「玄策禪師」來拜訪，和他談論佛法。永嘉禪師所談的佛理，和過去禪宗的祖師們所說的佛理互相吻合。

玄策禪師問永嘉禪師說：「仁者，你拜誰爲師？在那裡得法？」

永嘉禪師說：「我聽《方等經》的經論，都有老師教導，都各有傳承。後來，我自己看《維摩經》，了悟佛的心印法門，並沒有經過大德給我印證。」

玄策禪師說：「自己悟佛道，若是在『威音王佛』以前就可以，但是在『威音王佛』以後，沒有老師教導，而自己領悟佛道的人，都是天然外道。」

（說明：據說在『威音王佛』以前，並無其他的佛，『威音王佛』是第一尊佛，所以『威音王佛』被用來表示極爲久遠的意思，在《法華經》中曾經論及此古佛的名字。）

●名相：威音王佛

◎釋文：「威音王佛」，又稱作「寂趣音王佛」，是過去「莊嚴劫」最初的佛名。《法華經》卷六「常不輕菩薩品」：「乃往古昔，過無量無邊不可思議阿僧祇劫，有佛名威音王如來、應供、正遍知、明行足、善逝、世間解、無上士、調御丈夫、天人師、佛、世尊，劫名離衰，國名大成。其威音王佛於彼世中，爲天人、阿修羅說法。（中略）是威音王佛壽四十萬億那由他恆河沙劫，正法住世，劫數如一閻浮提微塵；像法住世，劫數如四天下微塵。其佛饒益衆生已，然後滅度。正法、像法滅盡之後，於此國土復有佛出，亦號威音王如來、應供、正遍知、明行足、善逝、世間解、無上士、調御丈夫、天人師、佛、世尊。如是次第有二萬億佛，皆同一號。」可知「威音王佛」是多數佛的佛名。

永嘉禪師說：「希望仁者爲我印證。」

玄策禪師說：「我說的話不夠份量，還不夠資格給你印證。在曹溪南華寺有位六祖惠能大師，非常有名，四面八方求法者，如雲一般的聚集前往，而且他是達摩祖師衣缽的第六代傳人。如果你想請六祖惠能大師給你印證的話，那我可以和你同行一起去。」

永嘉禪師於是和玄策禪師一起到南華寺參禮六祖惠能。兩人到達以後，永嘉禪師便以印度傳來的禮儀，繞著六祖所坐的禪床走三圈後，然後站在六祖惠能的面前，舉起錫杖向地面一振而站立。

六祖惠能說：「做爲一個沙門（出家人），要具足三千威儀、八萬細行。大德！你是從何方而來，怎麼生出這麼大的我慢？」

永嘉禪師說：「生死這件事，比任何事情都重大，無常鬼不知道何時會來。那有時間講究行禮的細節呢？」

六祖惠能說：「爲什不去體悟不生不滅的無生境界？爲什麼不去了解無常迅速的道理？」

永嘉禪師說：「體悟的話，就沒有所謂生死，也沒有所謂速遲。」

六祖惠能說：「你答的對，是這樣！是這樣！」

經過六祖惠能的印證之後，永嘉禪師這才具足威儀，向六祖惠能禮拜。過了片刻，永嘉禪師就向六祖惠能告辭。

六祖惠能說：「你這麼快就要回去了嗎？」

永嘉禪師說：「我本來的自性並沒有動，遲與速的分別，是人心在動，本來的自性，那有遲速的分別？」

六祖惠能說：「是誰知道你沒有移動？」

永嘉禪師說：「這是仁者您自己生出來的分別心。」

六祖惠能說：「你很能體悟不生不滅，無生的道理。」

永嘉禪師說：「在無生的境界裡，哪裡還有體悟的意識呢？」

六祖惠能說：「無生沒有意識，那又誰來分別呢？」

永嘉禪師說：「分別也不是由意識所造成的，原本自性並沒有所謂的分別與意識。」

六祖惠能說：「你講得很好！不妨在這裡留宿一晚。」

永嘉禪師「一宿覺」的典故，就源於此。後來，永嘉禪師著作一篇《證道歌》盛行於世。圓寂後，唐睿宗追封爲「無相大師」，當時又被尊稱爲「眞覺禪師」。

第二單元

關於《證道歌》

《證道歌》是永嘉大師彙整他本身對道的體悟，以及從六祖惠能那裡參得的悟境，再加上修道的要訣，用古詩的方式，寫成的長詩，可以用來歌唱吟誦。

《證道歌》是以詩偈（音ㄐㄧˋ）的方式所寫成，原則上以四句（每句七個字）為一首，起首的四句，先立綱領，之後的各首，再逐一解說。所謂「偈」是梵語，音譯為「伽陀、偈他」，即「詩、頌」之意，在經藏和論藏中，時常以詩句的形式，來表示佛的思想，這就是「偈」。

《證道歌》與《十牛圖》、《信心銘》、《坐禪儀》合稱為《禪宗四部錄》，是自古以來，有心修禪的人，必讀的禪學入門書。

總結《證道歌》的全文重點只有一個：

學習佛法，剛開始要精進不懈怠，盡量去博覽群經；一旦明白釋迦牟尼佛的教導，接下來就要專心修習禪定，不要再執著所看過的佛經。看懂佛經之後，你只需要做一件事情，就是「專心修習禪定」，要忘了所有的佛經，要「不除妄想，不求真」，你的第七識「末那識」才會停止作用，你的「自性、佛性、如來藏」才會顯現出來。

第三單元

本書的編寫方式

大多數出書翻譯《證道歌》的作者，對《證道歌》的解釋方式，大致上分爲三種：

⑴一句一句的解釋。

⑵以一個段落來解釋。

⑶按照「詩偈的方式」來解釋。

我喜歡以「詩偈的方式」來研讀與解釋，因爲這樣才合乎詩偈的精神，並且有助於記憶。

我把《證道歌》分爲六十三首，原則上參照詩偈的寫法，但是其中有幾首，爲便於連貫解釋，故也有以六句爲一首的研討方式。

本書的編寫方式，分爲五個項目：

⑴名相解釋：就是「專有名詞」解釋，遇到不常見的字，附上注音以便於閱讀。

⑵詩偈簡譯：卽詩句的白話解釋。

⑶詩偈典故：有時詩句都會有由來與典故，明白典故的內容，更有助於了解與記憶。

⑷詩偈啟示：卽詩句中對修道者的啟示，內容包含我的心得。

⑸備註：不同版本的《證道歌》，居然有不同的字句與解釋，我把它們挑選出來，並且逐一做比較。

《證道歌》翻譯

一、君不見。絕學無為閒道人。不除妄想不求真。無明實性即佛性。幻化空身即法身。

（一）名相解釋：

⑴君：對一般人的尊稱，例如「先生、小姐」。

⑵絕學：絕棄人世間，一切有「分別對待性」的「知識學問」。

⑶無爲：沒有生滅變化、無造作、無分別對待的境界。

⑷道人：在唐朝時代，學佛之人稱爲「道人」。

⑸妄想：卽以虛妄顚倒的心，分別諸法的相。亦卽由於心的執著，而無法如實知見事物，遂產生謬誤的分別。

⑹眞：眞實，指不生不滅，「眞如」的「無爲法」。「眞如」是指遍布於宇宙中眞實的本體；爲一切萬有的根源。「無爲法」是指非由因緣所造作，離生滅變化而絕對常住的法。

⑺無明：爲煩惱的別稱，卽闇昧事物，不通達眞理與不能明白理解事相或道理的精神狀態。亦卽不達、不解、不了，而以愚癡爲其自相。泛指無智、愚昧，特指不解佛教道理的世俗認識。

⑻實性：卽本性、本質、眞如、空性，「實性」是指以「相對論」而言，「無明」的相對就是「有明」，也就是說已經「悟道」。但是以佛的立場來說，「有明」是要被否定的，因爲它只是人類爲

了說明「無明」，而從第六識「意識」中所顯現的一個「妄想」而已。比如說人類看鏡子時，有乾淨與不淨的相對分別，但是對鏡子本身而言，它並沒有乾淨與不淨的區別，淨與不淨只是人們第六識「意識」的想法罷了。「實性」就好比人們眼中「乾淨的鏡子」，其實它是不存在的。眞實的「本性」，也可以說是已悟道的境界，那是一種「絕對性」，沒有二分法的「相對性」，它是不生不滅、不垢不淨、不增不減、無善無惡的狀態。

(9) 佛性：爲「如來藏」的異名，佛的本性。一切衆生都有佛性，凡夫以煩惱覆蓋「佛性」而無顯現，若斷煩惱卽顯現「佛性」。

(10) 空身：指人類的肉體，因爲肉體是「因緣合和」的產物，最後會因死亡而腐敗消失，無法長存在人世間，所以人類的身體是「幻化」的，是「空」的。

(11) 法身：指佛所說的正法、佛所得的無漏法，以及佛的自性眞如「如來藏」。小乘諸部對「佛所說的教法」和「佛所得的無漏功德法」，皆稱爲「法身」。大乘則除此之外，別以佛的「自性眞如」稱爲「法身」，謂「法身」卽無漏無爲、無生無滅。總結來說，「法身」卽「自性身」，這是成就佛法的身體，但是這個身體不是物質，而是精神的意義。一切衆生皆有「佛性」，若未悟道的時候，「佛性」稱爲「如來藏」；若已悟道，則稱「佛性」爲「法身」。「法身」不隨人的色身敗滅而消失，它可長存於天地之間。簡單的說，「法身」就是眞理的本體。

（二）詩偈簡譯：

諸君！你們沒有看見嗎？有一種修道者，他絕棄一切的知識學問，而歸於無分別對待的境界，這種修道者的內心，才能眞正的安靜清閒。對於悟道的人來說，他不去想「去除妄想」，也不去想「追求眞理」。他明白「無明」與眞實的「本性」都是「佛性」，他了解「佛法」就在自己的身體裡面。

（三）詩偈啟示：

(1)「絕學無爲閒道人」是《證道歌》的主角，它很淸楚的明示修道的方法。在禪宗的修道法門中，強調的是「直指人心，見性成佛。」意思是：不經任何言說的教導，也不依賴經典的權威性，直接了當的指出，人類心靈的本質就是佛性，若能當下徹見這個佛性，便卽成佛。所以，禪宗不重視經典的研討，認爲讀太多的經典，反而容易成爲「文字障」。

但是，請讀者別誤會禪宗是「不看經典」的門派，而是「不重視經典」，意思是：當你了解經典的意思，就直接去修行，不要再「執著戀眷經典」。所以，當你還不了解佛法時，你當然還是要深入研讀經典。

永嘉禪師提倡「絕學無爲」這個觀念，道家的老子在《道德經》第十九章裡，也提到：「絕學無憂」的相同論點。

但是，爲什麼要「絕學」？爲什麼要「絕棄一切知識學問」呢？假如要學習佛法，而不去研讀學習佛經，那我們要怎麼學習佛法呢？所以，單從字面上去解釋，就會誤解會錯意的。

正確的解釋，可以在老子的《道德經》得到。但是，老子在《道德經》第十九章所提到的「絕學無憂」，也被許多人誤解。許多人直接解釋爲「絕棄學問，就不會有憂慮」。

其實，「絕學」的「學」指的是「巧智之學」，和社會上的復雜現象。學習越多的世間知識，反而會帶來越多的「分別對待心」，而帶來越多的煩惱，所以絕棄「世間的學問」比較好。

但是，「絕棄學問」這種字面上的解釋，太不合邏輯了。一般人「絕棄學問」，就什麼都不懂，怎麼可能不會有憂慮呢？

根據《史記・老子傳》的記載，老子中年以後，到洛陽城擔任過「周守藏室之史」的職位。「藏室」是藏書和檔案的地方，「周守藏室」就是周朝的國家圖書館，「藏室之史」就是管理周代王朝圖書的史官。也就是說，老子擔任過「圖書館館長」，想必他老人家博覽群書，鑽研各種知識，老子怎麼會要大家「絕棄學問」呢？我們先來了解一下《道德經》的原文。

《道德經》第十九章原文：

絕聖棄智，民利百倍；絕仁棄義，民複孝慈；絕巧棄利，盜賊無有。此三者以為文，不足。故令有所屬：見素抱朴，少思寡欲，絕學無憂。

《道德經》第十九章翻譯：

拋棄聰明智巧，人民可以得到百倍的好處；拋棄仁義，人民可以恢復孝慈的天性；拋棄巧詐和貨利，盜賊也就沒有了。聖智、仁義、巧利這三者全是「巧飾（詐僞粉飾）」，做爲治理社會病態的法則是不夠的。所以，要使人們的思想認識有所歸屬，保持純潔樸實的本性，減少私慾雜念，拋棄聖智禮法的「浮文（外表華麗內容空泛的文章）」，才能免於憂患。

老子認爲「絕學無憂」，意思是：不要跟學當時走紅的「顯學（聖智禮法）」，以免擾攘天下。一個人的本性，沒有被後天的人爲思想所薰染過，也沒有被後天的技巧雕鑿加工過，原本是純樸的。

百姓學習當時走紅的「顯學（聖智禮法）」，會破壞百姓純樸的本性。唯有不學功利之學，不學機巧心機，才能保持本性的純良。唯有拋棄聖智禮法的「浮文（外表華麗內容空泛的文章）」，才能免於憂患。

老子說「絕學無憂」，這是老子對於當時社會風氣的諷刺，也是修道的心法。老子擔任過「圖書館館長」，他當然博覽群書，鑽研過各種知識。老子修道之後，了解到後天的學問，會阻礙修道。

以「唯識學」來解釋「絕學」，學習後天的學問，是用自己的第六識「意識」的分析判斷功能來學習，學習越多，讓第七識「末那識」產生更多的「妄想執著」，更加蒙蔽自己的「自性」。所以，老子才會說「絕學」才是修道的正確途徑。

事實上，「絕學」這兩個字，要分兩個階段來解釋：第一個階段：要精進學習學問；第二個階段：要懂得捨棄學問。

要學習佛法，首先你要先精進學習佛法學問，明白道理之後，再依照佛法學問的方法，捨棄佛法學問來修道。

第一個階段：要精進學習學問。修行菩薩道的方法為「六度波羅蜜」，分別是「布施、持戒、忍辱、精進、禪定、智慧」，其中的「精進波羅蜜」的「精進」就是「身體勤勞、不懈怠」的意思，學習佛法要勤勞、不懈怠。

第二個階段：要懂得捨棄佛法學問。在《金剛經》中，釋迦牟尼佛說：「汝等比丘，知我說法，如筏喻者，法尚應捨，何況非法。」，「筏」是船筏，是指佛法，「筏喻」是說：佛法就好像過河用的竹筏一樣，渡脫生死苦海，到了對岸，一定要離開竹筏才能上岸，到達涅槃的境界。學習佛法，就要懂得「捨舟登岸」，放下一切賴以超脫生死的佛法。

老子和釋迦牟尼佛的教導是一致的，老子不但提倡要認真學習學問，而且他還分為「為學」和「為道」的兩種不同的學習方法。

《道德經》第四十八章原文：

為學日益，為道日損。損之又損，以至於無為。無為而無不為。

《道德經》第四十八章翻譯：

求學問是一點一點累積起來的，越學習，知識越多；修道是把所有的知識學問，以及一切心中所有的妄想執著，慢慢的減少，以至於達到無爲的境地，無論什麼都要放下丟掉。所以，「學問」是加法，「修道」是減法，什麼都要空掉，這兩者的學習方法剛好相反。

第一個階段：「爲學」是對「形而下」學問的學習，是外求的，能夠一天一天的增長學識，用的是「加法」，就像釋迦牟尼佛所說的「精進波羅蜜」。

第二個階段：「爲道」是對「形而上」生命的探討，是內求的，要去除貪、瞋、癡三毒和顚倒夢想等等，所以一切的學問知識，必須一點一點的損掉，用的是「減法」。

「損之又損，以至於無爲」，損掉一切的學問知識；「以至於無爲」，損掉到最後，連「空」也損掉，損掉到「一無所有」。就像釋迦牟尼佛所說的「筏喻」，要「捨舟登岸」，放下所有的佛法；「無爲而無不爲」，然後「如來藏（自性）」顯現，這時就會無所不有，無所不知。

(2)「不除妄想不求眞」對初學者而言，可能看不懂它在表達什麼？其實道理很簡單，引兩句《金剛經》的經文來說明就懂了。《金剛經》：「一切有爲法，如夢幻泡影，如露亦如電。」又說：「凡所有相，皆是虛妄，若見諸相非相，卽見如來。」只要內心產生「要去除妄想，要追求眞理」的想法，立卽成爲「有爲法」和「相」的狀態。因爲，有此想法，表示在你的意識內，尚有「我有妄想，我不知道眞理。」的潛意識思想，如此便有了「分別對待心」。在佛的境界裡，只有「絕對論」，而沒有「相對論」，所以六祖惠能說：「不思善，不思惡。」，《般若心經》說：「不生、不滅、不垢、不淨、不增、不減。」。

以「唯識學」來解釋，「妄想」和「眞理」都是自己的第六識「意識」的分析判斷結果，再傳達結果給第七識「末那識」之後，就會產生「我要除妄想」，「我要追求眞理」的「妄想執著」，更加蒙蔽自己的「自性」。

所以，永嘉禪師才會告誡禪修者，修習靜坐禪定的時候，必須要「不除妄想不求眞」。修習靜坐禪定，遇到「妄想」出現時，你的念頭只是默默的注視著「妄想」，不去理它，「妄想」就會消失不見，這才是修習靜坐禪定的正確方法。

(3)「無明實性卽佛性」可以直譯為「無明有明皆佛性」，因為與「無明」相對的就是「有明（實性）」。這要舉個例子比較容易解釋：假設「佛性」是「海水」，「無明」是「海浪」，而「實性」就是平靜的「海水」，亦卽沒有受風吹擊狀態的「海水」，也就是「非海浪」。

好！現在我們仔細來觀察，「海浪」的成份是「海水」，而「非海浪」的成份也是「海水」。原本「海水」是沒有動靜的分別，都是由「人心」生起「分別對待心」，才有所區別。

修道就是要了解「無明」與「實性」都來自佛性，而以另外一個角度來探討，「無明」與「實性」根本就是虛妄不存在的東西，都是由「人心」所想出來的東西。

(4)「幻化空身卽法身」可以用另外一句詩來解答：「佛在靈山莫遠求，靈山只在你心頭，人人有個靈山塔，好向靈山塔下修。」人人皆有一個「自性佛」，所以修道的目的，是想把自性佛從肉體中顯現出來，也就是說自性佛（法身）就藏在肉體內。

（四）備註：

有些書籍把「閒道人」寫成「閑道人」，經查字典得知，「閑」同「閒」字，並非寫錯。

二、法身覺了無一物。本源自性天真佛。五蘊浮雲空去來。三毒水泡虛出沒。

（一）名相解釋：

⑴覺了：音ㄐㄩㄝˊ，覺悟、明白。

⑵本源：根本、起源。

⑶自性：即諸法各自具有眞實不變、清純無雜的個性，也就是「佛性」。

⑷天眞佛：「天眞」是天然而不假造作的眞理，「天眞佛」是說佛性是天然眞實的，即「法身佛」。

⑸五蘊：「蘊」是「積集」之意，構成我們的存在，以至於周圍環境的五種要素的集合，即是「五蘊」。分別如下：

①色：指身體或物質性的東西。

②受：感覺或感受作用。

③想：想像，心中浮現的形象。

④行：意志，意念，衝動的欲求。

⑤識：認識作用、識別作用或意識。

簡單的說，「色」是「身體」，「受、想、行、識」則是「心的作用」，故合起來即是「身、心」。物質面（色）與精神面（受、想、行、識）這五者合起來，構成我們的生命存在，在這五者的積集以外，我們找不到獨立的自我。

⑹三毒：三種基本的煩惱，能障礙善根的發展，即「貪、瞋、癡」。「貪」是貪欲（過度求索的欲念）；「瞋」是瞋恚（氣憤發怒；「瞋」是張大眼睛、發怒、生氣；「恚ㄏㄨㄟˋ」是怨恨、憤怒）；「癡」是愚癡（愚昧無知，不明事理的精神作用）。佛以「三毒」比喻「火」，謂能燃燒眾生的身心，使眾生流轉於生死苦域，無有出期，又稱爲「三衰」。

（二）詩偈簡譯：

假如能夠覺悟，你就會明白我們自性佛的法身，本來就是空無一物的。我們自己本有的佛性，是天然眞實的，沒有「分別對待」的相對性。「五蘊（色、受、想、行、識）」，就如同空中的浮雲一般，飄來飄去，忽聚忽散，出沒無常，是不眞實的。「三毒（貪、瞋、癡）」，就好像水裡的泡沫一樣，一會兒在水上浮出，一會兒又破滅了，是虛幻無實體的。

（三）詩偈啟示：

⑴「法身覺了無一物」是在描述悟道時，當下自身的感受，六祖惠能曾說過：「菩提本無樹，明鏡亦非臺，本來無一物，何處惹塵埃？」。

⑵「本源自性天眞佛」是說，我們本身的「自性」佛性，是自然而眞實的，是一種絕對的狀態，而非二分法的「分別對待」的相對狀態。

⑶「五蘊浮雲空去來」說明了，無論是肉體或是精神，都不是永恆的。試想一旦人死亡，肉體會腐

敗，而精神則隨著靈魂去投胎受果報，一切歸於空無。

(4)「三毒水泡虛出沒」說出了，蒙蔽我們自性佛的元凶，「三毒（貪、瞋、癡）」中的「瞋」，是「三毒」中最毒的，人一生起瞋恨心，就無所不爲，什麼事都做的出來，所以說：「一把無明火，燒盡功德林。」。

（四）備註：

有些書籍把「五蘊」寫成「五陰」，其實兩者同義，只是個「異名」罷了。爲什麼叫做「五蘊」？因爲它是「蘊結」而成的；爲什麼叫做「五陰」？因爲它屬於「陰」，隱沒伏藏著。

三、證實相。無人法。剎那滅卻阿鼻業。若將妄語誑衆生。自招拔舌塵沙劫。

（一）名相解釋：

(1)實相：原義爲本體、實體、眞相、本性等；引申指一切萬法，眞實不虛的體相，或眞實的理法、不變的眞理、眞如、法性等。此是釋迦牟尼佛覺悟的內容，意卽本然的眞實，舉凡「一如、實性、實際、眞性、涅槃、無爲、無相」等，皆爲「實相」的異名。以世俗認識的一切現象均爲假相，唯有擺脫世俗認識才能顯示諸法常住不變的眞實相狀，故稱「實相」。

(2)人法：卽「人」與「法」的並稱，「人」指說教者或受學者，「法」指所說的教法或所學的教法。

(3)剎那：音ㄔㄚˋ ㄋㄚˋ，又讀ㄔㄚˋ ㄋㄨㄛˊ，爲梵音，指極其短促的時間，卽一個心念起動之間，意爲「瞬間」，爲表示時間的最小單位，「一彈指」的時間等於六十五個「剎那」。

(4) 阿鼻業：「阿鼻業」是指犯下必須在「阿鼻地獄」受苦報的罪業。「阿鼻」是梵語，譯做「無間」，意爲無間斷的受苦，指「阿鼻地獄」而言。此地獄沒有空間，一人也滿，多人也滿，有衆生犯了「五逆（殺父、殺母、殺阿羅漢、傷佛身體使流血、破壞僧團的團結）」謗法的重罪，便要墮落到這個地方。「業」是「行爲」的意思，爲梵語，本來單指「行爲」，後來與因果關係結合，因而成爲由前時遺留下來，存續下來，繼續發生作用的一種力量。換句話說，一種「行爲」，必會帶來或善或惡，或苦或樂的果報，由前世引發至今世，以繼續在來世發生作用，此「業力」卽產生輪迴的作用。

(5) 妄語：荒謬的言語，特指以欺人爲目的而說的虛妄語。

(6) 誑：音ㄎㄨㄤˊ，欺騙之意。

(7) 衆生：有生命的存在，指人也泛指一切動物，「衆生」是古譯，玄奘以後，譯爲「有情」。「衆生」一語，一般指迷界的「有情」。

(8) 拔舌：指「拔舌地獄」，是口出惡言者，所墮入的地獄，他所受的痛苦，是以鐵鉗拔其舌。

(9) 塵沙劫：「劫」是梵語，這是印度表示極其長久時間的單位，通常用來表示「世界」的年齡，如世界的「成、住、壞、空」，都用「劫」來量度。「塵沙劫」是以「塵沙」來說「劫」，指極其長久的時間。

（二）詩偈簡譯：

假如能證得自己本有的實相，就沒有「我執」和「法執」了，而且在刹那間，消滅了累世以來，所造的「無間地獄」的罪業。假如我所說的話，是欺騙你們的，那我自己將招惹進入「拔舌地獄」，而且要經過像塵沙那麼多的長劫時間。

（三）詩偈啟示：

⑴「證實相無人法」說明了，修道者必須要去除「我執」及「法執」，才能夠見到自己的「自性」。

「我執」是對「自我」起執著，而產生錯誤的見解，以為生命中有「常一」，而能作主宰的自我，以為有永遠不變的主體，殊不知這所謂的「自我」，只是肉體與精神的諸條件，所組合而成而已，並無實體。

「法執」又稱為「法縛」，是對於「法」的實體的執著，不明白這些法的存在都是因緣而起，虛妄地以之具有不變的實體。舉例來說，「羅漢」是依佛所說的「四聖諦（苦、集、滅、道）」修習而成正果，但因執著「四聖諦」是真實的，所以被「四聖諦」這個「法」所執，而無法更上一層的修習。這就好像教導抽煙者不准抽煙而訂下「戒煙令」，但若抽煙者已經完全戒煙，那「戒煙令」這個「法」就無意義了，因為它是因吸煙者這個「因」，才產生「戒煙令」這個「緣」，因生緣生，因滅緣滅，所以修道者要小心不要有「法執」。

⑵「剎那滅卻阿鼻業」這句詩，可以用「放下屠刀，立地成佛」的成語來解釋，當你悟道的那一剎那，「自性佛」現出，當下沒有「有罪」與「無罪」的分別對待，自然就沒有「阿鼻地獄」了。

⑶「若將妄語誑眾生，自招拔舌塵沙劫。」永嘉禪師急切的盼望眾生早日反迷歸覺，所以他自己發毒誓，若他在《證道歌》內所言的內容不實，他將招受「阿鼻地獄」的拔舌之苦。

（四）備註：

有些書籍把「滅卻」寫成「滅却」，「卻」與「却」兩者義同，皆是「去掉」之意。

四、頓覺了。如來禪。六度萬行體中圓。夢裡明明有六趣。覺後空空無大千。

（一）名相解釋：

⑴ 頓覺了：頓時覺悟，即刻覺悟，就在這個時候覺悟。

⑵ 如來禪：又稱「如來清淨禪」或「清淨禪」，是禪的一種形態，與「祖師禪」對說。這種禪預設一個眞實的佛性，由不斷的修行來顯示這個佛性，是一種「漸悟」的修行法。自中唐以後，「禪宗」因盛行以棒喝、坐禪等不立文字、見性成佛之方式接化衆生。又當時「如來禪」僅滯於義解名相，而未至達摩祖師西來所傳的眞禪味，故「仰山慧寂」禪師另立「祖師禪」的名稱。「祖師禪」是指由達摩祖師傳慧可、僧璨、道信、弘忍、而至惠能一系列的禪法，強調「直指本心，見性成佛」的「頓悟」的修行法，以別於教內其他諸禪。

⑶ 六度萬行：「度」是梵語「波羅蜜多」的漢譯，意思是「到達彼岸、完成、達成」，「六度」是大乘菩薩爲了達到涅槃的境地而修習的六種德目，分別是：

① 布施：分爲財施（施與錢財、衣服等物）、法施（教與眞理）、無畏施（令除恐懼，而得安心。）。

② 持戒：遵行戒律。

③ 忍辱：忍受屈辱的苦痛。

④ 精進：精進不疲怠，向眞實之道前進。

⑤ 禪定：使精神統一，安定下來。

⑥ 智慧：開啟觀空之理的智慧。

「萬」是代表衆多的意思，而不是一萬，「行」是修行善法的法門。簡單的說，「萬行」是「所有的善事都要去做」，也就是「衆善奉行」。

(4) 體中圓：在我們的自性佛體中，本來就圓滿具足，也就是說「本來就存有的」。

(5) 六趣：「趣」是趨向，意指隨著業力去投胎，「六趣」卽「六道」，這是衆生依業的善惡染淨而輪轉的六種境界，亦卽天上、人間、修羅、畜生、餓鬼、地獄等。

(6) 大千：是「三千大千世界」的簡稱，這是古代印度人對全宇宙的稱呼，一般所謂的「世界」，是以「須彌山」爲中心。「須彌山」是梵語，漢譯爲「妙高山」。這是佛的宇宙觀，在世界的中心，有一座極其巨大的高山，山的周圍是大海，其下爲金輪。此山高八萬由旬，日、月在其周圍，大道、諸天在其側面，或在其上方，其頂上有「帝釋天」所居的宮殿，這卽是「須彌山」，其頂上稱爲「須彌頂」。「須彌山」周圍有四大洲，其四周又有九山八海，這便是我們人類所居住的世界，稱爲一個「小世界」。這個世界包括日、月、須彌山、四天下、四天王、三十三天、夜摩天、兜率天、樂變化天、他化自在天、梵世天。以現在科學的角度來說，有人認爲就是我們所知道的「太陽系」。這個世界的一千倍，稱爲「小千世界」；小千世界的一千倍，稱爲「中千世界」；中千世界的一千倍，稱爲「大千世界」。「大千世界」對於我們人類所居住的小世界的倍數，是一千的立方倍數，由小、中、大三種千世界而成，故稱爲「三千世界」或「三千大千世界」。這是一個佛所教化的範圍，是一個佛國土，佛典所說的整個宇宙，卽指此而言。

(二) 詩偈簡譯：

若你卽刻覺悟「如來禪」，你就會明白「六度萬行」在你的本性裡是圓滿無缺的。人生原本是一場夢，在夢裡確實有六道輪迴，但是當你覺醒的時候，你會發現在你的本性中，原來是空無一物的，哪裡有所謂的「大千世界」呢？

（三）詩偈啟示：

⑴「頓覺了。如來禪。六度萬行體中圓。」，先來談談什麼是「如來禪」？什麼是「祖師禪」？簡單的說，「如來禪」就是「漸悟」的修法，而「祖師禪」就是「頓悟」的修法。舉個例子來說明，神秀大師說：「身是菩提樹，心如明鏡臺，時時勤拂拭，勿使惹塵埃。」就是「如來禪」的境界，而六祖惠能說：「菩提本無樹，明鏡亦非臺，本來無一物，何處惹塵埃？」就是「祖師禪」的境界。永嘉禪師曾經得到六祖惠能的印證，所以他修的是「祖師禪」，但是他所謂的「頓覺了。如來禪。」，並非是說「頓悟了如來禪」，而是說：依照「如來禪」修行的人，一旦有一天他覺悟了，他便會發現在他修行的過程中，所修行的「六度萬行」，在他的本性中原本就存在。永嘉禪師是在說明「祖師禪」與「如來禪」的境界不同。

在這裡我要分享一個心得，一般人所謂的「頓悟」，都誤解爲：累世沒有修行，現在立刻開悟，以後也不用再修行，這樣就見性了。

正確的解釋「頓悟」應該是：曾經累世修行過，到今世這個時候開悟了，以後還要再繼續的修行。爲什麼呢？舉個例來說，比如我們看到一棵很高大的樹，它一定是在百年以前出生，而不是今天才生出來的，今天就能長的那麼高大。由此推測，「頓悟」也是從「漸悟」慢慢修來的，才有「頓悟」的成就，不是沒有修行，卽刻就能「頓悟」。

「祖師禪」的修法，「明心見性」是第一步，而「守戒律」則是不可或缺的第二個步驟，否則會因爲根基不足，而變爲「狂禪」，誤解「頓悟」的眞義，照樣墮入六道輪迴中。

(2)「夢裡明明有六趣。覺後空空無大千。」在《金剛經》中有句名言：「凡所有相，皆是虛妄，若見諸相非相，卽見如來。」就是這兩句詩的最佳解釋。所謂「人生如夢」，「六道輪迴」就好比演戲一般，六道的衆生就是演員，一會兒演「天神」，一會兒扮「魔鬼」，沒多久又是「凡人」，或者又成爲「地獄客」了。而這些過程都是短暫的眞實，何故？因爲你無法固定演其中的一個角色，所以雖然是眞實，但以觀衆（指佛菩薩）的眼光來看，每個角色都是假的。

所謂「三界唯心，萬法唯識」，整個太陽系內的星球及萬物，都是衆生的「業力」所造成的。地球內的天災地變，也都是人類的「共業」所累積而成，並非是上天降災，上天是慈悲的。

以科學的觀點來看，太陽光的熱能經過凸透鏡的集中，可以燃燒樹葉；柔軟的水經過機器的作用集中力量，居然可以成爲「水刀」來切割鋼板；而人類的「思想波（或稱爲腦波、心力）」也是一種「能量」，只要能夠透過禪定的作用，就會產生不可思議的超能力。當我們能夠悟道時，就能脫離三界，遠離衆生共業的世界，你就會發現原來連「三千大千世界」也都是虛妄的。

五、無罪福。無損益。寂滅性中莫問覓。比來塵鏡未曾磨。今日分明須剖析。

（一）名相解釋：

(1) 寂滅：梵語「涅槃」的漢譯，卽指度脫生死，進入「寂靜無爲」的境地。此境地遠離迷惑世界，含快樂之意，故稱「寂滅」爲樂。

(2)比來：從來、歷來之意。

(3)塵鏡：「自性佛」好比「明鏡」，一旦受到汙染，就好比「明鏡」沾上了灰塵，故稱爲「塵鏡」。

（二）詩偈簡譯：

受罪本性不損，受福本性不增，本性也沒有損益（減與增）之分。在涅槃境界的本性中，是不生不滅，不增不減的，不要去尋找「分別對待」的事物。染上塵埃的「心鏡」，從來都未曾加以磨拭，今日必須明白本性無「分別對待」的道理，然後把無明的塵埃擦拭後，讓本性的光明顯現出來。

（三）詩偈典故

(1)「無罪福。無損益。寂滅性中莫問覓。」這一句詩偈，來自《五燈會元》中的典故。

《五燈會元》卷第一原文：

世尊因靈山會上五百比丘得四禪定。具五神通。未得法忍。以宿命智通。各各自見過去殺父害母。及諸重罪。於自心內各各懷疑。於甚深法不能證入。於是文殊承佛神力。遂手握利劍。持逼如來。世尊乃謂文殊曰。住。住。不應作逆。勿得害吾。吾必被害。為善被害。文殊師利。爾從本已來無有我人。但以內心見有我人。內心起時。我必被害。即名為害。於是五百比丘自悟本心。

《五燈會元》卷第一翻譯：

世尊因爲在靈山會上，五百位比丘證得「四禪八定」之後，具有「五神通」，但是尚未得到「法忍」。

「法忍」是指「無生法忍」，「忍」是忍耐、安忍，即指堪忍違逆之境，而不起瞋心，體悟事理而心安之意。「無生法忍」意卽諦觀眞理而安住於「無生（謂諸法的實相無生滅）」之理中。

五百位比丘發起「宿命神通」觀看自己過去累世的因緣，各個自己見到在過去世中，造下殺害父母，以及犯下各種重罪。由於五百位比丘，爲自己過去罪大惡極的經歷而懊惱、憂愁、恐懼、悔恨，深深的自責，所以心中就對自己無法生起信心，覺得自己是不可能開悟般若的愚人。因爲這個緣故，所以對於大乘法就無法證入。

這個時候，釋迦牟尼佛知道這五百位比丘在關鍵時刻，執著於「善法」，落入「法相（諸法所具本質的相狀）」之中，無法自拔，於是用神通示意「文殊菩薩」協助開導這五百位比丘開悟。

接下來，釋迦牟尼佛和文殊菩薩，師徒兩人就合演一齣「無生法忍」的戲碼，以開導這些已經證得四禪及五神通，而被往世惡業所障礙證道的五百位比丘。

文殊菩薩承蒙釋迦牟尼佛的神力指示，了解釋迦牟尼佛的心意，就手握利劍，做出要殺釋迦牟尼佛的舉動。釋迦牟尼佛馬上利用這個機會，點化這五百位比丘。

釋迦牟尼佛對文殊菩薩說：「住手！住手！你不應該做出大逆不道的事情，你不要殺害『吾』，『吾』必定『被害』，因爲『爲善』所以『被害』。」

釋迦牟尼佛所說的「吾」，並不是在說自己，而是指文殊菩薩自己的「自性眞我」。所以，這句經文要進一步的翻譯成「住手！住手！你不應該做出大逆不道的事情，你不要殺害你自己的『吾（自性眞我）』，因爲你的心一旦動了殺念，就是你的第六識『意識』生起『人相、我相』的『分別對待』心，使得你的第七識『末那識』生起『妄想執著』，蒙蔽你的『吾（自性眞我）』，所以說『吾（自性眞我）』必定『被害（蒙蔽）』。」

那爲什麼說「爲善被害」呢？釋迦牟尼佛不是說「善有善報」嗎？釋迦牟尼佛說「善有善報」，這句話是說給凡夫眾生聽的。凡夫眾生造作各種善事時，大多是爲了祈求後世的種種福報，一旦該福報享盡，就再度進行下一個輪迴投胎轉世，在六道裡輪迴流轉不停。釋迦牟尼佛對凡夫眾生說「善有善報」，至少讓凡夫眾生不要爲惡，以免死後墮入三惡道。

而「爲善被害」這句話，是說給這五百位比丘聽的。這五百位比丘證得四禪定，具五神通，表示他們已經達到「大阿羅漢」的境界。但是，這五百位大阿羅漢，卻執著於「善法（指合乎於「善」的一切道理，即指五戒、十善、三學、六度，皆爲順理益世之法。）」，爲自己過去所造的惡業而擔心，害怕自己會經造惡業，而無法證入無掛礙自在的「無生法忍」境界。

那爲什麼說「爲善」會「被害」呢？因爲「自性眞我」是不善不惡，沒有「分別對待」心。只要你的第六識「意識」生起「善、惡」的「分別對待」心，就會使得你的第七識「末那識」生起「妄想執著」，蒙蔽你的「自性眞我」，所以說「爲善被害」。當你心存「善有善報」的想法，你的「自性眞我」就被蒙蔽，所以才說「爲善被害」。這五百位大阿羅漢，因爲心存「善有善報，惡有惡報」的想法，所以無法證入「無生法忍」境界。

釋迦牟尼佛在《金剛般若波羅蜜經》，就曾多次告誡菩薩「爲善被害」的觀念。

《金剛般若波羅蜜經》原文：

① 菩薩所作福德，不應貪著，是故說不受福德。

② 若菩薩有我相、人相、眾生相、壽者相，即非菩薩。

③ 菩薩於法，應無所住，行於布施，所謂不住色布施，不住聲香味觸法布施。須菩提！菩薩應如是布

施，不住於相。

④諸菩薩摩訶薩應如是生清淨心，不應住色生心，不應住聲、香、味、觸、法生心，應無所住而生其心。

⑤菩薩應離一切相，發阿耨多羅三藐三菩提心，不應住色生心，不應住聲香味觸法生心，應生無所住心。若心有住，則爲非住。是故佛說：「菩薩心不應住色布施」。

⑥若菩薩通達無我法者，如來說名眞是菩薩。

⑦若菩薩以滿恒河沙等世界七寶布施；若復有人知一切法無我，得成於忍，此菩薩勝前菩薩所得功德。須菩提！以諸菩薩不受福德故。

釋迦牟尼佛又接著對文殊菩薩說：「文殊師利！你的『本性（眞我）』原本並沒有『人、我（假我）』的分別相，只是因爲自己內心裡的第六識『意識』的分析判斷作用，讓第七識『末那識』產生『人、我（假我）』分別對待的『妄想執著』。一旦內心生起有『我（假我）』的相時，你的『自性眞我』就『被害（被蒙蔽）』，這種情形就稱爲『害』。」於是，這五百比丘聽完這句話，各個開悟，見到本心。

釋迦牟尼佛和文殊菩薩，透過這個故事告訴我們：眞正通達佛法實相的人心無掛礙，離一切諸相，非但不造惡，在行一切善事的同時，也不被「善法」所束縛，不執著善報，這樣的人才是大乘菩薩。

永嘉禪師以「無罪福。無損益。寂滅性中莫問覓。」這句詩偈，來說明這段禪機公案的內涵。

(2)「比來塵鏡未曾磨」這一句詩偈，來自《六祖壇經》中的典故。五祖弘忍爲了要傳法給弟子，要弟子們各作一首偈頌來表達自己對修道的看法，以做爲傳法的依據。

神秀寫道：「身是菩提樹，心如明鏡臺，時時勤拂拭，勿使惹塵埃。」他認為心如明鏡，所以要時常拂拭明鏡上面的灰塵，明鏡才能時常保持光亮。

而六祖惠能則提出不同的看法，他說：「菩提本無樹，明鏡亦非臺，本來無一物，何處惹塵埃。」六祖惠能認為本來就沒有明鏡這樣的東西，何來染塵埃呢？當然就更沒有所謂「擦亮明鏡」這回事。

五祖弘忍由六祖惠能的偈頌中明白他已能見自性，所以傳法給他，成為禪宗第六代祖師。

（四）詩偈啟示：

⑴「無罪福。無損益。寂滅性中莫問覓。」這兩句話與《心經》裡所說的「無智亦無得」同義，在涅槃（梵語，漢譯為遠離現世的苦惱，達到從一切煩惱的束縛中脫卻開來，滅除迷妄世界種種業因的境地。）寂靜的境界裡，沒有所謂的罪福或功德，也沒有得失。這種境界筆墨難以形容，只能靠每個人的禪定功夫去體驗。

⑵「比來塵鏡未曾磨。今日分明須剖析。」這句偈頌是永嘉禪師借著神秀大師與六祖惠能的兩首詩，來說明修行法門並不分「漸法」或「頓法」，其實兩者是相輔相成的，先有累世「漸法」的修行，最後才有這一世「頓法」的成就。

六、誰無念。誰無生。若實無生無不生。喚取機關木人問。求佛施功早晚成。

（一）名相解釋：

⑴無念：不起相對的念想、分別心，並不是說全不起念。「無念」為「真如」的別稱。《大乘起信論

義記》卷二記載：一切諸法唯依妄念而有差別，若捨離心念，則無一切境界之相，故一切法本即離言說相，離名字相，離心緣相，達畢竟平等，而無變異，不可破壞，唯係一心，故稱眞如。由於妄念，遂有世俗世界之形成，故無妄念即爲眞如，此種眞如亦稱無念眞如。

(2)無生：即遠離種種生滅變化，生滅變化都是相對的現象，只有當本性是空時，才是絕對的現象。在現實的現象界中，事物都在生滅流轉，「生」只是人們的思想用以描述此種事象的一個形式概念，實際上並沒有眞實的「生」。

(3)不生：梵語涅槃的漢譯，另外又可譯成滅、滅度、寂滅、圓寂等異字，意指遠離現世的苦惱。

(4)機關木人：比喻「五蘊」的虛假，「木人」是「傀儡」之意，即我們的肉體。人的身心是由「五蘊」假和合而形成，無有「自性」，猶如「傀儡」，故以「機關木人」比喻之。

（二）詩偈簡譯：

誰能了解「無念」的意義呢？誰能體會「無生」的含意呢？假若確實能了解「無生」的意義，就會知道連「無生」本身，都是不存在的，這就是眞正的「不生」。試問如傀儡一般的自己，早晚求佛施功，就能夠成佛嗎？

（三）詩偈啟示：

(1)「誰無念。誰無生。若實無生無不生。」「無念」不是說「不起念」，若一個人不生念，就如同「枯木死石」一般。「無生」就是《心經》上所說的「不生不滅」，而「不生」就是心經》上所指的「菩提薩埵，依般若波羅蜜多故，心無罣礙，無罣礙故，無有恐怖，遠離顛倒夢想，究竟涅槃。」的境界。

佛所說的「無念」、「無生」、「不生」等字眼，只是為教化世人，而在不得已的情況下說出來的。若不解其意，一味的追求「無念、無生、不生」的境界，反而內心會產生「有念、有生、要生」的分別對待念頭，所以《金剛經》內才會寫道：「若人言如來有所說法，即為謗佛，不能解我所說故。」

在《道德經》中提到：「道，可道，非常道。」在《清靜經》中也說：「如此清靜，漸入眞道，既入眞道，名為得道，雖名得道，實無所得，為化衆生，名為得道。」在《金剛經》中亦言：「所謂佛法者，即非佛法，是名佛法。」在《心經》中也說道：「無智，亦無得。」這些經典中一再的提醒衆生「凡所有相，皆是虛妄。」這一點對於在修道中的我們，是相當重要的。

⑵「喚取機關木人問。求佛施功早晚成。」這一句是永嘉禪師在問我們，如果心存「必須修行六度萬行，才能成佛。」的想法，就能成佛嗎？其實不然，這表示這個人尚未徹悟。修行「六度萬行」，只是成佛前的一種工具，不可執著，必須要了解「無念、無生」的眞正含意，然後「借假修眞」，最後要記得「捨假還眞」，如此才能成佛。也就是說，如果抱持「成佛」的妄念，執著「功德」的話，是永遠不能成佛的。唯有捨棄佛，捨棄菩提，到達「無念、無生」的境界才能成佛。

七、放四大。莫把捉。寂滅性中隨飲啄。諸行無常一切空，即是如來大圓覺。

（一）名相解釋：

⑴四大：「大」是元素之意，「四大」是指「地、水、火、風」四種元素，這是構成一切物質的元素。

① 地大：以「堅性」爲本質，有保持的作用，如人體的皮肉、筋骨等。
② 水大：以「濕性」爲本質，有收集的作用，如人體的鼻涕、唾液、眼淚、血液等。
③ 火大：以「熱性」爲本質，有使成熟的作用，如人體的體溫、熱度等。
④ 風大：以「流動」爲本質，有使動物生長的作用，如人體的呼吸等。

這四種元素集合起來，即成「物質」。「四大」和合而成爲一個人的身體，「四大」分離就各還本位，所以又稱爲「四大假合」。

(2) 把捉：「把」是看守的意思，「把捉」就是看守捉住不放，意爲「執著」。
(3) 寂滅性：「寂滅」是「涅槃」的漢譯之一，「寂滅性」就是「佛性」的另一個名詞。
(4) 飲啄：喝水吃東西。
(5) 諸行無常：「行」是心的動向，「無常」是隨時變異，不具有常住性、不變性。「諸行無常」是說心的種種動向，都沒有定止。一個意念得到滿足，又會有另外的動向，心識總是有動向，要追求某些東西，這也是煩惱的來源。
(6) 如來：爲梵語，意指已經覺悟的人格，由眞理而來的人格，這即是佛。
(7) 大圓覺：廣大的覺悟，完全的覺悟，指佛的覺悟，「圓覺」即是圓滿的靈覺。

(二) 詩偈簡譯：

我們的身體是由「四大（地、水、火、風）」的四種元素組合而成，是虛幻不實的，必須放下執著這個肉體的心，切莫把肉體當成眞實的我而捨不得。在寂滅的天性中，順其自然的起居飲食，這就是所謂的「道」。人心隨著起心動念而生萬法，若能夠明白這些萬法都是虛空的道理，就是完全的覺悟，也就是佛性的覺悟。

（三）詩偈啟示：

⑴「放四大。莫把捉。寂滅性中隨飲啄。」，這兩句詩告訴我們，肉體是因緣合和而成，人終歸有死亡的時候，所以不要執著。只要明白這個道理，順其自然的起居飲食，就是所謂的「道」。

以前有人問釋迦牟尼佛：「如何成佛？」

釋迦牟尼佛答道：「飢來吃飯倦來眠。」

那人詫異道：「這每個人都會啊？」

釋迦牟尼佛答道：「佛肚子餓就吃飽肚子，疲倦了就睡覺；而凡人吃飯時挑剔好壞，睡覺時昏沈做夢。」

諸君要好好的體會這個故事的禪意，要知道在二六時中，隨著起居飲食，行住坐臥，只要順其自然，都是在修道。

⑵「諸行無常一切空。即是如來大圓覺。」我們人的心念變化無常，所謂「心猿意馬」，就像江水不停的向前奔流，片刻也不停留，一切都是虛幻。在「眞如法界」裡，餓了就吃，睏了就睡，毫無執著，毫不做作，這就是覺悟了佛性的本體。

（四）備註：

有些書把「卽是如來大圓覺」寫成「卽是諸佛大圓覺」，其實「如來」是梵語，而「諸佛」是漢譯，沒有什麼分別。但是有個觀念要正確，釋迦牟尼佛是「如來佛」，而「如來佛」不是只等於釋迦牟尼佛，因爲諸佛都可稱爲「如來佛」。就如同王大明是「大學生」，但是「大學生」不只王大明一個人，多的數不盡。

八、決定說。表眞僧。有人不肯任情徵。直截根源佛所印。擇葉尋枝我不能。

（一）名相解釋：

(1)僧（音ㄙㄥ）：指修習佛道的人。

(2)任情徵：「任」者「任意」也，聽憑的意思。「情」者「疑情」也，懷疑的意思。「徵」者「證明」也，考證的意思。「任情徵」是說若有任何的懷疑，都可以加以考證。

(3)直截：簡單而明快。

(4)擇葉尋枝：「擇」是「選擇」的意思，意指選擇枝末之葉，再由葉尋到枝，由枝尋到頭，由頭尋到根，最後由根尋到本，是漸次追求到底，這就是「漸法」的修行。

（二）詩偈簡譯：

爲了怕世人不相信「絕學無爲、不生不滅、無罪福、無損益」等這些眞理，所以我（指永嘉禪師）決定把這個眞理說清楚，若能夠把這個眞理的要旨表達出來的人，就是一個眞正的修道者。若有人不肯相信我所說的眞理，有任何懷疑的事情，都可以加以考證。「直指人心，見性成佛。」這種直接了當，直指人性之根源的修行法門，是佛所印證的，擇葉尋枝式的「漸法」修行，是很困難覺悟眞理的，所以我選擇修行「頓法」，不修行「漸法」。

（三）詩偈啟示：

(1)「決定說。表眞僧。有人不肯任情徵。」這句詩可以表達永嘉禪師渴望衆生皆能了解眞理的心態，雖然「道，可道，非常道。」，但是他還是願意與不信者來探討這個眞理。

⑵「直截根源佛所印。擇葉尋枝我不能。」這句詩說明了永嘉禪師得到六祖惠能「直指人心，見性成佛。」的「頓法」眞傳，而不做神秀「時時勤拂拭，勿使惹塵埃。」的「漸法」修行。

(四)備註：

有些書把「表眞僧」寫成「表眞乘」，並解釋此「乘」（音ㄕㄥˋ）是唯一的眞乘，並無大乘或小乘之分別。在禪學的教義裡，依其深淺之分，以「乘」爲單位。簡單的說，「大乘」就是「普遍渡化」，而「小乘」只強調「個別渡化」。我以爲「表眞僧」才是永嘉禪師的原文，因爲如此才能貫穿上下詩句。另外「擇葉尋枝」一句，有些書寫爲「摘葉尋枝」，我認爲「擇」字的用法比「摘」字好，因爲它的含意耐人尋味。

九、摩尼珠。人不識。如來藏裡親收得。六般神用空不空。一顆圓光色非色。

(一)名相解釋：

⑴摩尼珠：梵語，又稱爲「如意寶珠」，是指海底龍宮中出來的如意寶珠。「摩尼寶珠」無有自色，乃隨所對物之色，而顯現其色相。乃比喻佛性本來是空，雖離諸相而隨緣顯現諸相，禪宗時常以「摩尼珠」來比喻「佛性」。

⑵如來藏：「藏（音ㄗㄤˋ）」是寶藏之意，「如來藏」即是「佛性」，所謂「隱名如來藏，顯名法身。」指於一切衆生的煩惱身中，所隱藏的本來清淨（即自性清淨）的如來法身。「如來藏」雖覆

藏於「煩惱」中，卻不為「煩惱」所汙染，具足本來絕對清淨，而永遠不變的本性。

(3) 六般神用：「般」是類、種的意思，「六般」是指六根、六塵、六識各屬一類，此根、塵、識三類的組合，讓我們能夠認識具體的對象，產生「心識」的作用。

① 「眼根」感受「色塵」而成「見識」；
② 「耳根」感受「聲塵」而成「聞識」；
③ 「鼻根」感受「香塵」而成「嗅識」；
④ 「舌根」感受「味塵」而成「嚐識」；
⑤ 「身根」感受「觸塵」而成「覺識」；
⑥ 「意根」感受「法（指凡意識所能思及的）塵」而成「知識」。

「神用」是「神奇妙用」的意思，「六般神用」是說眼、耳、鼻等會有這麼巧妙的功能，即使是現代的「生理學」也無法解釋。

(4) 空不空：「空」是指我們的佛性（本性）本體是空無的（看不見的），但是六根具有不可思議的神通妙用，卻是不空的（看得見）。

(5) 一顆圓光：一顆寶珠的光芒，比喻「本性」。

(6) 色非色：「色」是物質，「非色」即非物質，指精神。

（二）詩偈簡譯：

本性好像寶珠一樣，但是人們卻都不認識它，它只能由人們在自己的「如來藏」裡親自取得。人們的「六根」會產生神奇的作用，「本性」是空的，但是「六根」的神奇作用是不空的。就好像一顆寶珠的光芒，看起來是物質的，但是實質上它並不是物質。

（三）詩偈啟示：

⑴「摩尼珠。人不識。如來藏裡親收得。」這一段可用一首詩來說明：「佛在靈山莫遠求，靈山只在汝心頭，人人有個靈山塔，好向靈山塔下修。」

⑵「六般神用空不空。一顆圓光色非色。」是說「本性」雖然是空的，但是它卻能夠讓我們感受到各種感覺，這種現象即使是科學發達的今天，也研究不出是為什麼？

十、淨五根。得五力。惟證乃知難可測。鏡裡看形見不難。水中捉月爭拈得。

（一）名相解釋：

⑴五根：「根」是機能、能力之意，「五根」即是五種能生起感覺能力的機能，這即是「眼、耳、鼻、舌、身」。就現代學理來說，「五根」相當於五種掌管認識作用的「神經系統」。

⑵五力：即「信力、精進力、念力、定力、慧力」等五種殊勝的力量，這五種力可使人達致「涅槃」的境界。

⑶爭拈得：「爭」字作「怎」字來解釋，意為「怎麼能夠」。「拈（音ㄋㄧㄢˊ）」意思是用手指取東西。

（二）詩偈簡譯：

只要能夠清淨「五根」，自然就能得到「五力」，這種奇妙的境界，只有親自去驗證才能體會，光憑想像是難以猜測的。在鏡裡看見自己的形相，是不困難的事情，可是到水裡撈月，怎麼可能把月亮撈上來呢？

（三）詩偈典故

「水中捉月爭拈得」是佛經裡的譬喻，出自《根本說一切有部毘奈耶破僧事》。從前在山中有一群猿猴，有一次這群猿猴的猴王，看到井水裡面映出月亮，就驚慌的對群猴說：「這太可怕了，月亮竟然掉到水井裡面去了，如果不把月亮撈起來放回天上的話，恐怕世界從此就要變成漆黑一片了。」於是猴王便一隻手抓住樹枝，另一隻手垂到井中，然後另一隻猴子再抓住猴王垂下來的手，再把手垂下，讓另一隻猴子抓住，如此一隻接一隻的連到水井裡頭，準備撈月。但是不管最下面那猴子怎麼撈，都撈不到月亮。不久，因爲這群猴子的重量過重，樹枝負荷不了，結果樹枝斷了，猴子也全都掉到水井裡面淹死了。

《根本說一切有部毘奈耶破僧事》卷第二十原文：

佛告諸苾芻：「提婆達多非但今世愚癡，往時亦然。汝等諦聽！我為汝說。乃往古昔有一閑靜林野之處，有群獮猴遊住於此。時諸獮猴遊行漸至一井，乃觀井底見彼月影。既見月已詣猴王處，白言：『大王應知！其月見墮井中，我等今應速往拔出依舊安置。』是諸猿猴咸讚言：『善！』便相議曰：『云何方便可能拔月？』其中或云：『不須餘計，我等連肱為索而拔出之。』時一獮猴在井樹上攀枝而住，其餘一一次第以手相接，獮猴既多，樹枝低下欲折。時彼最下近水之者攪水覓月，由水渾故月便不現，樹枝便折，一時墮水被溺而死。」

我們清淨的「本性」就如同「水中月」一般，唯有自己眞正開悟之後，才能了解。若一味的追求，終究還是要受到六道輪迴的苦報。

（四）詩偈啟示：

⑴「淨五根。得五力。惟證乃知難可測。」當我們能夠把「五根」清淨，就能夠俱備「五眼」，並且得到「五力」，可使人到達「涅槃」的境界。

什麼是「五眼」？就是「肉眼、天眼、慧眼、法眼、佛眼」，稱爲「五眼通」。這五種眼力，是觀察五種不同層次對象的眼力詳述如下：

① 肉眼：肉體之眼，其眼力最爲有限。

② 天眼：有二種，一是從「報得」，二是從「修得」，生於色界諸天者，自得此眼，謂「報得」；在人中修持清淨謂「修得」。天眼能看見六道衆生諸物，遠近粗細，都能夠看見，也能夠透視衆生的未來與生死的事。

③ 慧眼：二乘（「聲聞乘」與「緣覺乘」）者所具有的眼，能觀照一切事象的空的本質，所謂「眞空無相」。

④ 法眼：菩薩的眼，能透觀一切法的分別相，因而能具足一切法門，以救度衆生。

⑤ 佛眼：能觀照諸法實相，無事不見，無事不知，無事不聞，一切皆見，圓通無礙。不只能觀事物的普遍的空性，也能觀事物的個別的殊相。

明白了「五眼」，那什麼是「五力」呢？就是「信力、精進力、念力、定力、慧力」，詳述如下：

① 信力：能破諸邪信，發出堅定的信心力量，始終如一，外魔不能侵，謂之信力。

② 精進力：能破自身的懈怠，勇往直進，堅守善道，有進無退，發出大無畏之力量，謂之精進力。

③念力：能破自身的邪念，不論任何處境，絕不動搖修道行道心，謂之念力。
④定力：能破自心之亂想，以入正定，不被假境擾亂心機，動靜自然合道，不思而得，從容中道，謂之定力。
⑤慧力：能破三界諸惑，不爲自己的超生而行道，不爲自己的功德著想，無三界、人間、地獄之諸惑，謂之慧力。

只要能讓「五根淨」，「五眼俱」，「五力得」，這個次第順序，自然合理，至於此境界的心境，如人飲水，冷暖自知，必須靠自己的修持來驗證，而無法去猜測。我以爲這一點對一個學佛修道者，要引以爲戒。就算精通三藏十二部經，要是無法親自去體驗自己的清淨心，那一切都是空談，五祖弘忍不也說過：「不識本心，學法無益。若識自本心，見自本性，即名丈夫、天人師、佛。」。

(2)「鏡裡看形見不難。水中捉月爭拈得。」一站在鏡子前面，鏡子能夠清楚的映照出自己的容貌，但是鏡中的自己只是個假形影而已。所謂「千江有水千江月」，在水中的月亮，也只是個幻影罷了，所以佛曰：「一切有爲法，如夢幻泡影，如露亦如電，應作如是觀。」

（五）備註：

有些書把「淨五根」寫成「淨五眼」，我認爲應該是「淨五根」才正確，因爲「五眼」是淨「五根」之後所具有的能力。

十一、常獨行。常獨步。達者同遊涅槃路。調古神清風自高。貌悴骨剛人不顧。

（一）名相解釋：

(1) 達者：開悟的人。

(2) 涅槃路：通向淨土的路。

(3) 調古：「調」音ㄉㄧㄠˋ，「古調」兩字的相反寫法，詩偈爲求押韻，常用此法。意爲自古以來開悟的這件事。

(4) 貌悴：枯槁瘦病的樣子。

（二）詩偈簡譯：

要開悟，必須自己時常獨行獨步，親自去體會領悟。每個開悟的人，都同樣的走向淨土之路。能夠開悟的話，那種開悟的心境，和古時候聖人的心境是相同的。在這種心境之下，自己會感到精神非常清爽，風格自然高尚。但是往往開悟之後，不執著自身的肉體，就容易變成枯槁瘦病的樣子。雖然這時骨氣仍舊剛強，但是世人只重外表，看到你這種形態，會不屑一顧。

（三）詩偈啟示：

(1)「常獨行。常獨步。達者同遊涅槃路。」禪修者不論是靜坐、行參、生活體驗，無一不是要自己親自去領悟禪的境界。現代人開悟的心境，和古時候聖人開悟的心境是相同的。

(2)「調古神清風自高。貌頻骨剛人不顧。」開悟的境界與古代的釋迦牟尼佛是相同的，能開悟就能了解佛的心境，就能了解爲何衆生平等？爲何衆生皆有佛性？許多開悟者如同寒傖的「寒山」與「拾得」一樣，他們的外表常被當時的世人看不起。

十二、窮釋子。口稱貧。實是身貧道不貧。貧則身常披縷褐。道則心藏無價珍。

（一）名相解釋：

⑴ 釋子：佛弟子、僧侶。

⑵ 披縷褐：「披」是將衣服搭在肩背上；「縷」音ㄌㄩˇ，線的意思；「褐」音ㄏㄜˋ，古時一種粗布做的衣服，意指貧賤的人。

（二）詩偈簡譯：

貧窮的佛弟子，雖然他們常自稱為「貧僧」，事實上他們是外表貧窮，內心因為有道，所以不貧窮。說「貧窮」，是因為他們常穿著粗衣；說「有道」，是因為他們內心藏著一顆無價的「摩尼珠（自性）」珍寶。

（三）詩偈啟示：

這四句詩偈，說明了佛弟子自稱「貧僧」是因為他們不為錢財，不為地位名譽，一心修行，不雜世事，自無恆產，故「身貧」。「道不貧」乃是修行的佛弟子們，雖然外表上貧乏，但是精神上很富有。他們的心廣大無為，包羅萬有，遍諸法界，與天地同德，日月同明，四時同序，故其道不貧。

（四）備註：

有些書本把「披縷褐」寫成「被縷褐」，其實「披」與「被」同義，只是採用「披」字的書籍較多，故我亦採用「披」字。

十三、無價珍。用無盡。利物應機終不吝。三身四智體中圓。八解六通心地印。

（一）名相解釋：

(1)利物：「物」是眾生的別名，「利物」就是「利生」，也就是利益眾生，使眾生得到利益。

(2)應機：就對方的根機、機緣，予以相應的、適當的開示。

(3)三身：佛有三身，即「法身、報身、應身」，詳述如下：

①法身：佛所證顯超越的眞理，遍滿整個法界。

②報身：是相好具足的身體，是由因位的大願大行，所召引而得的果報。

③應身：是應眾生的根機或特殊情況，而示現的現實的身體。

(4)四智：依「唯識」說，有漏的「八識」，可轉成無漏的四種智慧，這即是：

①大圓鏡智：這是照見法界事理的智慧，能洞照一切而無礙，如大圓鏡一般，由轉「第八識」而得。

②平等性智：這是對一切眾生，生起大慈悲心的智慧，能照見普遍的空理，明白眾生平等，無有高下，由轉「第七識」而得。

③妙觀察智：這是照見諸法的特殊相狀的智慧，徹底了解諸法，無有阻隔，由轉「第六識」而得。

(4) 成所作智：這是成就世間種種事務的智慧，能引衆生入道，成就本願，所欲作之事，由轉「前五識」而得。

(5) 體中圓：在本性體中，自然圓滿具足。

(6) 八解：捨棄色貪等心的八種定力，又稱「八背捨」，這八者是：

①內有色想觀外色解脫：對於外在的諸色，修「不淨觀」，遠離內在的色貪。

②內無色想觀外色解脫：更進一步修外色不淨觀。

③淨解脫身作證俱住解脫：觀外在色境的淨相，而不生煩惱。

④空無邊處解脫：滅除有對的色想，修「空無邊」的行相。

⑤識無邊處解脫：修「識無邊」之相，而成就之。

⑥無所有處解脫：修「無所有」之相，而成就之。

⑦非想非非想處解脫：遠離明勝之想。

⑧滅受想定身作證俱住解脫：滅除一切心、心所之法。

(7) 六通：又稱爲「六神通」，六種不可思議的超能力：

①天眼通：能看千里以外之物，並能透見未來事故的能力。

②天耳通：能聽千里以外之聲，並能聽聞人所不能聞的聲音的能力。

③神足通：能疾行千里，並能自由自在地隨意欲到達處所，而顯現的能力。

④他心通：能透視他人的心意思想的能力。

⑤宿命通：能夠知道自己和他人的過去世的情況的能力。

⑥漏盡通：能斷除煩惱的能力。

⑻心地印：「心地」即「佛性」，「心地印」就是在自己的佛性上印證。

（二）詩偈簡譯：

「自性佛（本性）」這個無價珍寶，是用之不盡的，它利益眾生，應機而發，始終沒有吝惜。「三身」和「四智」在眾生的「本性」體中，自然圓滿具足。至於修「八解脫」，證「六神通」，也是只有在自己的佛性上才能印證。

（三）詩偈啟示：

這四句詩偈，說明了人人所具有的「自性佛」，它的潛能是無限而且用之不盡的。一旦能成佛，它自然會產生慈悲心來救渡眾生，對眾生因材施教，引導他們也能夠成佛，而且自始至終無怨無悔，毫不保留。而修道者所追求的「三身、四智、八解脫」與「六神通」等，其實在我們「自性佛」這個「本性」體中，本來就具足圓滿，所以永嘉禪師還是強調「直指人心，見性成佛。」的重要性，不要被這些法相所迷惑。

若有人說他會「天眼通」，或「他心通」，或「宿命通」，其實這只是「自性佛」的潛能之一，而且眾生皆有，所以沒有什麼了不起。假若一味追求神通，反而對修正道有害無益。

（四）備註：

有些書把「利物應機終不悋」寫成「利物應緣終不吝」，以多數的版本而言，再依據其解釋，應該是「機」與「吝」才正確。

十四、上士一決一切了。中下多疑多不信。但自懷中解垢衣。誰能向外誇精進。

（一）名相解釋：

⑴上士：是有智慧而且善根深厚的人，通常是「菩薩」乘願再來。

⑵一決：「決」是確定、決斷其疑，分別其理，「一決」就是一旦確定眞理。

⑶一切了：一切都明白，「了」是「明白」的意思。

⑷中下：「中士」與「下士」，「中士」是中等智慧的人，雖然有學識，但是善根不深，通常是「聲聞」與「緣覺」下凡續修而來，他們只求自利，不想利他；「下士」者全憑聰明辦事，一切行事出自「識心」，利己主義，不但沒有善根，而且大多不信天地眞理，以爲人定勝天，這種人是指「凡夫」而言。

（二）詩偈簡譯：

「上士」者只要稍微指點，一旦他確定眞理，就能夠了解一切，一超直入如來地。可是，「中、下」之士，對於大乘佛法總是半信半疑。要學大乘佛法，只有從你自己的懷裡去解除煩惱的垢衣，誰能夠向外在的經典用功，而自誇精進呢？

（三）詩偈典故

「但自懷中解垢衣。誰能向外誇精進。」這兩句是引用《妙法蓮華經》中的典故。

《妙法蓮華經》「五百弟子受記品第八」原文：

世尊！譬如有人至親友家，醉酒而臥。是時親友官事當行，以無價寶珠系其衣里，與之而去。其人醉臥，都不覺知。起已遊行，到於他國。為衣食故，勤力求索，甚大艱難；若少有所得，便以為足。於後親友會遇見之，而作是言：咄哉，丈夫！何為衣食乃至如是。我昔欲令汝得安樂、五欲自恣，於某年日月，以無價寶珠系汝衣里。今故現在，而汝不知。勤苦憂惱，以求自活，甚為痴也。汝今可以此寶貿易所須，常可如意，無所乏短。

《妙法蓮華經》五百弟子受記品第八翻譯：

世尊，譬如有人到親友家中作客，喝醉酒後便睡著了。恰在這時，親友因官家之事要外出，他便將一顆無價寶珠塞進此人的衣服裡，贈送此物之後，他便走了。而那人依然醉臥不起，對此事毫不覺知。等他醒來之後，他又輾轉到了其他國家。爲了獲得衣食，他辛勤努力，奔波不息，生活十分艱難。所以，如果稍微得到一點東西，他便感到很滿足。

後來，有一天那位親友忽然碰見了他，便對他說：「豈不怪哉！你怎麼會爲了衣食，落魄到這種地步呢？過去，我爲了讓你得到安樂，盡享五欲之福，於某年某月某日，將一顆無價珠寶塞在你的衣服裡。今天依在此，而你卻不知不覺，竟然如此辛勤憂惱，艱苦度日，眞是太傻了！你現在可以用此珍寶換取所需的一切，你將永遠開心如意，要啥有啥，再也不會貧窮了。」

（四）詩偈啟示：

(1)「上士一決一切了。中下多疑多不信。」說明了大乘佛法並不是每一個人都會接受，對於一個功利主義者，你要他看一遍《金剛經》，可能比登天還難。可是有些人一接觸到《金剛經》，就深信不疑，就歡喜不已。

其實釋迦牟尼佛老早就知道會這樣，我們來看看在《金剛經》裡，釋迦牟尼佛是怎麼個說法：

須菩提白佛言：「世尊，頗有衆生，得聞如是言說章句，生實信不。」

佛告須菩提：「莫作是說，如來滅後，後五百歲，有持戒修福者，於此章句，能生信心，以此爲實。當知是人，不於一佛二佛三四五佛而種善根，已於無量千萬佛所種諸善根，聞是章句，乃至一念生淨信者，須菩提，如來悉知悉見，是諸衆生，得如是無量福德。」

對於喜歡看佛經的人，應該感到高興，而且更要精進的上求佛道，因爲我們都是有來歷的佛弟子。

(2)「但自懷中解垢衣。誰能向外誇精進。」我們每個人都有一顆「寶石（自性佛）」，只要我們發現它，人人都可以成佛，但是一般人往往捨近求遠，向外探求，拼命的探討書本佛經，到深山裡修行，以爲這樣就能夠成佛。結果當然是越來越迷惑，因爲佛就在自己的心中。所以有一句詩說道：

「佛在靈山莫遠求，靈山只在汝心頭，人人有個靈山塔，好向靈山塔下修。」

（五）備註：

有些書本把「中下多疑多不信」寫成「中下多聞多不信」，其實就因爲「多聞」，所以「多不信」，才會「多疑」，意思是一樣的。但是，用「多疑」更能表示出生題，況且大多數的書本亦用「多疑」，所以我亦採「多疑」這兩個字。

十五、從他謗。任他非。把火燒天徒自疲。我聞恰是飲甘露。銷鎔頓入不思議。

（一）名相解釋：

(1)銷鎔：把金屬鎔化。

（二）詩偈簡譯：

順從他人毀謗自己，任憑他人非議自己，他人對自己無理的毀謗非議，就好像拿一把火去燒天空一般，只有徒受疲勞。我聽到他人對自己的毀謗，就好像是喝甘露水一般，我把他們毀謗的言語，銷化鎔解，使自己的修道功夫，進入不可思議的境界。

（三）詩偈典故

「我聞恰是飲甘露」，這句詩偈源自於《遺教經》。

《遺教經》原文：

能行忍者，乃可名為有力大人。若其不能歡喜忍受惡罵之毒如飲甘露者，不名入道智慧人也。

釋迦牟尼佛在《雜阿含經》中教導我們，被人辱罵時，該如何應對？

有一次有一個外道來找釋迦牟尼佛，他一見到釋迦牟尼佛就當場罵他，但是釋迦牟尼佛安祥的在大樹下禪坐，默默不語，任憑他去罵。等到外道罵累了，在喘息時，釋迦牟尼佛這才開口問他說：「如果你拿著禮物去別人家拜訪時，而別人不接受你的禮物的話，你會怎麼做？」

「如果他堅持不接受的話，我也只好再把禮物拿回家去。」

「那麼你剛才送我的那些話，我不接受，請你拿回家去吧！」

《雜阿含經》卷第四十二（一一五三）原文：

如是我聞：一時，佛住舍衛國東園鹿子母講堂。爾時，世尊晡時從禪覺，詣講堂東蔭蔭中，露地經行。時，有健罵婆羅豆婆遮婆羅門來詣佛所，世尊面前作麁惡不善語，罵詈呵責。世尊經行，彼隨世尊後行。世尊經行已竟，住於一處，彼婆羅門言：「瞿曇伏耶？」

爾時，世尊即說偈言：「勝者更增怨，伏者臥不安，勝伏二俱捨，是得安隱眠。」

婆羅門白言：「瞿曇！我今悔過，如愚如癡，不辯不善，何於瞿曇面前作麁惡不善語，罵詈呵責？」時，婆羅門聞佛所說，歡喜隨喜，復道而去。

（四）詩偈啟示：

這四句詩偈是在教導我們如何成就「忍辱波羅蜜」，這一項在日常生活中是最不容易修行的，自古英雄輩，都是寧死不受辱的，而現代人更甚之，在報上常可看到為了一句辱罵的話，殺人傷人者，比比皆是。

假如我們不理會說我們壞話的人，說人壞話者，就好像朝著天空吐口水一樣，最後口水還是落在自己的身上。

其實若我們仔細的分析辱罵的言語，它根本就毫無意義。假如人家罵你，你把耳朵摀起來，罵你的話就無意義了；想一想，罵你的言語，只不過是普通的聲波罷了，它能震傷你嗎？

假若你面帶微笑，輕聲細語的罵外國人，那聽不懂你的話的外國人，也絕對會高興的回你的話，只不過他會向你說聲：「謝謝！」或者友善的對你說聲：「哈囉！」

所以我們只要對「辱罵」加以分析，了解它的成分，那我們要成就「忍辱波羅蜜」，就簡單多了，但要如何做呢？我提供一個「辱罵分析法」，又可稱為「轉念」。

若有人辱罵你，先自我反省一番，看看是否屬實，若眞的自己有錯，那你要馬上改過，並且存著一顆感激的心謝謝他，因為沒有他的糾正，你不會知錯。

若有人是故意罵你，惡意中傷你，而你也反省過自己並非若他所言一般，那你更要心存一顆感激之心來感謝他，因爲他正在幫你成就「忍辱波羅蜜」，這是可遇不可求的機會，因爲在平時，若你爲了修行「忍辱波羅蜜」而請別人辱罵你，別人可能會以爲你是個瘋子，所以機會難逢。

（五）備註：

有些書本把「銷鎔」寫成「銷融」，其實「鎔」與「融」是相通的，只因爲「鎔」字的版本較多，故我採用此字。

十六、觀惡言。是功德。此則成吾善知識。不因訕謗起怨親。何表無生慈忍力。

（一）名相解釋：

(1) 善知識：指正直而有德行，能教導正道之人。
(2) 訕謗（音ㄕㄢˋㄅㄤˋ）：「訕」是譏笑，「謗」是毀謗，「訕謗」就是毀謗的意思。
(3) 怨親：怨恨及親密的分別心。
(4) 無生慈忍：卽「無生法忍」，「無生」是遠離種種生滅變化，「無生法忍」是認悟因緣生滅的無生本性，而安住於此種本性中。

（二）詩偈簡譯：

觀想惡言毀謗，雖名惡言，卻是成就我修行的功德，毀謗者是成就我們的善知識。修道者不要因爲受了訕動毀謗而起怨親的分別心，若無毀謗者，又如何能夠表現出自己所修證的「無生法忍」的大力量呢？

（三）詩偈啟示：

人在世間是爲了結善緣及惡緣而來，所以毀謗者對我們的惡言，若能忍辱接受，無形中就消了我們的罪孽，了結了這段惡緣，所以我們要心存感激的謝謝他們。

在六度波羅蜜中，「忍辱波羅蜜」是最困難修行的功課，許多修道者時常被考倒，所以有句話說：「一把無明火，燒盡功德林。」若能成就忍辱的功夫，那離成道之日就不遠了。

（四）備註：

有些書本把「起怨親」寫成「起冤親」，其實意思雷同，我直覺的喜歡「怨親」的用語，如此而已。

十七、宗亦通。說亦通。定慧圓明不滯空。非但我今獨達了。恆沙諸佛體皆同。

（一）名相解釋：

⑴ 宗亦通：即「宗通」，禪宗以通過自家的修行，而通達禪宗的宗旨爲「宗通」，它是爲己的、自利的、是最高的眞理。

⑵ 說亦通：即「說通」，能夠面對大衆，將禪宗的宗旨，自由的宣說出來，自在的說法教化者爲「說通」，它是爲人的、利他的、是以語言文字來解說最高的眞理。

⑶ 定慧圓明：「定」是使心專注於一個對象，而不散亂，又稱爲「禪定」；「慧」是觀照空理的智慧，又稱爲「智慧」，「定慧圓明」意思是禪定與智慧同時具足，充實飽滿。

⑷ 滯空：「滯」是滯礙、停留，「空」是空無一物、虛空。把世上的一切萬物都看做是空無的，就是「滯空」，這種做法不是眞正的開悟，而是執著空。

(5) 達了：通達開悟。

(6) 恆沙：又稱為「恆河塵數、恆河沙數」，意指印度河的沙多不勝數，形容數量極多的意思。

（二）詩偈簡譯：

不僅自己能體會真理，也能夠把這個真理說給別人聽。禪定與智慧會同時具足，就不會再執著空了。不但我今天獨自通達開悟，就是恆河沙數一般的諸佛的本體，也都和我相同。

（三）詩偈啟示：

修道者最容易執著「空理」，有些人會誤認為「空理」就是靜靜的坐禪，什麼事情都不去管，不去關心，其實這是不正確的觀念。雖然人生如戲，《金剛經》裡也告訴我們：「凡所有相，皆是虛妄。」但是因為世間的種種一切人、事、物，皆是由因緣和合而成，它雖然是假的，但是有「業因」，則必然有「業果」在等著我們去接受。所以在假的之中，要認真的把自己的角色扮演好，但是在認真做時，不要過份的執著。遇到「順境」要惜福，遇到「逆境」要了解是消業障的時機，如此煩惱就會逐漸的離我們遠去，我們也能夠逐漸的明白「空理」就是不執著的道理，而非漠不關心。

十八、師子吼。無畏說。百獸聞之皆腦裂。香象奔波失卻威。天龍寂聽生欣悅。

（一）名相解釋：

(1) 師子吼：「師」即「獅」，譬喻佛的說法，能摧破種種異端邪說，就如同獅子作吼，群獸懾伏。

(2) 無畏說：佛所具足的四種智德，在說法時，無所畏懼：

①佛明言我是一切智人；這是「一切智無所畏」；
②佛明言我已斷盡一切煩惱；這是「漏盡無所畏」；
③佛說惑業等諸障法而無畏；這是「說障道無所畏」；
④佛說戒定慧等盡苦的正道而無畏；這是「說盡苦道無所畏」。

(3)百獸：比喻下根之人。

(4)香象：比喻旁門左道的各種學說。「香象」是指由鬢角可分泌有香氣液體的強碩大象而言，即指交配期的大象。根據《大毘婆沙論》卷三十記載，此時期之象，其力特強，性情甚狂暴，難以制伏，合十凡象之力僅可抵一香象之力。

(5)天龍：諸天龍神，比喻上根之人。

（二）詩偈簡譯：

佛的說法無畏，猶如獅子做吼，百獸聞之，皆震懾服，甚至腦裂心驚。香象雖然是巨獸，但是一聽到獅子吼，也嚇的四處奔波，失去了威風。只有諸天龍神，默默的聽聞佛法，欣喜承受。

（三）詩偈啟示：

(1)「百獸聞之皆腦裂」這句詩偈是永嘉禪師在說明，釋迦牟尼佛於「法華會」上，準備說大乘法，而有五千位比丘，退席而去，他們就如同百獸之聞獅吼皆震驚腦裂。

(2)「香象奔波失卻威」是在說明旁門左道的各種學說，雖然學說精闢，卻無法脫離眾生的知見，都是依第六識「意識」所思考分析判斷創造出來，非「佛知見」。眾生的聰明是無法與佛的「般若」來做比較的，所以各種學說的信仰者聞到佛法，猶如香象聞獅子吼一樣，而失去了威風。

⑶「天龍寂聽生欣悅」是比喻上根之人聞佛法，內心充滿法喜，就好像《金剛經》並非所有的人都看得懂，甚至有人一看到《金剛經》就非常討厭。上根之人視它爲寶，中根之人一知半解，而下根之人則是百思莫解。所以今世有緣接觸到佛經，甚至一看就了解經義的人，絕對是在累世以來，曾經看過或聽過經典，這種人應該惜福，繼續研究下去，對於自己要了解眞理，有相當大的幫助。

（四）備註：

有些書本把「師子吼」寫成「獅子吼」，其實「獅」的古字是「師」，所以同義。

十九、遊江海。涉山川。尋師訪道為參禪。自從認得曹溪路。了知生死不相關。

（一）名相解釋：

⑴參禪：靜中思慮，參入禪道，於禪定中參究眞理。

⑵曹溪路：地名，位於廣東南華韶關，爲曹姓家的山地，有一溪水繞山，六祖惠能大師在此山上弘揚佛法，來此學法者謂之「飲曹溪水」，明心見性者謂之「認得曹溪路」。

⑶了知：明白知道。

（二）詩偈簡譯：

我千辛萬苦的遊江海，涉山川，尋師訪道，爲的就是要「參禪」。自從我受了六祖惠能的指點，能夠明心見性，才明白「眞如本性（佛性）」永恆存在，生死與我是不相關的。

（三）詩偈啟示：

永嘉禪師精通天台宗的「止觀法門」，因爲看了《維摩詰經》而明心見性，但是必須有得道者爲他證明，後來遇到「玄策大師」引導他會見六祖惠能，留一宿受六祖惠能指點「曹溪路」，當時人稱「一宿覺」。

這四句詩偈簡述永嘉禪師的求道過程，古時候的修道者遍遊五湖四海，爬山涉水，爲的就是要尋找明師求眞道。學佛的人，不識超生了死的禪機，枉費修道，終究不能成就佛道。

（四）備註：

有些書把「曹溪路」寫成「曹谿路」，實際上「谿（音ㄒㄧ）」與「溪」音義皆同。

二十、行亦禪。坐亦禪。語默動靜體安然。縱遇鋒刀常坦坦。假饒毒藥也閒閒。

我師得見燃燈佛。多劫曾爲忍辱仙。

（一）名相解釋：

(1) 禪：梵語，意爲瞑想，漢譯作定、靜慮、思惟修。
(2) 體安然：「體」是本體，指佛性，「安然」意爲平安無事。
(3) 坦坦：心安的樣子。
(4) 假饒：「假」是假如，「饒」是儘管、任憑。
(5) 閒閒：無關緊要的。
(6) 多劫：「劫」是梵語，這是印度表示極其長久時間的單位，通常用來表示世界的年齡。

（二）詩偈簡譯：

行走時在禪的境界中，坐下時也在禪的境界裡。不論說話、沈默、動態及靜態，「本體（佛性）」依然安然自在。縱然遇到被鋒刀殺害，依舊保持著平常與坦然的心。假使任憑用毒藥來害我，對我而言，也是無關緊要的。我的老師釋迦牟尼佛得以遇見「燃燈古佛」為他授記，他在許多劫以前，曾經做過「忍辱仙人」，被人宰割而無怨恨。

（三）詩偈典故

⑴「我師得見燃燈佛」，在《金剛經》中曾提到此事：「如來昔在燃燈佛所，於法有所得不？」那時候，釋迦牟尼佛在修習「頭陀行（頭陀的苦行，『頭陀』就是修習苦行，過著極其清苦生活，以便於能夠專心修道的人。）」。

有一天，釋迦牟尼佛在街上看見一位老比丘在滿是泥水的路上，困難的行走著，他願意以身體布施給老比丘，就趴到泥水上面，請這位老比兵走過去。但是身長不夠，還有一些泥水沒有蓋到，於是他把頭髮散開，鋪在泥水上面。

老比丘看他用身體來布施供養他，這種誠心相當稀有，就觀察他的因緣，然後給他授記做佛，對他說道：「汝於來世當得做佛，號『釋迦牟尼』。」這位老比丘就是「燃燈古佛」。

⑵「多劫曾為忍辱仙」，釋迦牟尼佛在累世的修行中，有一世做「忍辱仙人」。有一天他在大樹下打坐修道，當時的國王名叫「歌利」，正好帶著宮女、嬪妃到這座山打獵遊玩，玩累了歌利王就在草地上休息睡著了，宮女及嬪妃就到附近玩耍。

當她們來到忍辱仙人修行的樹下，看見他留著長鬍子及長頭髮靜靜的在樹下打坐，不禁感到好奇，就都圍著他問道：「喂！你在做什麼？」。
忍辱仙人回答說：「我在這裡修道。」
宮女及嬪妃問道：「修什麼道？」
忍辱仙人說：「修忍辱，無論遇到什麼事情，我都要忍耐。」
這些宮女及嬪妃覺得新鮮又奇怪，就七嘴八舌的問了好多問題，而忍辱仙人趁機爲她們說佛法。
就在這個時候，歌利王醒了過來，看不到他的宮女及嬪妃，卻聽到她們的聲音，於是就尋聲找了過來。當他看到她們圍繞著忍辱仙人，不知道在做什麼？只看到忍辱仙人在對她們講話，他以爲忍辱仙人正在對她們施展妖法，就生氣的問忍辱仙人：「喂！你在這裡做什麼？」
忍辱仙人說：「我在這兒修道，修忍辱。」
歌利王說：「你在施法誘惑我這些宮女，你能修什麼道？你眞的什麼都能夠忍辱嗎？」
忍辱仙人說：「我能。」
歌利王說：「那好！」
歌利王說著就拔出他的寶劍，把忍辱仙人的手臂剁了下來說道：「你現在能不能忍辱？」
忍辱仙人說：「我能忍辱。」
歌利王又揮起寶劍，把他另外一隻手臂砍下來說：「你現在還能忍辱嗎？」
忍辱仙人還是說：「我能忍辱。」
歌利王又把他的兩條腿也砍斷了，再問他說：「你現在還可以忍辱嗎？」
忍辱仙人依舊平靜的回答歌利王說：「我還是忍辱。」

這時候在忍辱仙人身旁護法的天龍八部非常忿怒，就在天空中劈雷閃電，準備把歌利王劈死。歌利王這時候才相信忍辱仙人是一位眞正的修道者，嚇得跪地求饒，而忍辱仙人替他求情，制止了天龍八部的行動，然後說道：「我如果不能眞正忍辱的話，我的四肢就不能復原；如果我的內心沒有瞋恨而且眞正能夠忍辱，就讓我的四肢復原。」。

話才說完，果然四肢復原如初。然後忍辱仙人又說：「我將來成佛，首先我要度歌利王。」。後來釋迦牟尼佛成佛時，果然在「鹿野苑」首先度了「憍陳如」，而憍陳如就是當時的歌利王。

（四）詩偈啟示：

這裡談到「四威儀（行、住、坐、臥四種活動，都要得其正，而現出威儀。）」中的「行」與「坐」皆是禪，其實「行、住、坐、臥」中都是禪，說話、沈默、動態及靜態，對我們的本性，一點影響都沒有。要是眞能領悟我們這個肉體是不眞實的、不能永恆的，那對於死亡就沒有畏懼。

「死亡」是什麼樣的情況，只有死亡的人才知道，活著的人只能由傳說中去揣測。但是由美國「布萊恩．魏斯（Brian L. Weiss）」博士所寫的《前世今生》與《生命輪迴》兩本書中得知，有許多人有「瀕死經驗（死後不久又復活的經驗）」，這些人都有一個共同點，那就是：從痛苦的形軀脫身，然後靈魂飄浮在肉體之上，可以看到自己的肉體以及周圍的人們，並且聽到他們的談話。不久就會看到一道明亮的光，把自己吸了過去，這道光撫慰自己，自己會感受到筆墨難以形容的愛與平靜。而他們之所以會死後復活，是因爲這道光傳出一個聲音，告訴自己時候未到。

其實在我們中國的歷代傳說中，都有類似這一類情況的說法。所以我們可以知道，「死亡」只是肉體短暫的痛苦，等這痛苦一過，靈魂一離開身體才是眞正的自由之「身（中陰身；靈魂）」，但是若沒有修道，就再受輪迴之苦。

（五）備註：

「假饒毒藥也閒閒」與「燃燈佛」兩句，有些書本寫成「假饒毒藥也閑閑」與「然燈佛」。其實「閒」同「閑」字，而「然」的本義是火上烤狗肉，也就是「燒」的意思，同「燃」字。

二十一、幾回生。幾回死。生死悠悠無定止。自從頓悟了無生。於諸榮辱何憂喜。

（一）名相解釋：

⑴悠悠：形容日子過得很快。

（二）詩偈簡譯：

我（指永嘉禪師）不知道經歷了多少回的生死？在生死海中隨波逐流，悠悠忽忽，為名利所迷惑，不知道休止。自從頓悟了「無生」的眞理，對於世間的榮辱之事，那來的憂和喜呢？

（三）詩偈啟示：

在這裡，永嘉禪師以釋迦牟尼佛與自己做比喻，釋迦牟尼佛是「多劫曾為忍辱仙」，而他自己是「生死悠悠無定止」，而他與釋迦牟尼佛最後都頓悟了「無生」的眞理。永嘉禪師在暗示我們，眾生皆有佛性，諸佛走過的路，我們也能夠走。假若我們也同諸佛一樣的修行，那我們也有成佛的一天。在這個世界中，成功也好，失敗也好，受人讚賞也好，受人毀謗也好，我們都要記得永嘉禪師所說的「於諸榮辱何憂喜」。所謂修道，就是面對榮辱的情況時，心境一點也不受影響，不會生氣，也不會高興。

二十二、入深山。住蘭若。岑崟幽邃長松下。優游靜坐野僧家。闃寂安居實瀟灑。

(一) 名相解釋：

(1)蘭若：梵語「阿蘭若」的音譯，譯爲山林、荒野，指適合於出家人修行與居住的僻靜場所。至後代，一般的「寺院、精舍」亦稱「阿蘭若」，大多位於遠離繁囂城市，而又便於出家、在家人出入的僻靜郊野。

(2)岑崟：音ㄘㄣˊ一ㄣˊ，「岑」指山，「崟」是山高的樣子，「岑崟」就是峻峭挺拔的山。

(3)幽邃：「幽」是僻靜，「邃」（音ㄙㄨㄟˋ）是深遠。

(4)野僧家：指在野外修行，隨意自在的僧家生活。

(5)闃寂：「闃」（音ㄑㄩˋ）是寂靜，「闃寂」就是寂靜的意思。

(6)瀟灑：形容人淸高脫俗，不受拘束的樣子。

(二) 詩偈簡譯：

我（指永嘉禪師）證道後，因爲度化衆生的機緣未成熟，所以就進入深山，住在無喧嘩的「阿蘭若」裡。在深遠僻靜的高山內的長松下面，過著優游靜坐，隨意自在的僧家生活，這種寂靜安居的情境，實在是瀟灑自在。

(三) 詩偈啟示：

在僻靜的深山中，只聽到蟬鳴鳥叫，聽不到世俗的喧嘩雜音，在這樣幽靜的環境裡，的確讓人心曠神怡，無拘無束。但是身爲修道者，不一定要在深山中才能保持優游自在的心境，只要自己的內心能夠經常保持平靜，以一顆平常心走入現代的「都市蘭若（現代的都市高樓林立，可是說是現代的森林）」，仍然可以像居住在幽靜的深山中一樣。一個眞正開悟的人，卽使身在市區中，也可以像在深山裡一樣，保持優游靜坐的心態。別忘了我們修道的目的是爲了成佛，而成佛的目的是爲了濟度衆生，而度衆生的目的也是爲了成佛。「上求佛道，下化衆生。」就是「菩薩」的漢譯，這也是我們修道的準則。

（四）備註：

「優游」有些書本寫成「優遊」，而「游」通「遊」字。「闃寂安居實瀟灑」有些書本寫爲「闃寂安然實蕭灑」，其中「安居」與「安然」各有一半的寫法，我認爲「安居」更能表達其意，故選之；而「瀟灑」通「蕭灑」。

二十三、覺即了。不施功。一切有為法不同。住相布施生天福。猶如仰箭射虛空。

（一）名相解釋：

(1) 覺卽了：「覺」是覺悟，「卽」是立刻，「了」是了解、明白。

(2) 不施功：不執著施行功德，「施」是行，「功」指功德。何謂「功德」？「功」是功能，福利衆生的功能，「德」是善德，福利衆生的功能，可助長自己的善德。在《大乘義章》第九卷中曾提到：「功謂功能，善有資潤福利之功，故名爲功。此功是其善行家德，名爲功德。」一般而言，「功德」是具體的實際的與佛法相應的善事，特別指能產生實際效果的善事。

(3) 有爲法：指有作爲、有造作的一切因緣所生法。「爲」是制作、作爲、造作之意，「有爲法」是被制作的東西，依種種條件積集而成的東西。在時空的條件下，受範鑄的作用，所顯現的存在性，這即是生滅的現象世界的種種事物，在因果系列中存在的事物。簡單的說，當我們行善時，我們的心會認會「善有善報」而有所偏執。

(4) 住相：持續存在之相，為「心識」所擬構的形式概念，用以了解客觀外物者。我們容易以「自我」為中心，在行善後受人稱讚，自以為有功德，執著於此功德，稱為「住相」。

(5) 布施：把某些東西施予他人，這所施的東西可分為三種，即「錢財、知識、無畏的信心」，也就是所謂的「財施、法施、無畏施」。

(6) 天福：天界的福報，「天」是指「三界（欲界、色界、無色界）」中的諸天界，此天界的福報盡，仍然須受輪迴之苦。

(7) 仰箭：面對天空射箭。

（二）詩偈簡譯：

若能覺悟，就會立即了解，不可執著於行善的功德，這一點與一切的「有為法」不相同。執著「功德相」來行布施，只會獲得天界的福報，一旦福報盡，還是要受六道輪迴，這就好像面對天空射箭一樣。

（三）詩偈啟示：

《金剛經》中會提到：「一切有為法，如夢幻泡影，如露亦如電，應作如是觀。」，「有為」與「無為」有何分別呢？對所有相，心有「住（執著）」者，就是「有為」；《金剛經》中所說的：「凡所有相，皆是虛妄，若見諸相非相，即見如來。」這就是「無為」。

我們再來看《金剛經》中釋迦牟尼佛是如何說的：「若菩薩心住於法而行布施，如人入暗，即無所見。若菩薩心不住法而行布施，如人有目，日光明照，見種種色。」簡單的說，「有爲」計算功德，所以功德有限，而「無爲」不計功德，所以功德無量。

二十四、勢力盡。箭還墜。招得來生不如意。爭似無為實相門。一超直入如來地。

（一）名相解釋：

⑴ 爭似：「爭」通「怎」，意爲怎麼能夠像。

⑵ 無爲：沒有生滅變化、無造作、無分別對待的境界。

⑶ 實相門：「實相」的法門，可以使人由之而契會最高眞理。「實相」原義爲「本體、實體、眞相、本性」等；引申爲一切萬法眞實不虛的體相，或眞實的理法、不變的眞理、眞如、法性等。此是釋迦牟尼佛覺悟的內容，意卽本然的眞實，舉凡「一如、實性、實際、眞性、涅槃、無爲、無相」等，皆爲「實相」的異名。以世俗認識的一切現象均爲假相，唯有擺脫世俗認識才能顯示諸法常住不變的眞實相狀，故稱「實相」。

⑷ 一超直入：直截了當的從迷妄的狀態中脫卻開來，頓然入於覺悟的境地，中間不經過煩瑣的階級。「超」是越過，意爲越過煩瑣的階級。

⑸ 如來地：卽最高的眞理，亦卽佛的境地。

（二）詩偈簡譯：

向天空射出去的箭，一旦勢力盡了，終究會從天上下墜。也就是說，一旦福報盡，來生就會遭受六道輪迴之苦，當然就非常不如意。這怎麼能像無為實相的法門，頓然覺悟自己的本性，徹悟自己具有佛性，原來自己就是佛。

（三）詩偈啟示：

有人批評禪宗所提倡的「直指人心，見性成佛」是天方夜譚的事情，因為要修得「聲聞」與「緣覺」二聖的程度，就要修行「四聖諦」與「十二因緣法」。「菩薩」的修行也要歷經十信、十住、十行、十回向、十地、等覺與妙覺等五十二個階段才能成佛，怎麼可能「一超直入如來地」呢？一步登天就要成佛，這是不可能的事情。

可是這樣批評禪宗的人，忘了一件事情，我們不是常聽過「放下屠刀，立地成佛」這句話嗎？其實修行本來就有各種不同的法門，要成佛也要歷經各種不同的階段，由淺入深，先以有為的「功德法門」入門，再以無為的「修行法門」更上一層樓。禪宗本來就不是任何人皆可學，它是為有根基的修道者所開立的高級課程，所以未達此程度者（我並非有意抬高禪學的身價，只是認為不信禪學的人，是因為他們學習的機緣尚未成熟而已。），當然無法相信。

要成佛當然要歷經修行的過程，釋迦牟尼佛不也在《金剛經》中提到自己曾做過「忍辱仙人」，這只是修行的過程中的一世而已。那禪學是要給哪些人學的呢？在《金剛經》中，釋迦牟尼佛早已提到：

須菩提白佛言：「世尊，頗有眾生，得聞如是言說章句，生實信不。」

佛告須菩提：「莫作是說，如來滅後，後五百歲，有持戒修福者，於此章句，能生信心，以此為實。當知是人，不於一佛二佛三四五佛而種善根，已於無量千萬佛所種諸善根，聞是章句，乃至一念生淨信者，須菩提，如來悉知悉見，是諸眾生，得如是無量福德。何以故？是諸眾生無復我相，人相，眾生相，壽者相，無法相，亦無非法相。」

《金剛經》正是禪學的重要經典，所以修禪宗法門的人，應該感到高興，再接再勵，繼續修行；而修其他法門者，也不要批評禪學，因為「說人是非者，便是是非人。」修行的時間都嫌不夠多了，哪裡還有時間再去批評別人呢？況且毀謗正是學佛的大忌。

二十五、但得本。莫愁末。如淨琉璃含寶月。既能解此如意珠。自利利他終不竭。

（一）名相解釋：

(1) 但得本：「但」是只要，「得本」是覺悟自己的本性（佛性）。

(2) 莫愁末：「莫」是不要，「愁」是憂慮，「末」是枝節細末，指認為自己的煩惱多而困惑，認為自己的業障多而擔心的事情。

(3) 琉璃：一種有光澤的寶石。

(4) 如意珠：能隨順自己的意思而生出寶物的珠子，比喻佛性有不可思議的力量。

(5) 自利利他：使自己得到利益，也使他人得到利益。自己求覺悟，也使他人求得覺悟，這是行「菩薩道」的基本精神。

（二）詩偈簡譯：

只要能夠覺悟自己的本性，就不要憂慮自己的業障有多少的這些枝節細末的事情，就如同潔淨的琉璃寶石能映照出月亮一般。既然能夠了解這顆如意寶珠（指我們的佛性）的力量，那就能夠用它來自利利他，這種力量是取之不盡，用之不竭的。

（三）詩偈啟示：

⑴「但得本。莫愁末。」就是「直指人心，見性成佛」的意思，禪學的重點在覺悟本性，因爲一旦覺悟了，善惡皆成空，又哪裡來的業障呢？

⑵「如淨琉璃含寶月」是借著清淨的琉璃寶石，能映照出月亮，來比喻只要我們能捨棄一切的執著，保持著一顆清淨的心，那我們原來具有的佛性就會自然的顯露出來。

⑶「既能解此如意珠。自利利他終不竭。」是說只要能夠覺悟自己原本具有的佛性，這種功德力量是無窮盡的，不但自己能覺悟，幫助他人覺悟的力量也是用之不竭的。

（四）備註：

有些書本把「莫愁末」寫成「不愁末」，由於用「莫」字的版本較多，故我亦採用此字。「琉璃」有些書寫做「瑠璃」，其實「琉」通「瑠」字。另外有些書本把「既能解此如意珠」寫做「我今解此如意珠」，由於用「既能」字語的版本最多，所以採用此字語。

二十六、江月照。松風吹。永夜清宵何所為。佛性戒珠心地印。霧露雲霞體上衣。

（一）名相解釋：

⑴永夜清宵：「永」是長時間的意思，「清」是靜寂，「宵」是夜晚，「永夜清宵」就是整個夜晚都很靜寂。

(2) 何所爲：「何」是什麼，「所爲」是作爲，「何所爲」就是還需要什麼作爲嗎？

(3) 佛性戒珠：「戒」是戒條，規範行爲的規條，爲皈依佛的人所必須遵守的規則。「戒」又有禁制之意，在消極方面，是防止惡事發生，在積極方面，是促發善行。「珠」是寶珠，比喻珍貴美好。「佛性戒」是根源於佛性的戒，它是大乘菩薩所受的戒律，又稱爲大乘戒或菩薩戒，這種戒法包括止惡、修善、利他三方面，故又稱爲「三聚淨戒」。

(4) 心地印：「心地」是心田，心是善惡之苗的生起的源頭，故稱「心田」。「印」是痕跡、著物的意思，有呈現出來的含意。

(5) 霧露雲霞：「霧」是接近地面的水蒸氣，遇冷凝結成細微的水點，濃時能使人伸手不見五指。「露」是離地很近的水蒸氣，夜間遇冷凝結而成的小水珠。「雲」是由於地面溼潤的氣體，升至高處，遇冷凝結成微細的水點，在空中浮游的現象。「霞」是雲受日光斜射而呈現的紅色光彩。「霧露雲霞」是描述大自然的現象。

(6) 體上衣：身上的衣服。

(二) 詩偈簡譯：

江中月照，松林風吹，整個夜晚都很靜寂。面對這種情境，我與大自然合爲一體。「明月松風」就是我，我就是「明月松風」。這時的我，忘了自己的存在，只有清淨無爲，無思無慮，心無掛礙，我還需要什麼作爲嗎？在這種與大自然融合在一起的境界中，「佛性戒珠」這種美妙的寶珠，會清楚的在心中呈現出來（意指開悟的境界）。這時自己就會體會到天地宇宙的一切就是我，在這個無限的境界裡，濃霧、露珠、浮雲、彩霞都只像是自己身上的衣服罷了。

（三）詩偈啟示：

「霧露雲霞體上衣」意思是說：濃霧、露珠、浮雲、彩霞都只像是自己身上的衣服罷了。這是什麼意思呢？

有一句話說：「芥子納須彌，須彌納芥子。」「芥子」就是芥末的果實，其形極小。「須彌」就是須彌山，「須彌」是梵語，漢譯爲妙高山。根據佛教的宇宙觀，在世界的中心，有一座極其巨大的高山，山的周圍是大海，其大爲金輪。此山高八萬由旬，日、月在其周圍，六道、諸天在其側面，或在其上方，其頂上有「帝釋天」所居的宮殿。

了解「芥子」與「須彌」的意義之後，再明瞭「納」是藏入的意思，就可以翻譯這一句話了：「芥子藏入須彌山，須彌山藏入芥子之內。」看到這裡，各位讀者一定會覺得百思莫解，因爲「芥子（小）」藏入「須彌山（大）」，是理所當然之事，而「須彌山（大）」藏入「芥子（小）」之內，就很奇怪了。

其實《中庸》也有類似的一句話：「放之則彌六合，卷之則退藏於密。」我們先來看單字解釋。「彌」同「瀰」字爲「滿」的意思；「六合」是東、西、南、北、上、下，指三度空間；「卷」通捲字，收藏的意思；「密」是隱曲深奧的地方。

了解單字的意思之後，原句再翻譯如下：「釋放它就充滿了整個宇宙空間，收藏它就縮藏在隱曲深奧的地方。」這是不是與「芥子納須彌，須彌納芥子。」有異曲同工之處？

其實這兩句話一點也不奇怪，我舉個例子：要參加大專聯考的學生，他的腦袋瓜內裝滿了讀高中三年的書，試問小小的腦袋如何裝下這麼多的書；再打個比方，我們在夜晚抬頭看著天上的滿天星星，無數個星星都收藏在我們小小的眼睛內，試問眼睛那麼小，如何裝得下那麼多星星？談到這裡，相信各位心裡已經在說：「那就有可能小東西內藏大東西了。」

根據釋迦牟尼佛所說，我們每個人的本性（佛性）就如同前面所說的這兩句話一般，一旦在六道之中，生爲人類，佛性就藏在人類的軀殼裡面；生爲大象，佛性就藏在大象龐大的身體裡面；若生爲螞蟻，佛性就縮藏在那細小的體內；只有成佛，佛性才能「放之則彌六合」。

談到這兒，各位讀者可能更能體會，永嘉禪師所謂的「霧露雲霞體上衣」了，若以佛而言，「霧露雲霞」要做他的衣服，都還嫌太小呢！

二十七、降龍鉢。解虎錫。兩鈷金環鳴歷歷。不是標形虛事持。如來寶杖親蹤跡。

（一）名相解釋：

(1) 降龍鉢：「鉢」是梵語，漢譯做「應量器」，這是僧尼所常持有，而被認可的私有物，爲一種食器。釋迦牟尼佛曾用鉢來降龍，故曰「降龍鉢」。

(2) 解虎錫：「解」是分開，「錫」是錫杖，是修行者旅行時所拿的金屬杖，錫杖可用以擔物，上有鈷環，能發出聲音，一則可警告猛獸遠避，一則可警告自己昏沈。得道的「稠大師」曾用錫杖分開兩虎之鬥，故曰「解虎錫」。

(3) 兩鈷金環：指錫杖上面的兩個鈷（音ㄍㄨ）和六個金環。「鈷」是「箍」（音ㄍㄨ）的同義，指圍束物體的圓環，但是「鈷」特別指金屬圈（環）。錫杖有「大乘錫」和「小乘錫」的分別。「大乘錫」有兩個鈷，表示「眞、俗二諦（「諦」音ㄉㄧˋ，意爲不變的眞理）」。「眞諦」就是以聖者的立場來說的空理，聖者知其本性爲空，而不執著，由此而立眞諦；「俗諦」則是就世俗的經驗的立場來說的眞理，一般人不知其本性是空，而執以爲實，在其上立下種種道理，而成就「俗諦」。

「大乘錫」的各鈷，有三個環合爲六個環，代表「六度（又稱爲六波羅密）」，「度」是梵語「波羅蜜」的漢譯，意爲到達彼岸。「六度」是大乘菩薩爲了獲致涅槃的境地而修習的六種德目，這六個德目是：

①布施：分爲財施（施與錢財衣服等物）、法施（教與眞理）、無畏施（令除恐懼，而得心安。）。
②持戒：遵行戒律。
③忍辱：忍受屈辱的痛苦。
④精進：精進不疲怠，向眞實之道前進。
⑤禪定：使精神專一，安定下來。
⑥智慧：開啟觀空之理的妙智慧。

「小乘錫」有四個鈷，代表「四聖諦」。「四聖諦」卽：

①苦：生苦、老苦、病苦、死苦、愛別離苦、怨憎會苦、求不得苦、五蘊盛苦。
②集：苦惱由種種妄執、煩惱積集而成。
③滅：斷除苦惱的原因，到達覺悟的境地。
④道：指正見、正思惟、正語、正業、正命、正精進、正念、正定等「八正道」的正確修行，可到達覺悟的境地。

「小乘錫」的各鈷，有三個環，合成十二個環，代表「十二因緣」。「十二因緣」卽：

①無明：無知的狀態。
②行：潛在的意志活動。
③識：認識，分別作用。
④名色：精神與物質，指心和身。
⑤六入：眼、耳、鼻、舌、身、意等六種認識機能。
⑥觸：感官與對象的接觸。
⑦受：由接觸而起的感受。
⑧愛：盲目的占有慾。
⑨取：執著。
⑩有：生命的存在。
⑪生：出生。
⑫老死：老去、死亡。代表因果關係，循環不息。

(4)鳴歷歷：「鳴」是發出聲音，「歷歷」是分明、清楚，「鳴歷歷」就是清楚響亮的發出聲音。

(5)標形虛事持：「標形」是表明形式，「虛事」是不真實的事，「持」是拿、握。「標形虛事持」是說拿著錫杖只是表面不實在的事。

(6)如來：指釋迦牟尼佛。

(7)蹤跡：行跡。

（二）詩偈簡譯：

釋迦牟尼佛曾經用鉢降伏過毒龍，得道的「稠大師」曾經以錫杖解開兩虎之鬥。修行者所拿的錫杖上面有金屬鈷和金屬環，兩者相碰撞，就會清楚響亮的發出聲音。那是象徵「眞、俗二諦」與「六波羅蜜」來警惕自己的意義，並不是表面形式，虛應事故。修行者看到了錫杖，就如同親近釋迦牟尼佛的行跡一樣，隨著釋迦牟尼佛實踐他的佛法。

（三）詩偈典故

⑴「降龍鉢」有個典故，話說當年釋迦牟尼佛創立佛教時，曾經到「拜火教」的外道那裡，要度化「優樓頻螺迦葉」、「耶提迦葉」及「伽耶迦葉」三兄弟。三迦葉不相信釋迦牟尼佛，反而把釋迦牟尼佛困在火龍石窟之中。火龍想要加害釋迦牟尼佛，牠的鱗甲生出熾熱的火燄，衝向釋迦牟尼佛，釋迦牟尼佛生起慈悲心，現出三昧眞火，火龍的毒火反而自燒其身，無處逃避。這時火龍見到釋迦牟尼佛的鐵鉢中有清涼的水，就投身於鉢中滅火，釋迦牟尼佛就這樣降服了火龍。三迦葉見識了釋迦牟尼佛的法力大爲折服，最後就拜釋迦牟尼佛爲師，願意跟隨釋迦牟尼佛。

⑵「解虎錫」也有個典故，在中國古代，懷州王屋山這個地方，住著一位得道的高僧，名叫「稠大師」。有一次他在山中修習禪定時，見到兩隻老虎正在打鬥。稠大師爲了不讓兩虎兩敗俱傷，便用錫杖把糾纏在一起的兩隻老虎支開。說也奇怪，那兩隻老虎被分開之後，就變的很溫馴，不再互相打鬥，然後各自離去。

（四）詩偈啟示：

古代印度的修行者，每天拿著鉢出去化緣（以募化結佛緣，要求在家者施捨，以與佛法結緣。），裡面裝著他當天應吃的食物，釋迦牟尼佛說過：「一日食物一日足」，所以修行者只準備今天一天的食物，不擔心也不儲備明天的食物。如果當天沒有得到食物，當天就不吃，可見缽是用來裝今天化緣得來的食物用的。

印度是一個很熱的國家，所以沙土上有很多蟲類，修行者慈悲爲懷，爲了不踏死這些蟲類，所以行走時會振動錫杖來警告它們。而且有時候路上遇到蛇類的話，利用振動錫杖上的響聲來嚇跑蛇類，以保住自己的生命。修行者要保自己的生命，也要保護所有動物的生命，「錫杖」就是他們用來自利利他最好的工具。所以修行者在旅行時，一面走一面振動錫杖，就是「兩鈷金環鳴歷歷」的寫照。當年永嘉禪師拜訪六祖惠能時，就曾經拿著錫杖以印度傳來的禮儀，繞著六祖走三圈。

二十八、不求真。不斷妄。了知二法空無相。無相無空無不空。即是如來真實相。

（一）名相解釋：

(1)求眞：追求眞實，「眞」是「眞法」，是不生不滅的眞如「無爲法」。
(2)斷妄：「斷」是戒除，「妄」是由因緣所生的「有爲法」，又稱爲「妄法」。
(3)了知：了解知道。
(4)二法：指「眞法」與「妄法」。
(5)空無相：「空」是一切的存在（指人、法）都無自體，表示萬法都是由因緣和合而生起，並無固定的實體；表示某些東西（自體、自性）的非存在狀態，而非純然虛無的意思，這個否定的意思很重要。不可把「空」解釋爲「無（沒有、不存在）」，因爲「空」不但否定事物的實體性，否定構成自我與世界恆存的永久的實體，也否定持這種見解的說法。「無相」是不具有「相對性」的形相，是一切存在都無差別相，平等一如。

(6) 如來：指已經覺悟的人格，由眞理、眞如而來的人格，這卽是佛。

(7) 實相：一切事物的眞實的、常住不變的本性，也是平等的、最高的眞理。這是佛所覺悟的內容，一切語言的作用，都是相對性的，而實相卻是絕對的眞理。眞如、一如、法性、實性、涅槃、無為等，都是實相的異名。

（二）詩偈簡譯：

不必追求眞法，也不必斷除妄法，你要了解知道眞法與妄法，它們的本體都是空而無相的。無相就是沒有「空」，也沒有「不空」，這就是佛所覺悟的絕對的眞理。

（三）詩偈啟示：

「不求眞。不斷妄。」可說是禪學的入門基礎，只要領悟這個道理，保證你可以讀通所有的經典。

我來打個比方，我們都知道抽煙不好，對身體有害處（「煙」音，火燒西方淨土，「煙」字的創造者老早就在字內暗示抽煙者去不了淨土，因為淨土禁煙，不吸二手煙。），所以有人提倡禁煙。但是「抽煙（妄法）」與「禁煙（眞法）」對於「不抽煙者（了知二法空無相者）」根本毫無意義，因為「不抽煙者」不需要抽煙，何來戒煙的想法（無相無空無不空）。

以「唯識學」來解釋，「眞理」和「妄想」都是自己的第六識「意識」的分析判斷結果傳達結果給第七識「末那識」之後，就會產生「我要除妄想」，「我要追求眞理」的「妄想執著」，更加蒙蔽自己的「自性」。所以，永嘉禪師才說禪修時，必須「不求眞。不斷妄」。

我再以《心經》及《金剛經》的幾句經文，來印證這個道理，希望對各位讀者有助益。

《心經》說：「無無明，亦無無明盡，乃至無老死，亦無老死盡。」簡單的翻譯就是：「沒有十二因緣法（妄法），也沒有去除十二因緣法的法門（眞法）。」

《心經》又說：「無苦集滅道」意思爲：「沒有八大苦（妄法），也沒有去除八大苦的八正道法門（眞法）。」

《金剛經》說：「凡所有相（含眞法與妄法），皆是虛妄，若見諸相非相（不求眞。不斷妄。了知二法空無相），卽見如來（無相無空無不空，卽是如來眞實相）」。

《金剛經》說：「汝等比丘，知我說法，如筏喻者，法（眞法）尚應捨，何況非法（妄法）。」

《金剛經》說：「須菩提，所謂佛法者（眞法），卽非佛法（眞法不是眞理，佛所覺悟的境界，是不能用說的，有眞法的觀念，必有妄法的存在，這是相對性的，而眞理是絕對性的）。」

在《金剛經》中，釋迦牟尼佛苦口婆心的在講一個觀念，重複的講了許多次，我把它整理出一個公式如下：「如來說×××，卽非×××，是名×××。」意思是「我釋迦牟尼說×××，就不是眞實的×××，它只是爲了說明眞相，而勉強取一個名詞叫做×××。」《金剛經》中所說類似於這個公式的經文如下：

(1) 佛說「般若波羅蜜」，卽非「般若波羅蜜」，是名「般若波羅蜜」。
(2) 如來說「世界」，非「世界」，是名「世界」。
(3) 如來說「三十二相」，卽是非「三十二相」，是名「三十二相」。
(4) 如來說「第一波羅蜜」，卽非「第一波羅蜜」，是名「第一波羅蜜」。

(5)所言「一切法」者，卽非「一切法」，是故名「一切法」。
(6)如來說「人身長大」，卽爲非「大身」，是名「大身」。
(7)如來說「莊嚴佛土者」，卽非「莊嚴」，是名「莊嚴」。
(8)如來說「諸心」，皆是非「心」，是名爲「心」。
(9)如來說「具足色身」，卽非「具足色身」，是名「具足色身」。
(10)如來說「諸相具足」，卽非「具足」，是名「諸相具足」。
(11)所言「善法者」，如來說卽非「善法」，是名「善法」。
(12)「凡夫者」，如來說卽非「凡夫」，是名「凡夫」。
(13)佛說「微塵衆」，卽非「微塵衆」，是名「微塵衆」。
(14)如來所說「三千大千世界」，卽非「世界」，是名「世界」。
(15)如來說「一合相」，卽非「一合相」，是名「一合相」。
(16)世尊說「我見人見衆生見壽者見」，卽非「我見人見衆生見壽者見」，是名「我見人見衆生見壽者見」。
(17)所言「法相者」，如來說卽非「法相」，是名「法相」。

諸位讀者，在《金剛經》中，這個公式用了十七次，可見釋迦牟尼佛多麼重視衆生要明瞭這個觀念。釋迦牟尼佛的大弟子，也就是《金剛經》中的配角「須菩提」第一位領悟這個觀念（難怪釋迦牟尼佛會稱讚須菩提「解空第一」）。

我們再來看看《金剛經》中如何描述「須菩提」的心境：「爾時，須菩提，聞說是經，深解義趣，涕淚悲泣，而白佛言：希有世尊，佛說如是甚深經典，我從昔來，所得慧眼，未曾得聞如是之經。世尊，若復有人，得聞是經，信心清淨，即生實相，當知是人，成就第一希有功德。世尊，是實相者，即是非相，是故如來說名實相。」最後一句話說明了須菩提已經徹悟了釋迦牟尼佛的意思。

釋迦牟尼佛怕後世的衆生不了解他的意思而亂解釋，所以他說了一段告誡的話。我們來看《金剛經》是怎麼說的：「須菩提，汝勿謂如來作是念，我當有所說法，莫作是念。何以故？若人言如來有所說法，即爲謗佛，不能解我所說故。須菩提，說法者，無法可說，是名說法。」這一段話眞是談到修道的重點，好個「若人言如來有所說法，即爲謗佛，不能解我所說故。」再注意「說法者，無法可說，是名說法。」諸位讀者，相信你們已經若有所悟了吧！

二十九、心鏡明。鑑無礙。廓然瑩徹周沙界。萬象森羅影現中。一顆圓光非內外。

（一）名相解釋：

⑴心鏡明：心能照射十方萬象，如鏡之光明無私，「心」是指自性、本性、佛性。
⑵鑑無礙：「鑑」者照也，可察物照形，「無礙」意爲無阻礙。
⑶廓然：「廓（音ㄎㄨㄛˋ）」，意爲寬大，「廓然」意爲寬大而豁達。
⑷瑩徹：「瑩」者形容光潔、透明，「徹」者貫通也，「瑩徹」就是玲瓏剔透，光亮透明。
⑸周沙界：「周」同「週」意爲環繞，「沙界」如印度恆河沙一樣多的世界，比喻爲數之不盡的世界。

⑹萬象森羅：「萬象」是一切的景象，「森」是深密茂盛，「羅」是捕捉、包含，「萬象森羅」就是在宇宙間所有的一切形相。

⑺影現中：「影」是影像，「現」是顯露，「中」是內部。

⑻圓光：寶珠的光芒，指本性，參照「一顆圓光色非色」。

（二）詩偈簡譯：

心鏡（本性）的光明能照耀十方，而沒有障礙，而且它空廓晶瑩，透徹的照遍那如恆河沙一般多的三千大千世界。宇宙間所有的一切形相，都顯露在心鏡（本性）之中，一顆寶珠（本性）的光芒，是沒有內外（主觀與客觀）之分的。

（三）詩偈啟示：

心鏡（本性）可以把整個宇宙映照出來，所以整個宇宙就是我（本性），我就是整個宇宙，兩者是合一的，沒有主客之分，主客是一體的，是絕對的，因此永嘉禪師才會說「一顆圓光非內外」。

三十、豁達空。撥因果。莽莽蕩蕩招殃禍。棄有著空病亦然。還如避溺而投火。

（一）名相解釋：

⑴豁達空：「豁（音ㄏㄨㄛˋ）」指豁然，爲開敞的意思。「達」是徧達，意爲側重通曉某一方面的事理，也就是「執著」的意思。「空」是一切皆無，這兒的「空」是一般人所說的「無」，非佛所指超越色相、意識之界的「空」。「豁達空」就是不信因果法則，認爲世界一切皆是「空（無、沒

有）」，什麼都不重要，所以就無視於世間的道德，人死後什麼都沒有了，這是一種對「空」理的錯誤執著。

(2)撥因果：「撥」是排除，「撥因果」就是否認因果法則。

(3)莽莽蕩蕩：「莽莽（音ㄇㄤˇ）」是野草叢生，「蕩蕩」是寬廣遙遠。「莽莽蕩蕩」是形容「虛無主義」，主張一切皆空，什麼都沒有，否認因果法則。

(4)殃禍：「殃（音ㄧㄤ）」是災禍，「殃禍」就是災殃禍患。

(5)避溺：「溺」是溺水、沒入水中，「避溺」就是躲避溺死。

（二）詩偈簡譯：

「豁達（執著）空」者，他們不信因果法則，由於他們相信「虛無主義」，導致招來多少災殃禍患。修道者放棄「有」，執著「空」者，所受之病也一樣，這好像是避開沈溺之災，反而投入火焚之禍。

（三）詩偈啟示：

這四句詩偈，把修道者要注意的三種不正確的觀念，做一個提示說明：

(1)不信因果法則者：這種人即使做了奸犯科殺人搶劫，因而被處死刑，在臨終時他還是相信「十八年後又是一條好漢」，這類的人容易到地獄道去受苦，所以永嘉禪師說：「豁達空。撥因果。莽莽蕩蕩招殃禍。」

(2)執著「有」者：這是最常見的情況，在世間執著一切的金錢、權勢、地位、親情，甚至做善事也是爲了多一點功德，好讓自己的來世，繼續享有更好的生活。這類的人，即使是有所求而做許多善事，因而上了天堂做神仙，但是一旦福報盡，很容易又掉下畜生道、餓鬼道及地獄道。

(3)執著「空」者：這是修道者最容易犯的毛病，這種空是一種「頑空」，就和機器及木頭一樣，沒有思想，當然也就產生不了「般若妙智慧」，也就不能成佛，照樣要遭受六道輪迴之苦。所以永嘉禪師告誡我們說：「棄有著空病亦然。還如避溺而投火。」這就好像你怕被水淹死，所以就投入火中，但是火也是會燒死人，火燒之死和水淹之死，都是一樣的死，下場都差不多。

（四）備註：

有一種版本把「莽莽蕩蕩招殃禍」寫成「漭漭蕩蕩招殃禍」，正確應該是「莽莽」才對，因爲「莽莽」是野草叢生之意，而「漭漭」是水廣遠的樣子，何況只有一種版本用「漭漭」。

三十一、捨妄心。取真理。取捨之心成巧偽。學人不了用修行。真成認賊將為子。

（一）名相解釋：

(1)巧僞：「巧」是虛僞，「僞」是假的，「巧僞」就是虛假。
(2)學人：學道之人，就是修道者。
(3)不了：「了」是了解、明白，「不了」就是不了解。
(4)用修行：指用「捨妄心。取眞理。」這種虛假的心去修行。
(5)眞成：「眞」是實在，「成」是成爲。
(6)認賊將爲子：「將」音ㄐㄧㄤ，做的意思，認賊做爲子。

（二）詩偈簡譯：

佛法是不取不捨，如果修道者捨棄妄心，求取眞理，這種取捨之心，就成爲虛假之人。學習佛道的人不了解這是錯誤的，用這種虛假之心去修行，那就是認賊做子。

（三）詩偈啟示：

在《六祖壇經》中，五祖弘忍曾經對六祖惠能說過：「不識本心，學法無益。若識自本心，見自本性，卽名丈夫、天人師、佛。」修道必須先了解「識本心」的重要性，假如不識本心，而以取捨之心去求道的話，就是所謂的「以自力之心求道」，這是禪宗最引以爲誡的。禪宗認爲一味的執著於自力，只是自己的第六識「意識」在作用罷了，如此是不可能成佛的。

（四）備註：

有些書本把「眞成認賊將爲子」寫成「深成認賊將爲子」，寫做「深成」是不對的。

三十二、損法財。滅功德。莫不由斯心意識。是以禪門了卻心。頓入無生知見力。

（一）名相解釋：

(1) 法財：「法財」是指「戒、定、慧」，又稱爲「三學」，這是佛道修行者，必要修學實踐的根本功課。「戒」是遵守戒律，以防止惡事滋生；「定」是使思慮分別的意識安定下來；「慧」是破除迷妄，以證眞實，以智慧來體證眞理。

(2) 功德：「功」是功能，福利的功能；「德」是善德，福利功能可助長善德。一般而言，功德是具體的實際的與佛法相應的善事，特別指能產生實際效果的善事。

⑶眞不由斯：「莫」是沒有，「斯」是這個，「莫不由斯」就是沒有不是由這個而來。

⑷心意識：唯識學以「心、意、識」三者合起來指八種心識，其中「心」是第八識「阿賴耶識」，因這第八識「阿賴耶識」積集「業種子」而生起「現行」；「意」是第七識「末那識」，這第七識「末那識」恆常地對境思量；「識」則是前六識，特別指第六識「意識」，因爲這前六識有「了別對境」的「勝義（殊勝的境義、境界）」。

⑸是以：因此。

⑹禪門：禪的法門，指「菩提達摩」所傳的「教外別傳，不立文字。」的「佛心宗」。

⑺了卻心：「了」是完全，「卻」是不接受，「心」指心（第八識「阿賴耶識」）、意（第七識「末那識」）、識（第六識「意識」）。

⑻頓入：立刻進入。

⑼無生：遠離種種「滅變化」生，「生滅變化」都是相對的現象，這不是「本性是空」的絕對現象。在現實的現象界中，事物都在生滅流轉，「生」只是吾人的思想，用以描述此種事象的一個形式概念，實際上並沒有眞實的「生」。

⑽知見力：覺悟的智慧力。

（二）詩偈簡譯：

損傷「戒、定、慧」的法財，消滅了眞實的功德，這都是由心（第八識「阿賴耶識」）、意（第七識「末那識」）、識（第六識「意識」）所造成的。因此禪門要離開「心、意、識」，才能頓超直入，聞佛知見，得到「無生慈忍力」。

（三）詩偈啟示：

這裡所提到的「心、意、識」，是指心（第八識「阿賴耶識」）、意（第七識「末那識」）、識（眼識、耳識、鼻識、舌識、身識、第六識「意識」），這就是所謂的「唯識」，所謂「三界唯心，萬法唯識」，我簡單的解釋一下「八識」：

⑴ 第八識「阿賴耶識」：梵語叫做「阿賴耶識」，中文譯爲「藏識」，就是能夠含藏的意思，它好像倉庫一般，能夠蓄藏一切的物品。

第八識「阿賴耶識」比喻做「田地」，稱爲「心田」；前七識的一切作爲比喻做「種子」，稱爲「業種子」，種子就是「因」，會開花結「果」，「因果法則」就是由此而來。

前七識所造的一切業種子，以及日常生活習慣的種子，都被第八識「阿賴耶識」所收集。這些被收集的種子稱爲「因」，往後遇到衆緣會合時，就能生「果」，所以第八識「阿賴耶識」可以說是人類生命的本體。

我們的「起心動念」都會化成「種子」，種子在未結果之前，收藏在第八識「阿賴耶識」中，不失也不壞。在三界六道中，所有衆生的善惡業種子，都包含在他們的第八識「阿賴耶識」內，無論經過多少歲月，世世代代都不會壞。

第八識「阿賴耶識」受前七識所造的善惡業，化爲「種子」所留藏，這些種子在尚未遇到報應的時機時，暫時由第八識「阿賴耶識」保管，而且絕不亡失，隨著「靈魂（中陰身）」一同投胎轉世，除非聞正法（佛法）而誠心的懺悔，使種子枯乾，否則連佛力都難敵業力。

我們俗稱的「靈魂」在佛經裡稱爲「中陰身」，「中陰身」來人間投胎，必須找到有緣的男女發生情感愛慾，卽時投胎受孕，才能出生爲人。若只有父精母卵，而沒有「中陰身」，是不會受孕的，而第八識「阿賴耶識」就藏居在「中陰身」內，所以生時第八識「阿賴耶識」先來，而死後第八識「阿賴耶識」是最後離去的，這才是肉體眞正的死亡。

(2)第七識「末那識」：梵語叫做「末那識」，就是只想到自己的心識，也就是自我執著的心識。所謂擒賊先擒王，修道就是要消除第七識「末那識」，使惡種不入心中，不思於心中，不行於心中。由於它的作用是執取第八識「阿賴耶識」的種子爲「我（假我）」，使第六識「意識」生起「自我意識」，例如「我（假我）」最偉大，「我（假我）」最能幹，「我（假我）」最有錢，「我（假我）」一定要樣樣比別人行，故又稱爲「我識」。這基本上是一種「我執」（自我執著）的作用，由此而形成「煩惱」的根本。

此種「我執」的作用是，「我（假我）」的具體生命在過去、現在、未來或前世、今生、來世所思想所經驗的東西，以「種子」的形式，攝藏於第八識「阿賴耶識」中。第七識「末那識」卽在第八識「阿賴耶識」的層面，執取這些「種子」以之爲「我（假我）」。

因爲這些「種子」是累積來自前世、今生、來世所思想所經驗的東西，並無主宰的作用，故本來無「我（假我）」，第七識「末那識」卻於此執取爲「我（假我）」，自然是虛妄，由此而生起「我痴、我見、我慢、我愛」四種煩惱。

「我痴」是對自我的迷妄，以自我爲實有，不明白無我的道理，這就是「無明（迷妄、執著）」在起作用，是煩惱的根本，此無明起作用的結果，就產生三種「煩惱」：

第一是「我見」，卽對自我起執著，而產生錯誤的見解，不知自我只是肉體與精神暫時所組合而已，第七識「末那識」執取此具體生命的過去、現在、未來所遭遇的東西為我，而起「我見」，其中並無我在，只是妄見。

第二是「我慢」，即以自我為無比的重要，而產生傲慢心，自以為了不起，「夜郎自大」就是一個很好的例子。

第三是「我愛」，即沈溺於所執的我，對自己喜愛。

(3) 第六識「意識」：第六識就是「意識」，它能認識抽象的觀念，追憶過去、推測未來、分析現狀、判別是非、分別愛惡以及考慮思辯的邏輯思想。

當人體的器官感覺經由中樞神經傳送到大腦時，屬於第六識「意識」的覺知，便生起辨認和推理的心理作用，這就是前五識與第六識「意識」的聯鎖作用，唯識學稱為「五俱意識」。也就是說，不管前五識的那一種感識在發揮作用，都有第六識「意識」伴隨而起。

簡單的說，當外來的刺激，經由感覺器官傳送到中樞神經時，大腦的活動（第六識「意識」），便發揮思考、分析、推理的功能。

前五識與第六識「意識」的差別，就在於前五識只能感覺當前的事物，而第六識「意識」則根據前五識所收取的資料，產生思維、分析、推理的綜合心理作用。

(4) 前五識：前五識是指眼睛、耳朵、鼻子、舌頭、身體等四種人體器官及身體本身，對周遭環境所看、所聽、所嗅、所嚐、所觸之後，人類本身所產生的見識、聞識、嗅識、嚐識、覺識等五種感識。

這八種心識，就是人類遭受因果輪迴的主因，而禪宗是以「直指人心，見性成佛」的方式，頓然見到本性而成就佛道。

三十三、大丈夫。秉慧劍。般若鋒兮金剛焰。非但空摧外道心。早曾落卻天魔膽。

（一）名相解釋：

⑴大丈夫：表示開佛知見的人，五祖弘忍說過：「不識本心，學法無益。若識自本心，見自本性，卽名丈夫、天人師、佛。」。

⑵秉慧劍：「秉（音ㄅㄧㄥˇ）」，執的意思。「慧劍」是以智慧來斷除煩惱，快利如劍。

⑶般若鋒兮：「般若（音ㄅㄛ ㄖㄜˇ）」，梵語，智慧之意，特別指觀照空理的智慧，這不是一般的知解，而是一種覺悟的慧觀。「鋒（音ㄈㄥ）」，指刀、劍等銳利的部份。「兮（音ㄒㄧ）」，古文裡詩賦常用的語助詞，如語體文的「啊」，用於語中或語尾的，例如：力拔山兮氣蓋世。

⑷金剛焰：金剛王寶劍的光焰，「金剛王寶劍」是由金剛石所造成的寶劍，象徵佛智慧堅實鋒利無比，能斬斷一切煩惱絲。「焰」是物體燃燒時，發光熱的部份，在此指金剛王寶劍的光芒像火焰一般。

⑸空摧：「摧空」的倒裝句，「摧」是破壞，「空」是虛無所有，亦卽破壞一空。

⑹外道心：「外道」是指佛理以外的教理，這些都是不正的教理，「外道心」就是外道的妄心。

⑺早曾落卻：「早曾」是早先曾經，「落」是物下墜，「卻」是後退，「落卻」意指因畏懼而後退。

⑻天魔膽：「天魔」是指欲界第六天（他化自在天）的天主「波旬」與天民，因爲他們對佛道有障

礙，故名爲「魔」。「膽」是膽量，卽勇氣。其實違背天理之心、害人之心、著相之心，都是「天魔膽」。

（二）詩偈簡譯：

開佛知見的大丈夫，拿起智慧的寶劍，「般若」就是劍鋒，這把「金剛王寶劍」散發出佛智慧的光芒，不但把外道的心摧空，而且早先曾經使天魔「波旬」畏懼而退縮。

（三）詩偈啟示：

這句詩偈把「開佛知見者」比喻做「大丈夫」，把「佛的智慧」用「金剛王寶劍」來譬喻它的堅實鋒利。對於一個得道者，外道的妄語妄心，不能傷害他，各種業魔也無法近身。

（四）備註：

有些書把「金剛焰」寫成「金剛燄」；把「空摧」寫成「能摧」，其實「焰」字同「燄」字，而「能摧」是不對的，因爲大多數的書都寫「空摧」，這是我個人的看法。

三十四、震法雷。擊法鼓。布慈雲兮灑甘露。龍象蹴踏潤無邊。
三乘五性皆醒悟。雪山肥膩更無雜。純出醍醐我常納。

（一）名相解釋：

(1) 震法雷：表示震興佛法。

(2) 擊法鼓：比喻得道高僧的說法，也像軍中的大鼓一樣，只要大鼓一響，便可激勵士兵們向前邁進；同樣的，說法度眾生，也會鼓勵眾生進修。

(3) 布慈雲：發慈悲心宣揚佛法。
(4) 灑甘露：讓聞佛法者受益。
(5) 龍象：即象中之王，比喻佛、開佛知見者、悟道者。
(6) 蹴踏：「蹴（音ㄘㄨˋ）」，用腳踏的意思，「蹴踏」就是腳踏。
(7) 潤無邊：潤澤一切的衆生。
(8) 三乘：「乘（音ㄕㄥˋ）」，是車乘，古時一輛兵車叫做一乘，禪學的教義依其深淺之分也叫「乘」，譬喻佛法能使人臻（音ㄓㄣ，達到的意思。）於果地的境界。「三乘」之其一是「聲聞乘」，或稱「小乘」，是由覺悟「四諦」之理而證得阿羅漢果；其二是「緣覺乘」、「辟支佛乘」，或稱「中乘」，是由覺悟「十二因」緣之理而證得辟支佛果；其三是「菩薩乘」，或稱「大乘」，是經由三祇（音ㄑㄧˊ）百劫（又作「三祇百大劫」，菩薩要經過極其長久的時間而成佛，要經過「三大阿僧祇劫」，修行「六度萬行」，還要再經過百劫，積累福業，以召感「三十二相」，這「三十二相」是佛的殊勝的相狀，能得「三十二相」，即是「佛」。）的修行而證得「無上菩提」。「聲聞乘」與「緣覺乘」偏向於「出世」，喜歡在山林幽靜之處修頭陀行，作自了漢；「菩薩乘」則富有「入世」精神，修「六度萬行」，化度衆生。
(9) 五性：「法相宗」以為，衆生先天方面即已具有五種「質素（指事物本來的性質，素養；因子，成分）」中的一種，可以憑此作永久性的區別。這五種「質素」是：
① 菩薩定性，可成為菩薩；
② 緣覺定性，可成為獨善的覺悟者；

③聲聞定性，可成爲小乘的修行者；
④不定性，未有限定者；
⑤無種性，無法獲致覺悟者。

前三者具有獲致「佛果、辟支佛果、阿羅漢果」的決定性，第四者沒有一定的質素，第五種則永遠沈淪於生死苦界，無法超昇。

⑽雪山：指喜馬拉雅山。

⑾肥膩：是一種草名，香味很濃。

⑿更無雜：「更（音ㄍㄥˋ）」，尤其、格外，「更無雜」是指在有「肥膩」香草的地方，就沒有其他的雜草。

⒀純出：「純」是純粹，純淨而不攙雜別的物質，「出」是指提鍊出來。

⒁醍醐：音ㄊㄧˊ ㄏㄨˊ，經過多次製煉的乳酪，譬喻佛性或涅槃。天台宗以之指「五時（華嚴時、鹿苑時、方等時、般若時、法華涅槃時）」中的最後時期，即「法華涅槃時」。在此是指佛於《涅槃經》中說牛乳等「五味（乳、酪、生酥、熟酥、醍醐）」中的第五者，爲精製的乳製品，味最好。

⒂常納：「納」是領納、享受、品味，「常納」是時常品味。

（二）詩偈簡譯：

開佛知見者，能夠震興佛法，說法度衆生，發出慈悲心宣揚佛法，讓聞佛法者受益。悟道者所到之處，以佛法潤澤一切的衆生，使大、中、小三乘，和菩薩定性、緣覺定性、聲聞定性、不定性、無種性等五性，都能夠醒悟。

在雪山長著一種名為「肥膩」的香草，在有這種「肥膩」香草的地方，就沒有其他的雜草。如果乳牛吃了這種香草之後，便能產出非常純淨的牛乳，把這種牛乳加以精製便成為「醍醐」，我時常在品味著。（頓悟的佛法，就像雪山純淨的牛乳所提鍊出來的醍醐一般的香醇，我時常浸淫在美妙的禪宗裡，從中體悟到美妙的佛理。）

（三）詩偈典故

「醍醐」二個字出自於《涅槃經》裡，《涅槃經》云：「譬如從牛出乳，從乳出酪，從酪出生酥，從生酥出熟酥，從熟酥出醍醐，醍醐最上。善男子！佛亦如是，從佛出十二部經，從十二部經出修多羅，從修多羅出方等經，從方等經出般若波羅蜜，從般若波羅蜜出大涅槃，猶如醍醐，言醍醐者，喻於佛性。」。

我先來解釋一些名相，這有助於了解這段經文：

⑴十二部經：就形式與內容可把佛教經典分為十二部分：

①修多羅：經典中宣說法義的長行，即散文，又稱「契經」。

②祇夜：說長行的意思的頌，又稱「應頌、重頌」。

③伽陀：宣說長行之外的意思的偈頌，又稱「諷頌、孤起頌」。

④尼陀那：經中述說種種因緣的部分，又稱「因緣」。

⑤伊帝目多伽：述佛弟子過去世的因緣，又稱「本事」。

⑥闍多伽：述佛的前生的故事，又稱「本生」。

⑦阿浮達磨：記述佛的不思議力、神力的部分，又稱「未曾有」。

⑧阿波陀那：經典中的譬喩，又稱「譬喩」。
⑨優婆提舍：論議法理的經文，又稱「論議」。
⑩優陀那：佛自己無問自說的經文，又稱「自說」。
⑪毗佛略：說方正廣大的眞理的經文，又稱「方廣」。
⑫和伽羅：對菩薩授記的經文，又稱「授記」。
這十二部經的內容與順序，在各經典中的說法略有不同。
(2)修多羅：梵語，漢譯爲「線、條、綖」，貫串各物的紐之意。一般指「佛經」，漢譯作「經、契經、直說、聖教、法本、善語經」。這是指那些章句，傳播著佛的說教，其喩意是這些經記載著佛的教法，將這些教法貫串起來，不致散失，其所說與眞理契合，故稱「契經」。
(3)方等經：宣說平等眞理的大乘經典的總稱，這特別是指接引小乘入大乘的過度的大乘經典。「方等」卽是逐漸展開，以達于平等一如之意。
(4)般若波羅蜜：梵語，「般若（音ㄅㄛ ㄖㄜˇ）」是空之智慧，「波羅蜜」是完成、完滿。這卽是指最高的空之智慧的完成。
(5)大涅槃：梵語，漢譯爲「滅、滅度、寂滅、不生、圓寂」。這是從一切煩惱的繫縛中脫卻開來，滅除再生于迷妄世界的種種業因的境地。
了解上述的名相之後，我們就知道釋迦牟尼佛由成道至入滅，在這段期間的說法，可分爲五個時期，而佛於《涅槃經》說牛乳等五味時，是在比喩這五個時期，詳述如下：
(1)乳味：初由牛處出，把佛譬喩爲牛。佛最初說《華嚴經》時，如牛的乳，此時二乘（聲聞乘與緣覺乘）根機未熟，故乳至爲淡泊，有如生乳。

⑵ 酪味：由生乳而來，譬喻佛於《華嚴經》之後，說《阿含經》，聽聞《阿含經》的人都是小乘的程度。

⑶ 生酥味：由酪製成，譬喻佛於《阿含經》之後，說《方等經》，把小乘程度者接到大乘的程度。

⑷ 熟酥味：由生酥進一步精製而來，譬喻佛於《方等經》之後，說《般若經》，聽者的大乘觀念亦趨成熟，而逐漸進入大乘的程度。

⑸ 醍醐味：由熟酥煎成，譬喻佛於《般若經》之後，說《法華經》與《涅槃經》，聽者已俱備有大乘的程度。

（四）詩偈啟示：

許多人在問一個問題：「道是什麼？」然後就有許多大德在解釋，甚至出書，來說明這個問題。其實嚴格說起來，只要一解釋，無論再好的言語文章，都不是正確的答案。所以老子解釋的最好，他說：「道，可道，非常道。」他不知其名，只能勉強用「道」這個字來代表。可是不解釋又無法弘法以利眾生，所以釋迦牟尼佛在講經時，用了大量的譬喻，來讓眾生去聯想。

永嘉禪師也用了相當多的比喻，在這首偈中，「法雷、法鼓、慈雲、甘露、龍象、雪山肥膩、醍醐」都是譬喻，這些都是我們要細心去體會，才會有所悟。

我認爲老子用「道」這個字來做代表，眞是恰到好處。因爲「道」原本的意思就是「路」，每個人要成就佛果都必須走過一段艱辛的進修之路，把這一段進修佛果之路，用「道」來代表，眞是太妙了。

所謂「條條道路通羅馬」，佛也以八萬四千個法門來引導眾生成就佛果，所以說無處不是道，只要適合眾生成就佛果的任何作爲，都可以說是「道」。

（五）備註：

有些書把「蹴踏」寫成「蹴蹋（音ㄊㄚˋ）」，其實「踏」與「蹋」音義皆同。

三十五、一性圓通一切性。一法遍含一切法。一月普現一切水。一切水月一月攝。

（一）名相解釋：

⑴一性：同一的，清淨的本性、本質。簡單的說，衆生皆有佛性，這個佛性都是相同的。

⑵圓通：絕對的眞理周圓地瀰漫於諸法之意，卽周圓融通，這是佛、菩薩的覺悟境界。

⑶一切性：衆生的本性。

⑷一法：凡意識所能思及的，都是「法」。包括具體的與抽象的、物質的與精神的、形而下的與形而上的。

⑸遍含：「遍」是普及，「含」是包括。

⑹一切法：又作「一切諸法、萬法」。指一切事物、一切現象的存在，包括物質的與精神的。這不只是「有爲法」，亦可是「無爲法」。凡是可感知的，以至於在意識中出現的東西，都是「一切法」的範圍。

⑺一月：一個月亮。

⑻普現：普遍照現。

⑼一切水：大地上的千江萬水。

⑽一切水月：因為天上有月亮，映照在大地上的千江萬水之上，所以千江萬水皆有月亮。

⑾一月攝：「攝（音ㄕㄜˋ）」是收與取的意思。「一月攝」是取自於一個月亮的映照。

（二）詩偈簡譯：

佛性周圓融通眾生的本性，一法普遍包含一切諸法。一個月亮普遍照現於一切江水之中，一切的水月都是攝取於一個月亮的映照。

（三）詩偈啟示：

有句話說「一本散於萬殊，萬殊歸於一本。」就是這首詩偈的最佳寫照。

在「華嚴宗」有一句術語叫做「一卽一切，一切卽一。」，「一」是一「物事（事情、東西、物品）」，「一切」是其他一切「物事」。一「物事」與其他一切「物事」之間，互相涵攝而不礙。在眞如法界中，種種「物事」雖各有其差別相，但就其本體而言，則無絲毫差別，種種「物事」，皆為眞如本體之顯現。

我舉個例子，假設黃金是「眞如本體（自性、佛性）」，把黃金鑄造成人形，我們所見的就是一個人樣；鑄造成佛菩薩，我們見到的就是佛菩薩樣；鑄造成動物的形狀，就是畜生樣；鑄造成神像，就是神仙樣。不管鑄造成任何形像，它都有一個形狀，可是不管鑄造成任何東西，我們所見的卽使是個很逼眞的人像，它們的本質都是黃金，都是一樣的。眾生皆有佛性，就是說眾生都是佛性所鑄造出來的。

一性之理既明，萬法皆可通達。假如能悟通一部佛經，則能通達群經。我對佛經的領悟，來自於《般若波羅蜜多心經》中的「無無明，亦無無明盡，乃至無老死，亦無老死盡。」這一段經文簡單的說，就是

「沒有所謂的十二因緣，也沒有去除十二因緣的法門。」。

在《金剛經》中也提到有這麼一段：「是故不應取法，不應取非法，以是義故，如來常說，汝等比丘，知我說法，如筏喻者，法尚應捨，何況非法。」。

前面這二段經文的重點，在於沒有「法」，也沒有「非法」。

比如說某種治頭痛的藥非常有效果，只要發生頭痛現象，一服用馬上藥到病除。但是，頭痛藥對於健康的人，就一點用處都沒有了。

再比如說，抽煙有害健康，所以醫院戒煙，這對於癮君子有影響，但是對於不抽煙的人，根本沒有意義。因爲，不抽煙又何必要戒煙。所以戒煙雖然是好的戒律，但是它是虛無的，它只有對於抽煙者才有作用。

佛法也是一樣，對於未悟道者而言，它是必需品，但是對於悟道者而言，它也是無意義的。因爲，一旦依照「藏寶圖」找到寶藏之後，這張「藏寶圖」就失去它的價值性。

三十六、諸佛法身入我性。我性同共如來合。一地具足一切地。非色非心非行業。

（一）名相解釋：

⑴ 一地：以「地」來譬喻衆生的「佛性」，一切草木的種子，都從地中生出；同樣，一切善根功德，亦由同一的普遍的佛性生出。

⑵ 具足：一切完備。

(3)一切地：指菩薩修行的五十二個階段中的第四十一位至第五十位，稱爲「十地」。菩薩在這「十地」中，依持佛智，負荷衆生的苦痛，支持他們，有如大地的支持樹木，故稱「地」。簡述「十地」如下：

①歡喜地：開始發中道之智，自利利他，而感歡喜。
②離垢地：住於中道之理，入衆生界的汙垢中，而又離之。
③發光地：修習佛道，發出明淨的佛光。
④焰慧地：智光熾盛，生「無生忍」。
⑤難勝地：空卻無明，勝卻前位。
⑥現前地：觀照諸法，顯現寂滅無二之相。
⑦遠行地：體會中道之境，繼續向推進。
⑧不動地：安住於中道無相的智慧之境，而不動搖。
⑨善慧地：以善巧的慧觀而入「無生忍」之道。
⑩法雲地：領受佛的職位，其慈悲與智慧覆蓋整個法界，有如大雲。

(4)非色：不是物質。
(5)非心：不是精神。
(6)非行業：「行（音ㄒㄧㄥˊ）業」是修行、行爲，透過身、口、意三者表現出來的行爲。「非行業」即不是修行。

（二）詩偈簡譯：

諸佛的法身進入了我的本性中，我的本性和如來的本性，像水乳交融般的合而爲一。在頓超的法門中，衆生的佛性原本就具足了「十地」，這不是以物質求得，不是以精神求得，也不是以修行去求得的。

（三）詩偈啟示：

以正統佛教自居的教派，都認爲要修成「聲聞」的果位，就一定要修習「四聖諦」；要修成「緣覺」的果位，就一定要修習「十二因緣法」；要修成「菩薩」的果位，就必須要修習「六度萬行法」；要修成「佛」的果位，就必須要經過「菩薩」覺悟歷程的五十二個階段（十信、十住、十行、十迴向、十地、等覺、妙覺）後，即過了「妙覺」這個階位之後，就是「佛位」。

而禪宗的宗旨是「教外別傳，不立文字，直指本心，見性成佛。」這裡面有一個重要的意思，就是禪的「密意」，不能透過「文字言說」來傳達，只能直接地以心傳心。

禪宗以爲，佛的眞髓，不能藉著任何「文字言說」來透露，任何經典文字都湊泊不上，只能透過「以心傳心」的直接體驗方式來傳達。禪宗以爲，以「文字言說」來傳達的佛法，是教內系統；禪的「以心傳心」，則不屬於教內系統，而是在「言教」之外，故是「教外別傳」。

禪宗在中國的創始者是「達摩祖師」，而達摩祖師的禪法是傳承自釋迦牟尼佛的弟子「大迦葉尊者」。釋迦牟尼佛傳道給大迦葉尊者時，就曾說過：「吾有正法眼藏，涅槃妙心，實相無相，微妙法門，不立文字，教外別傳。」

三十七、彈指圓成八萬門。剎那滅卻三祇劫。一切數句非數句。與吾靈覺何交涉。

（一）名相解釋：

(1) 彈指：彈擊手指所需要的時間，比喻時間過的很快。「彈指」也可說是一種時間單位，二十念爲一「瞬」，二十「瞬」爲一「彈指」。「瞬（音ㄕㄨㄣˋ）」是眨眼的意思，「念」是當下的剎那心，在極其短暫時間內，所生起的心的作用。

(2) 圓成：圓滿成就，無有遺漏、缺失。

(3) 八萬門：指八萬四千法門，也就是八萬四千種入佛法之門的方法，「八萬四千」是個比喻，實際上不只八萬四千種。

(4) 剎那：音ㄔㄚˋ ㄋㄚˋ，又可讀作ㄔㄚˋ ㄋㄨㄛˊ，梵語，漢譯爲「一念」，指極其短促的時間單位。

(5) 滅卻：除掉、除去。

(6) 三祇劫：「祇（音ㄑㄧˊ）」，「三祇劫」指極其長久的時間。

(7) 數句：以「法數」來表示佛法的義理，如「三法印、四聖諦、十二因緣、六度萬行」等，全都是用數字來表現各種佛理。

(8) 靈覺：靈性本覺，就是能體悟佛性的那種悟境。

(9) 何交涉：「交涉（音ㄕㄜˋ）」是根據事理，向對方商量解決，「何交涉」就是有什麼關係。

（二）詩偈簡譯：

在頓超法門中，在一彈指的短時間內，就圓滿成就了八萬四千法門，在剎那間就免除三大阿僧祇劫的修行時間，頓時成佛。一切佛理的數字言句，與非數字言句的佛法，皆是修習佛道的方便法門，並不是真實的東西，它們與我的本性（佛性）又有什麼關係呢？

（三）詩偈啟示：

⑴「彈指圓成八萬門，剎那滅卻三祇劫」就是我們常聽到的「放下屠刀，立地成佛」這句話，這首詩偈是在描述禪的境界。

⑵「一切數句非數句，與吾靈覺何交涉」這二句，我引用《金剛經》的經文來做解釋：「須菩提，於意云何，可以三十二相見如來不？不也，世尊，不可以三十二相得見如來，何以故？如來說三十二相，卽是非相，是名三十二相。」

另外，《金剛經》說：「須菩提白佛言：世尊，如我解佛所說義，不應以三十二相觀如來。爾時世尊，而說偈言：若以色見我，以音聲求我，是人行邪道，不能是如來。」這二段經文，都是以「法數」來表示佛法的義理，各位讀者可以去細細的體悟。

三十八、不可毀。不可讚。體若虛空勿涯岸。不離當處常湛然。覓即知君不可見。取不得。捨不得。不可得中只麼得。

（一）名相解釋：

⑴體：本體、自性、佛性。

⑵若：像、有如。

(3)虛空：作爲「一切法」存在的處所空間，其特徵是「無礙」與「無障」，不由因緣和合而作成。
(4)勿：不可。
(5)涯岸：「涯」是水邊，「岸」是水邊高起來的地。
(6)當處：當前、當下、現在。
(7)湛然：「湛（音ㄓㄢˋ）」，清澄、清楚。
(8)覓：音ㄇㄧˋ，找、尋求。
(9)只麼得：「麼」音・ㄇㄜ，指示形容詞，這麼、那麼的省略，「只麼得」是說就這麼得到了。

（二）詩偈簡譯：

佛性是不可毀謗，也不可讚揚的。佛性的本體有如虛空，無邊無際而沒有岸邊。佛性不離開我們，就在當下一念，若能悟到佛性，就會時常清楚的感受到它的存在。假使你要找它，我知道你是見不到的。眞如佛性是求取不到的，也是捨棄不得的，若能不取不捨，在這不可得到之中，突然就這麼得到了。

（三）詩偈啟示：

大凡學佛的人，都在探討「如何親見佛性？」和「如何悟得佛道？」。「佛性」這種東西相當奇特，就像「影子」一般，如影隨形。你要追你的影子，它永遠跑的比你快；你不理會它，它卻永遠跟隨在你的身後，「佛性」也是一樣。

永嘉禪師形容「佛性」是「不可毀，不可讚」；而《心經》形容它是「不生不滅、不垢不淨、不增不減」。

永嘉禪師形容「佛性」是「體若虛空勿涯岸」；而《中庸》形容它是「放之彌滿六合」。

永嘉禪師說「佛性」是「不離當處常湛然」；《佛遺教經》說「佛性」是「制之一處，無事不辦。」」。

永嘉禪師告誡我們，要強求「佛性」的話，必然「覓卽知君不可見」；釋迦牟尼佛也在《金剛經》告誡我們「若以色見我，以音聲求我，是人行邪道，不能見如來。」。

永嘉禪師指引我們要悟得「佛道」，就要「取不得，捨不得，不可得中只麼得。」；《金剛經》中也教導我們要「應無所住，而生其心」。

「取不得，捨不得，不可得中只麼得。」可說是學佛道的重要關鍵。在《六祖壇經》中，六祖惠能大師聞五祖弘忍說《金剛經》，至其中一句「應無所住，而生其心」而大悟。

「應無所住，而生其心」是說：不于境上生心，不住著于「色、聲、香、味、觸、法」諸境而生心，這卽是「般若心、清淨心、無念心」。由此卽顯空寂的本性，而「見性成佛」這無任何執著的心靈，是澄澈一片，它所照見的，只是空寂的本性，本來無一物，這卽是實相般若，是最高的眞理。

（四）備註：

「體若虛空勿涯岸」中的「勿」字，有些版本寫「沒」，有些寫「無」，因用「勿」字的書較多，故我採用「勿」字。

三十九、默時說。說時默。大施門開無壅塞。有人問我解何宗。報道摩訶般若力。

（一）名相解釋：

(1)大施門：大無畏布施之門。
(2)壅塞：音ㄩㄥ　ㄙㄜˋ，意爲阻塞、堵住。
(3)摩訶般若力：「摩訶（音ㄏㄜ）」，梵語，偉大之意，「般若力」是妙智慧的力量。「摩訶般若力」就是偉大的智慧力量。

（二）詩偈簡譯：

佛性在沈默時，就是在說法；在說法時，就是在沈默。對於覺悟佛性者而言，就是打開大無畏布施之門，一點也不被阻塞。有人問我的解說，是以什麼爲宗旨，我就回答說是「摩訶般若力」。

（三）詩偈啟示：

「默時說。說時默。」是說：對於眞理需要靜默，但是由於因緣，有時需要說話。這因緣卽是「方便」，也就是說，就與最高眞理相契合而言，「言說」是無用的，故需「默然」；但是就開導衆生進於佛道而言，則必須要藉「言說」。這兩者都是菩薩的聖行，兩者之中，以「靜默」的意境爲高，禪宗的祖師亦常以「默然」來開導弟子。

在《金剛經》中釋迦牟尼佛曾經說過這樣的話：「須菩提，汝勿謂如來作是念，我當有所說法，莫作是念。何以故？若人言如來有所說法，卽爲謗佛，不能解我所說故。須菩提，說法者，無法可說，是名說法。」。

在《大般若經》中，有這麼一段記載：須菩提在山林中宴坐，忽然覺得有人在空中散花，繽紛滿地，於是他就問道：「是誰在散花呢？」

空中答道：「是我！」

須菩提問道：「你是誰？」
空中答道：「我是『帝釋（佛教的護法神，爲「忉利天」之主）』。」
須菩提問道：「你是帝釋，爲何要散花？」
帝釋答道：「因爲你說『般若空理』說得好，所以我來散花供養。」
須菩提問道：「我默然靜坐，根本沒有說話。」
帝釋道：「你既無說，我亦無聞。」
須菩提問道：「那麼何必散花呢？」
帝釋答道：「無聞無說，是名『眞說眞聞』。」

永嘉禪師傳承六祖惠能的心法，所以屬於禪宗的門派。其實「禪宗」只不過是爲了與其他的教派有所區別而取的名字，事實上是沒有「禪宗」這種東西的。「禪」是不分宗派的，「道元禪師」曾經說過：「禪就是佛教的本家，不需要再冠『禪宗』之名。」，「禪宗」就是釋迦牟尼佛所謂：「不立文字，教外別傳。」的「教外（言教之外）」那一派。

四十、或是或非人不識。逆行順行天莫測。吾早曾經多劫修。不是等閑相誑惑。

（一）名相解釋：

(1) 等閑：隨隨便便。
(2) 相誑惑：「相」是動作由一方來，而有一定對象的。「誑」音ㄎㄨㄤˊ，欺騙，「惑」是迷亂。

（二）詩偈簡譯：

修禪宗的「圓頓法門」，有時說「是」，有時說「非」，而人們都不懂。有時用「逆行」的方式去度人，有時用「順行」的方式去度人，就連天神也莫測其高深，我的前生曾經歷經多劫的修行，並不是隨隨便便說出來欺騙迷惑你們的啊！

「圓頓」是「圓滿頓足」之意，即一切圓滿無缺。以圓滿具足之心，立地可達悟界，即可頓速成佛。故有「圓頓一乘」、「圓頓止觀」等名稱出現，此為「天台宗」教義所言。

（三）詩偈啟示：

何謂「逆行度人」？有個故事可以來做個說明：「丹霞禪師」曾經到洛東慧林寺，時值天寒，遂於佛殿中取下木佛，用刀斧劈之，用之取火暖身。恰好這件事被寺院的住持看見，隨即呵責道：「為什麼要燒木佛？」

丹霞禪師以木杖撥灰道：「我要燒木佛來取舍利子。」

住持道：「木佛那裡會有舍利子？」

大師道：「既然沒有舍利子，那再拿兩尊木佛來燒。」

住持頓然開悟，這就是「逆行度人」。

（四）備註：

「等閑」與「等閒」中的「閑」與「閒」同義，有兩種版本的寫法。

四十一、建法幢。立宗旨。明明佛敕曹溪是。第一迦葉首傳燈。二十八代西天記。

(一)名相解釋：

(1)法幢：「幢」音ㄔㄨㄤˊ，旌旗一類的東西，「法幢」是佛法的旗幟，佛法的象徵。

(2)宗旨：禪宗的基本思想，就是「不立文字，直指人心，見性成佛」。

(3)明明：清楚的。

(4)佛敕：「敕(音ㄔˋ)」，為古時帝王的命令。「佛敕」就是佛令，指釋迦牟尼佛在靈鷲山交待大迦葉尊者的話：「吾有正法眼藏，涅槃妙心，實相無相，微妙法門，不立文字，教外別傳，咐囑摩訶迦葉。」。

(5)曹溪是：「曹溪」指曾在「曹溪山」說法傳道的六祖惠能，「祖師禪」的風格，即是由他開出，請參考前面「自從認得曹溪路」的解釋。「是」表示肯定的意思。

(6)傳燈：傳授法脈，「燈」象徵法脈，《景德傳燈錄》即是有關法脈傳承的記錄。

(7)西天：中國以西的地域，特別指「印度」而言。

(二)詩偈簡譯：

根據圓頓法門(禪宗)所建立的佛法，所訂立的修行法門，我們可以很清楚的知道，並且肯定曹溪山的六祖惠能的確傳承釋迦牟尼佛的佛敕。圓頓法門(禪宗)的第一代祖師是大迦葉尊者，他開始傳下佛法燈，一直到第廿八代才傳給達摩祖師，這個傳承經歷在印度有確實的記載。

(三)詩偈典故

「二十八代西天記」是指佛經所記載的禪宗廿八代祖，「西天」是指印度，禪宗的廿八代祖略述如下：

第一祖摩訶迦葉：摩竭多國人

世尊在靈山會上，拈花示衆，當時衆人皆默然，唯獨大迦葉尊者破顏微笑。世尊說：「吾有正法眼藏，涅槃妙心，實相無相，微妙法門，不立文字，教外別傳，咐囑摩訶迦葉。」大迦葉尊者就是禪宗的初祖。傳於初祖時，世尊偈曰：「法本法無法，無法法亦法，今付無法時，法法何曾法。」。

第二祖阿難：王舍城人

傳於二祖時，初祖偈曰：「法法本無法，無法無非法，何於一法中，有法有不法。」

第三祖商那和修：摩突羅國人

傳於三祖時，二祖偈曰：「本來付有法，付了言無法，各各須自悟，悟了無無法。」

第四祖優波毱多：吒利國人

傳於四祖時，三祖偈曰：「非法亦非心，無心亦無法，說是心法時，是法非心法。」

第五祖提多迦：摩伽多國人

傳於五祖時，四祖偈曰：「心自本來心，本心非有法，有法有本心，非心非本法。」

第六祖彌遮迦：中印度人

傳於六祖時，五祖偈曰：「通達本法心，無法無非法，悟了當未悟，無心亦無法。」

第七祖婆須密：北天竺國人

傳於七祖時，六祖偈曰：「無心無可得，說得不名法，若了心非心，始解心心法。」

第八祖釋迦牟尼佛難提：迦摩羅國人
傳於八祖時，七祖偈曰：「心同虛空界，示等虛空法，證得虛空時，無是無非法。」
第九祖伏馱密多：提迦國人
傳於九祖時，八祖偈曰：「虛空無內外，心法亦如此，若了虛空故，是達眞如理。」
第十祖協：中印度人
傳於十祖時，九祖偈曰：「眞理本無名，因名顯眞理，受得眞實法，非眞亦非僞。」
第十一祖富那夜奢：華氏國人
傳於十一祖時，十祖偈曰：「眞體自然眞，因眞說有理，領得眞眞法，無行亦無止。」
第十二祖馬鳴大士：波羅奈國人
傳於十二祖時，十一祖偈曰：「迷悟如隱顯，明暗不相離，今付隱顯法，非一亦非二。」
第十三祖迦毘摩羅：華氏國人
傳於十三祖時，十二祖偈曰：「隱顯卽本法，明暗光不二，今付悟了法，非取亦非離。」
第十四祖龍樹：南天竺國人
傳於十四祖時，十三祖偈曰：「非隱非顯法，說是眞實際，悟此隱顯法，非愚亦非智。」
第十五祖迦那提婆：南天竺國人
傳於十五祖時，十四祖偈曰：「爲明隱顯法，方說解脫理，於法心不證，無嗔亦無喜。」
第十六祖羅喉羅多：迦毘羅國人
傳於十六祖時，十五祖偈曰：「本對傳法人，爲說解脫法，於法實無證，無終亦無始。」

第十七祖僧迦難提：室羅筏城人
傳於十七祖時，十六祖偈曰：「善哉大聖者，心明逾日月，一光照世界，暗魔無不拔。」
第十八祖伽耶舍多：摩提國人
傳於十八祖時，十七祖偈曰：「心地本無生，因地從緣起，緣種不相妨，華果亦復爾。」
第十九祖鳩摩羅多：大月氏國人
傳於十九祖時，十八祖偈曰：「有種有心地，因緣能發萌，於緣不相礙，當生生不生。」
第二十祖闍夜多：北天竺國人
傳於二十祖時，十九祖偈曰：「性上本無生，爲對求人說，於法旣無得，何懷決不決。」
第廿一祖婆修盤頭：羅閱城人
傳於廿一祖時，二十祖偈曰：「言下合無生，同於法界性，若能如是解，通達事理竟。」
第廿二祖摩拏羅：那提國人
傳於廿二祖時，廿一祖偈曰：「泡幻同無　，如何不了悟，達法在其中，非今亦非古。」
第廿三祖鶴勒那：月支國人
傳於廿三祖時，廿二祖偈曰：「心隨萬境轉，轉處實能幽，隨流認得性，無喜亦無憂。」
第廿四祖師子比丘：中印度人
傳於廿四祖時，廿三祖偈曰：「認得心性時，可說不思議，了了無可得，得時不說知。」
第廿五祖婆舍斯多：罽賓國人
傳於廿五祖時，廿四祖偈曰：「正說知見時，知見俱是心，當心卽知見，知見卽於今。」

第廿六祖不如密多：南印度人

傳於廿六祖時，廿五祖偈曰：「聖人說知見，當境無是非，我今悟眞性，無道亦無理。」

第廿七祖般若多羅：東印度人

傳於廿七祖時，廿六祖偈曰：「能眞性心地藏，無頭亦無尾，應緣而化物，方便方爲智。」

第廿八祖（東土初祖）菩提達摩：南天竺國人

於廿八祖時，廿七祖偈曰：「心地生諸種，因事復生理，果滿菩提園，花開世界起。」

（四）詩偈啟示：

這首偈是永嘉禪師在說明他所修習的圓頓法門，是從何而來？也就是「禪宗」的由來。

（五）備註：

有些書把「立宗旨」寫成「立法旨」，我在佛學辭典找到「宗旨」有其特殊的解釋，並與本詩偈之意思吻合，故採用前者。

四十二、法東流。入此土。菩提達摩為初祖。六代傳衣天下聞。後人得道何窮數。

（一）名相解釋：

⑴傳衣：「傳衣」是傳「法」的信驗之物，「付法」才是傳衣的根本要旨。有關「付法傳衣」一事，代表繼承禪宗的法統，是禪宗很重要的傳統。「傳衣」之說，最早開始於釋迦牟尼佛傳法給「大迦葉尊者」。但是，永嘉禪師所說的「六代傳衣」，這件「法衣」是「菩提達摩」自己的袈裟，不是

釋迦牟尼佛傳給「大迦葉尊者」的那一件袈裟。

⑵ 何窮數：「何」是不平常，「窮」是止，「數」是數目，「何窮數」就是何其無窮無數，意指非常多。

（二）詩偈簡譯：

佛法從西方（印度）流到東方，流入了我們東土（中國），「菩提達摩」就是東方禪宗的初祖，一直傳到第六代祖師，都是以衣鉢相傳，天下共聞，從此以後，得道的人就非常多。

（三）詩偈典故

述說完上首廿八代祖師的經過之後，我繼續簡述東土的六代傳承經過，簡述如下：

東土初祖：菩提達摩

東土二祖神光：武牢人

傳於二祖時，達摩偈曰：「吾本來茲土，傳法救迷情，一花開五葉，結果自然成。」

東土三祖僧璨：舒州人

傳於三祖時，二祖偈曰：「本來緣有地，因地種花生，本來無有種，花亦不會生。」

東土四祖道信：河內人

傳於四祖時，三祖偈曰：「華種雖因地，從地種華生，若無人下種，華地盡無生。」

東土五祖弘忍：鄿州黃梅人

傳於五祖時，四祖偈曰：「華種有生性，因地華生生，大緣與性合，當生生不生。」

東土六祖惠能：范陽人

傳於六祖時，五祖偈曰：「有情來下種，因地果還生，無情亦無種，無性亦無生。」

（四）詩偈啟示：

永嘉禪師述說完西方廿八代祖後，繼續述說禪宗傳到中國的傳承經過。

另外，這裡要特別澄清一件事情，很多人有一個錯誤的見解：相傳釋迦牟尼佛傳道給「大迦葉尊者」時，曾將一「金縷僧伽黎衣」傳付給「大迦葉尊者」，做爲繼承道統者的信物。這件「袈裟」後來被「達摩祖師」帶到中國，最後傳到六祖惠能時，爲避免佛弟子爭奪此衣，才廢止不傳。

實際的情況是：「達摩祖師」傳給「二祖神光」的那件「法衣袈裟」，不是釋迦牟尼佛傳給「大迦葉尊者」的那件袈裟，而是「達摩祖師」自己的「袈裟」。因爲，第廿七祖「般若多羅」也就是「達摩祖師」的師父，並沒有傳「袈裟」給「達摩祖師」。

而釋迦牟尼佛傳道給「大迦葉尊者」的「金縷僧伽黎衣」，被「大迦葉尊者」帶走，到「雞足山」入定，等待「彌勒佛」下生降世。因爲，釋迦牟尼佛交代「大迦葉尊者」要將「金縷僧伽黎衣」，轉傳給將來成佛的「慈氏佛（彌勒佛）」，並不是要轉傳給「二祖阿難尊者」。所以，那件「金縷僧伽黎衣」，至今還在「大迦葉尊者」的身上。

禪宗傳「法衣袈裟」的詳細過程，請參照我寫的《看懂禪機》上集，第二單元禪宗的特殊傳法儀式裡的〈二、付法傳衣〉。

（五）備註：

有些書把「法東流」寫成「歷江海」，經查只有一書用後者的寫法，故我採用「法東流」。

四十三、真不立。妄本空。有無俱遣不空空。二十空門元不著。一性如來體自同。

（一）名相解釋：

(1)俱遣：「俱」是皆、都，「遣」是放逐、丟棄。

(2)不空空：「不空」者，天台宗以爲，二乘說眞理，只能說「空」，菩薩則能說「空」，亦能說「不空」。只能說「空」，則是「偏空」，有虛無主義傾向。「不空」則顯示對世界的積極態度。這所謂「不空」，基本上是就佛性表現爲智慧言，這是掌握種種方便施設，以化度衆生的智慧。「空」原本不存在，「不空空」意爲連「不空」也不存在。

(3)二十空門：出自於《大般若經》裡，「空門」是指爲破「常有」之見，而說「我空、法空、有爲空、無爲空」等空相的法門。簡單的說，「空門」即是觀照萬物的本性爲空的法門。「二十空門」簡述如下：內空、外空、內外空、空空、大空、勝義空、有爲空、無爲空、畢竟空、無際空、散空、無變異空、本性空、自相空、共相空、一切法空、不可得空、無性空、自性空、無性自性空。

(4)元不著：「元」字通「原」，原本的意思，「著」音ㄓㄨㄛˊ，意爲執著。

（二）詩偈簡譯：

圓頓法門是絕對的，所以「眞」不成立，「妄」本來也是空。「有」和「無」都是對待法，都應該全部丟棄，連「不空」也都空了。「二十空門」原本是爲了讓人不執著而說的，「眞如本性」的「如來本體」原本都是相同的。

（三）詩偈啟示：

在眞理的世界裡，是一種絕對的世界，所以沒有「有」，也沒有所謂的「無」，沒有所謂的「空」，也沒有所謂的「不空」，這些都是對待法，眞理的世界超越所有的對立。

那要如何找到這「空」與「不空」之間的絕對世界呢？要學習「靜坐禪定」，修行要從第六識「意識」下手，停止自己第六識「意識」的分析判斷功能，讓第六識「意識」無法傳達分析判斷的結果，給第七識「末那識」做決定，第七識「末那識」就會停止作用，「自性」自然顯現。

在「自性」的世界裡，是一個「絕對的世界」，所以沒有「有」，也沒有「無」，沒有「空」，也沒有「不空」。所以，學習「靜坐禪定」功夫，就是進入「絕對世界」的法門。

四十四、心是根。法是塵。兩種猶如鏡上痕。痕垢盡時光始現。心法雙忘性即真。

(一)名相解釋：

⑴心是根：「心」是指第八識「阿賴耶識」，「根」是指第八識「阿賴耶識」是一切現象生起的根本。

⑵法是塵：「法」是概括宇宙的一切，包括具體的與抽象的、物質的與精神的、形而下的與形而上的。也可以說凡意識所能思及的，都是「法」。「塵」是泛指一切世間的事物，有汙染的意思。

(二)詩偈簡譯：

第八識「阿賴耶識」是一切現象生起的根本，凡意識所能思及的一切世間的事物，都有如汙染的塵土一般。「根」和「塵」兩者在本性上，猶如鏡上的痕跡，把這些痕垢都掃盡時，本性之光才會顯現出來。

把「心」和「法」兩者都忘卻了，唯一的「眞性」才會透露出來。

（三）詩偈啟示：

所謂「三界唯心，萬法唯識」，心生則種種法生，心滅則種種法滅，唯有心能夠生萬法。古話說：「三點如星相，橫勾似月斜，披毛從此出，作佛亦由他。」所以「心」乃是善惡的根源，故說它是「根」。

在《金剛經》中有這麼一段經文：「是故不應取法，不應取非法，以是義故，如來常說，汝等比丘，知我說法，如筏喻者，法尚應捨，何況非法。」「法」與「非法」都是不眞實的，有如在心鏡上蒙上一層灰塵。

神秀大師的詩偈云：「身是菩提樹，心如明鏡台，時時勤拂拭，勿使惹塵埃。」此偈可做爲「痕垢盡時光始現」的解釋。

六祖惠能的詩偈云：「菩提本無樹，明鏡亦非台，本來無一物，何處惹塵埃。」此偈可做爲「心法雙忘性卽眞」的注腳。

（四）備註：

有一本書把「痕垢盡時」寫成「痕垢盡除」，這是不對的。

四十五、嗟末法。惡時世。眾生福薄難調制。去聖遠兮邪見深。

魔強法弱多冤害。聞說如來頓教門。恨不滅除令瓦碎。

（一）名相解釋：

(1)嗟末法：「嗟」音ㄐㄧㄝ，悲嘆辭，「末法」是佛教衰微的時代。
(2)惡時世：指五濁惡世的時代。
(3)調制：調和制伏身心的種種惡的傾向。
(4)去聖：「去」是離去，「聖」是斷惑者。
(5)邪見：邪惡的、不正的見解，不相信「因果定律」，不相信世間的「緣起法」。
(6)魔強：欲界第六天（他化自在天）的天主「波旬」與天民，對佛道有障礙，故名為「魔」。
(7)法弱：指佛法衰微。
(8)頓教：強調頓然覺悟的教法，這種教法要人頓悟最高的究極的理境，中間沒有漸次升進的過程。

（二）詩偈簡譯：

嗟嘆的是，在這末法時代的五濁惡世，眾生的福報太薄，難以調和制伏種種惡的傾向。離開聖人的時期太遠，邪見太深，魔法太強，佛法太弱，只要說起圓頓法門，大多會受人冤枉陷害。那些邪魔外道聽了如來的圓頓法門，都恨不得把圓頓法門消滅除去，有如瓦碎一般。

（三）詩偈典故

在「嗟末法惡時世」這句詩偈裡，有二句名相要知道。釋迦牟尼佛把佛法的傳播盛衰，分為三個時期，稱為「三時」；「五濁」是在「末法時期」這個「惡世」中，會出現的五種汙濁，稱為「五濁」。詳述如下：

(1)三時：這是就釋迦牟尼佛入滅後，其教法的流行狀態，而分的三個時期——

①正法時期：這是教、行、證三者都具體顯現的時期，也就是釋迦牟尼佛在世的時候。

②像法時期：「證（覺悟、覺證）」已不存在，只有「教」與「行」二者存留，這是模倣「正法時期」，也就是佛滅後，由禪宗祖師繼承衣鉢，傳佛心印，闡佛法立佛旨，立佛像借佛言，傳「正法眼藏」的時期。

③末法時期：只有「教」，而無「行、證」的時期，是佛教衰微的時代。也就是雖立佛像，所傳的教化，已全然失去了「佛傳心印」宗旨的時期。

這三個時期以後，便是佛法滅盡之時，連「教」也沒有了。一般對於「三時」的時間長久說法為「正法五百年，像法一千年，末法一萬年。」

⑵五濁：在惡世、末世中出現的五種汙濁，這卽是——

①劫濁：這是時代的汙濁，包括戰爭、疾病、飢荒等各方面。

②見濁：思想上的混亂。

③煩惱濁：由貪、瞋、癡諸煩惱瀰漫而起。

④衆生濁：衆生的果報衰竭，心智遲鈍，身體衰弱，苦不堪言。

⑤命濁：衆生的壽命次第縮減，最後只有十歲。

（四）詩偈啟示：

永嘉禪師感嘆在末法時期衆生難度，大多是不見棺材不落淚的人，其實這些現象，釋迦牟尼佛早有預言，所以這是很自然的事情。

（五）備註：

有些書把「多冤害」寫成「多怨害」，其實意思相差不遠，採用者也各半，所以我以順口誦念者為原則，故採用前者。

四十六、作在心。殃在身。不須冤訴更尤人。欲得不招無間業。莫謗如來正法輪。

（一）名相解釋：

(1)殃：音一尢，災禍。

(2)更尤人：「尤」，怨恨、責怪。「更尤人」意爲更加責怪別人。

(3)無間業：沒有間斷的惡業，指五逆罪而言，又稱「五無間業」。這五逆罪是殺母、殺阿羅漢、殺父、破和合僧（破壞僧伽的團結）、使佛身出血（傷害如來）。

(4)正法輪：佛的正法能摧破一切邪法，如車輪所到之處，摧破一切障礙物。

（二）詩偈簡譯：

作惡事完全在於你的起心動念，而你所受的災禍，卻是在你的身上，你不必認爲這是自己受冤枉，而向他人訴苦，或者更加去責怪別人。如果你要不招惹無間地獄的罪業，就不要去毀謗如來的正法輪（佛法）。

（三）詩偈啟示：

在基督教的《聖經》上有一句話是這麼說的：「人死後還必須接受上帝最後的審判。」這句話與釋迦牟尼佛的「因果律」不謀而合。因爲，「上帝」就是你自己的第八識「阿賴耶識」，若能把「阿賴耶識」轉成「大圓鏡智」，那就可以見到你的本性，就是你的佛性，也就是你內在的那位「上帝」。

學過「唯識學」的人就知道「三界唯心，萬法唯識」這個道理，所有的善惡果報，皆是起因於自己的「起心動念」，也可以說只要你「起心動念」，就會有因果的產生。

若你信奉基督教，由《聖經》中你有了天堂與地獄的觀念，這時在你的第八識「阿賴耶識」的心田中，就種下了這個種子，所以一到往生時，你的「上帝（第八識「阿賴耶識」）」就會依照你生前所種下的種種「善惡業因」，來分配你去天堂或地獄的「善惡果報」。

同樣的道理，信奉佛教、道教、回教及其他宗教，也都有各自不同的天堂地獄觀。這也說明了「閻羅王」爲什麼不與「撒旦」打交道的原因，信奉基督教的人爲什麼不會跑錯天堂或地獄。

（四）備註：

有些書本把「冤訴」寫成「怨訴」，其實意思雷同，只是「能冤」字更能達意，更貼切，故我採用此字。

四十七、栴檀林。無雜樹。鬱密深沈師子住。境靜林間獨自遊。走獸飛禽皆遠去。

（一）名相解釋：

(1) 栴檀林：「栴」音ㄓㄢ，「栴檀林」是一種香木，是白檀、紅檀等的總稱，可用來製成藥物治病。

(2) 師子：同「獅子」。

(3) 鬱密：「鬱」音ㄩˋ，積聚。「密」是茂密。

（二）詩偈簡譯：

在梅檀樹林裡，沒有其他的雜樹，在這個鬱密深沈的環境裡，只有獅子住在這兒。獅子在這個安靜的林間獨自遊玩，其他的飛禽走獸都遠遠離去。

（三）詩偈啟示：

⑴「梅檀林。無雜樹。」中，「梅檀林」是比喻禪宗的「圓頓法門」，「無雜樹」是說其他的修行法門者，無法明白「圓頓法門」的修行方式。

⑵「鬱密深沈師子住」裡的「師子（獅子）」是指佛、悟道者。這句話的意思是：只有悟道的人，才能明白「圓頓法門」的奧妙。

⑶「境靜林間獨自遊」是比喻悟道者的境界，只有獨自一人去領會。

⑷「走獸飛禽皆遠去」中的「走獸飛禽」是指「聲聞、緣覺」等人，他們無法接受這個大乘法。

（四）備註：

「深沈」有些書本寫作「深坑」，後者是不對的。

四十八、師子兒。眾隨後。三歲便能大哮吼。若是野干逐法王。百年妖怪虛開口。

（一）名相解釋：

⑴師子兒：「師」同「獅」，獅子是百獸之王，佛亦是一切眾生之王。

⑵哮吼：「哮」音ㄒㄧㄠ，猛獸發怒聲。

⑶野干：野狐狸或野狼。

(4)逐：追趕、追隨。

(5)法王：法門之王，指佛而言。佛通曉一切法，並能任運主宰之，不爲一切法所縛著。

(6)百年妖怪：指「野干（野狐狸或野狼）」經由百年之久，煉成妖怪。

(7)虛開口：「虛」是不眞實的，「虛開口」就是開口虛叫。

（二）詩偈簡譯：

雖然是小獅子，可是百獸都被牠的威風所降服，跟隨在牠的後面。一到三歲便能夠大聲哮吼，若是「野干（野狐狸或野狼）」想要追隨小獅子（法王），雖然經由百年之久煉成妖怪，開口虛叫也是徒然的，因爲不能驚動百獸。

（三）詩偈啟示：

「師子兒」比喻佛弟子，「衆」比喻衆生，「三歲便能大哮吼」指追隨六祖惠能大師的佛弟子，經過了三年的修習，便能夠演說大乘的佛經。「野干」比喻外道，雖然口才講得再好，也是徒然的，因爲不能脫離六道輪迴。

四十九、圓頓教。沒人情。有疑不決須直爭。不是山僧逞人我。修行恐落斷常坑。

（一）名相解釋：

(1)圓頓教：「天台宗」的教法，又作「圓頓宗」。「圓頓」是圓滿頓足之意，即一切圓滿無缺。以圓滿具足之心，立地可達悟界，即可頓速成佛。故有「圓頓一乘」、「圓頓止觀」等名稱出現，此爲

「天台宗」教義所言。又其圓頓之觀法，則稱「圓觀」。

⑵ 逞人我：「逞」音ㄔㄥˇ，顯露、炫耀。「人我」即「人我見」，就是對人的主體的執著，以為有常一的不變的主宰的自我、自性。

⑶ 斷常：「斷見」與「常見」，「斷見」是以一切皆會斷滅，一切現象法都無因果法則。「常見」則以一切都是常住，都不壞滅。釋迦牟尼佛以為，這兩者都是偏見、邪見，他勸人不住這二邊，而住于超越這二邊的中道，所謂非斷非常。

（二）詩偈簡譯：

在圓頓教裡，是沒有人情可講的，如果有疑問而猶豫不決，就必須直接站出來爭辯。這不是我（指永嘉禪師）這個山僧喜歡顯露「人我見」之分，因為修行者一不小心唯恐會墮落在「斷、常」二見的深坑裡面。

（三）詩偈啟示：

「無佛、無法、無悟、無涅槃、無度眾生、一切無常、一切皆無」，這就是所謂的「一切皆空」。但是如果一味執著於這個「空」，也是一種偏見，這就是「斷見」。持「斷見」者，以為世間無因果的理法，種種法都會輕易斷滅，而人死後一切亦會化為烏有。

所謂的「常見」就是一種認為世界永遠存在的看法；一種認為未來和今生有緊密聯繫的看法，一種認為即使自己死了，也能往生未來世界的看法。也就是說，認為世界永遠存在，因而執著於「有」。這種見解以為世界常住不壞，人死後，自我永久不滅，這是一種邪見，違背佛的「緣起觀」。

（四）備註：

「沒人情」有些書寫成「勿人情」，其實意思雷同，但採用前者的版本較多。有些書把「須直爭」寫成「直須爭」，應該前者爲正確。「恐落」有些書寫成「恐墮」，意思雷同，但以前者爲佳，因爲只有一種版本採用後者。

五十、非不非。是不是，差之毫釐失千里，是則龍女頓成佛，非則善星生陷墜。

（一）名相解釋：

⑴毫釐：「毫」音ㄏㄠˊ，爲釐的十分之一，「毫釐」比喻極細微數。

（二）詩偈簡譯：

「非」不一定是「非」，「是」也不一定是「是」，如果差之毫釐，那就失之千里，若所學爲是，那小龍女也會頓然成佛；若所學爲非，那位善星比丘就生陷墜入地獄了。

（三）詩偈典故

⑴「龍女頓成佛」出自於《法華經》提婆達多品第十二，娑竭羅龍王之女，年八歲，聞文殊師利菩薩講佛法，後來親自到達靈鷲山，顯現成佛之現。

《妙法蓮華經》提婆達多品第十二原文：

時舍利弗語龍女言：「汝謂不久得無上道，是事難信。所以者何。女身垢穢，非是法器，云何能得無上菩提。佛道懸曠，經無量劫、勤苦積行，具修諸度，然後乃成。又女人身、猶有五障，一者、不得作梵天王，二者、帝釋，三者、魔王，四者、轉輪聖王，五者、佛身，云何女身速得成佛？」

爾時龍女有一寶珠，價值三千大千世界，持以上佛。佛卽受之。龍女謂智積菩薩、尊者舍利弗言：「我獻寶珠，世尊納受，是事疾否？」答言：「甚疾。」女言：「以汝神力、觀我成佛，復速於此。」當時衆會，皆見龍女、忽然之間、變成男子，具菩薩行，卽往南方無垢世界，坐寶蓮華，成等正覺，三十二相、八十種好，普爲十方一切衆生、演說妙法。

爾時娑婆世界、菩薩、聲聞、天龍八部、人與非人，皆遙見彼龍女成佛，普爲時會人天說法，心大歡喜，悉遙敬禮。無量衆生、聞法解悟，得不退轉，無量衆生、得受道記，無垢世界、六反震動，娑婆世界、三千衆生住不退地、三千衆生發菩提心、而得受記。智積菩薩、及舍利弗，一切衆會，默然信受。

(2)「善星生陷墜」，是說「善星」是釋迦牟尼佛爲太子時的第一個兒子（不是佛的第三子「羅睺羅」），出家讀誦十二部經典，能斷欲界之煩惱，能發第四禪定，謂爲眞涅槃。後來結交惡友，退失所得之解脫，以爲無涅槃之法爲眞法，起了撥無因果之邪見，且向佛起惡心，故生陷入無間地獄。「善星」死後，「阿難尊者」才接替他，當了釋迦牟尼佛的侍者。

《大般涅槃經》卷第三十三迦葉菩薩品第十二之一原文：

迦葉菩薩白佛言：「世尊！如來憐愍一切眾生，不調能調，不淨能淨，無歸依者能作歸依，未解脫者能令解脫，得八自在，為大醫師，作大藥王。善星比丘是佛菩薩時子，出家之後，受持讀誦、分別解說十二部經，壞欲界結，獲得四禪。云何如來記說善星，是一闡提，廝下之人，地獄劫住，不可治人？如來何故不先為其演說正法，後為菩薩？如來世尊若不能救善星比丘，云何得名有大慈愍、有大方便？」

（四）詩偈啟示：

世間沒有絕對的「是」與「非」，發明原子彈的人，原本著眼於人類和平的用途，但是有些人卻把它用在戰爭的用途上，殺害人類；有時爲了治療中毒的病症，會以毒藥當解藥，所謂「以毒攻毒」。所以說問題的是非並不是存在於客觀的世界之中，而是由每個人的主觀所決定。

五十一、吾早年來積學問。亦曾討疏尋經論。分別名相不知休。入海算沙徒自困。

(一)名相解釋：

(1)討疏：「疏」音ㄕㄨˋ，解釋意義。「討」是探討研究。

(2)經論：即「經藏、律藏、論藏」，「經藏」是佛說法的記錄；「律藏」是佛所定的戒律；「論藏」是佛教徒或佛教學者研究佛教義理的結集。三者統稱「三藏」。在這三者中，「經藏」重視一般的生活態度、精神方向；「律藏」重視道德戒條的實踐；「論藏」則重視理論與概念的闡發，哲學意味最爲濃厚。

(3)名相：一般來說，指概念。所謂佛學名相，即指佛學的概念，有時也可作術語看。

(二)詩偈簡譯：

我(指永嘉禪師)在年輕的時候，就研究天台宗的經教來累積學問，也曾經探討佛經的註疏，追尋經律論，總是分別名相，不知道休息，那就等於入海算沙，徒自增加自己的困苦罷了。

(三)詩偈啟示：

寫到這首詩偈時，感覺上是永嘉禪師在諄諄教誨我們一般。或許這是一般自認爲是高級知識份子者的通病，都以爲自己高人一等，名相比別人知道的多，就洋洋得意。

我很喜歡「分別名相不知休，入海算沙徒自困」這二句詩偈，願與各位讀者分享這二句，彼此共勉之。

五十二、卻被如來苦訶責。數他珍寶有何益。從來蹭蹬覺虛行。多年枉作風塵客。

（一）名相解釋：

(1)卻：反而。

(2)苦訶責：「苦」是苦口婆心，即用善言竭力規勸。「訶」音ㄏㄜ，責備。

(3)從來：從以前到現在。

(4)蹭蹬：音ㄘㄥˋ ㄉㄥˋ，失勢的樣子，疲憊不堪。

(5)覺虛行：覺得白費功夫。

(6)枉作：「枉」音ㄨㄤˇ，徒然。

(7)風塵客：「風塵」是世事擾攘，「風塵客」就是世上的凡夫俗子。

（二）詩偈簡譯：

這種「分別名相不知休」的作法，反而被釋迦牟尼佛苦口婆心的責備，這等於是在計算他人的珍寶，那有什麼益處呢？從前我長時間鑽研佛學，把自己弄得疲憊不堪，現在覺得都是虛行無益，多年來徒作風塵之客，那是多麼可憐呀！

（三）詩偈典故

「數他珍寶有何益」源自於《華嚴經》菩薩問明品第十原文：「如人數他寶，自無半錢分，於法不修行，多聞亦如是。」

(四) 詩偈啟示：

「分別名相不知休。入海算沙徒自困」這種追究細枝末節的做法，是釋迦牟尼佛在經典上屢屢告誡的事情，所以我們要謹記「千日研教，不如一日修道。」這句話。

累積無數的佛法知識，窮讀所有的佛學經典，是一件好事。但是，如果只偏重於「文字般若」，自己不親身體驗修行，對自己根本沒有任何用處。這就好像銀行職員每天都經手那麼多錢，可是這些錢都不是他自己的，只有靠自己努力工作去賺錢，所得到的錢財，才是屬於自己的。

五十三、種性邪。錯知解。不達如來圓頓制。二乘精進沒道心。外道聰明無智慧。

(一) 名相解釋：

(1) 種性：又作「種姓、種相」，梵語的漢譯，原本是保護牛隻之意，一般作以木柵來圍繞著的牛群解。這引用到人的方面，則解釋爲「家族、血統、氏族」之意。卽是說，某部份的人具有共同的血統，養成某些共同的習俗，可與其他不同的區別開來者，卽是「種性」。

(2) 知解：以常識的觀點和理智的分別心，來看世間的事理，這是不能見到實相、最高眞理。

(3) 圓頓制：圓實頓悟的法則。

(4) 二乘：「乘」音ㄕㄥˋ，梵語，其意是運載，譬喻教法，特別指使人到達覺悟的彼岸的教法。「二乘」是指「聲聞乘」與「緣覺乘」，這都是小乘的教法，屬於自了的法門。因聞佛的教法而得悟佛道，為「聲聞乘」；依一切皆空之理而得悟佛道，為「緣覺乘」，「聲聞」與「緣覺」都是小乘的聖者。

(5) 道心：即菩提心，亦即能使人開悟的智慧。

(6) 外道：佛教以外的教理，如大師外道、九十五種外道、六派哲學一類。佛教以為，這些都是不正的教理。

(7) 聰明：人慧巧而富有智力。

(8) 智慧：「六波羅蜜」中的「般若波羅蜜」，這是一種心的作用，能照見事理，判別是非、邪正，特別是照見諸法的本性的空理，諸法都是因緣和合而成，無獨立的自性、自體，因而是「空」。

（二）詩偈簡譯：

有一些學道者，因為他們的種性邪知邪見，所以錯誤知解佛法，無法達到如來的圓頓法則。聲聞及緣覺雖然都很精進努力修行，但是因為他們沒有濟度眾生的道心，所以他們不能了解真正的道，外道的學者就算他聰明絕頂，但是卻不了解佛法的般若智慧。

（三）詩偈啟示：

我們一般所謂的「智慧」是指因思考而產生的創意，或由記憶得來的才能，而「般若智慧」是指觀照「空」的智慧。

五十四、亦愚癡。亦小騃。空拳指上生實解。執指為月枉施功。根境法中虛捏怪。

（一）名相解釋：

(1)愚癡：生命的無明，不見眞理之意，迷惑於種種事相，而生煩惱。
(2)小騃：「騃」音ㄞˊ，愚而無知，「小騃」即小孩子的無知。
(3)空拳：握拳而拳頭裡沒有東西。
(4)實解：眞實的解答。
(5)執指：「執」是拿著，「執指」是說把手指當做某物。
(6)枉施功：白費功夫。
(7)根境法：「根」是認識器官，即「眼、耳、鼻、舌、身、意」六種，所謂「六根」。「境」是認識對象，即「色、聲、香、味、觸、法」六種，所謂「六境」。「六境」是生起煩惱的外在的原因，故又稱爲「塵」。「法」是指由六根及六境所衍生出來的一切萬法。
(8)虛捏怪：虛妄捏造出來的一些怪異的東西。

（二）詩偈簡譯：

那些種性邪的外道，既愚癡又像孩童一般的無知。大人用空拳來哄騙小孩，但是小孩認爲拳頭內眞的有東西。釋迦牟尼佛說法，曾經用「指月」做譬喻，比如指引人見天上的月亮，而想看月亮的人，卻錯把指著月亮的手指當做是月亮，這是白費功夫的。這些都是由六根及六境所衍生出來的萬法，所虛妄捏造出來的怪異東西。

（三）詩偈典故

「執指爲月枉施功」源自於二處：

《圓覺經》原文：

修多羅教如標月指。若復見月了知所標畢竟非月。一切如來種種言說開示。菩薩亦復如是。

《楞嚴經》原文：

佛告阿難汝等尚以緣心聽法。此法亦緣非得法性。如人以手指月示人。彼人因指當應看月。若復觀指以為月體。此人豈唯亡失月輪亦亡其指。何以故。以所標指為明月故。

（四）詩偈啟示：

這段詩偈主要在談釋迦牟尼佛的「指月」譬喩，讀佛經而不知見本性，那就白讀佛經了。看懂藏寶圖卻不去尋寶既而挖寶，那與不知有藏寶圖者，有什麼不同？

釋迦牟尼佛所說的「指月」這個譬喩，相當有名，也相當重要。當想看月亮的人，依照手指的方向找到月亮之後，手指就失去的價值了，因爲目標是月亮本身。

釋迦牟尼佛說法的「三藏十二部經典」都是「指月」的手指，本身並沒有什麼重要性，重要的是如何借著佛經來發覺本性，所以釋迦牟尼佛在《金剛經》中也說過：「所謂佛法者，卽非佛法。」不管再怎麼用功來研讀佛經，光是從佛經裡面，是找不到佛性的，必須要依照佛經的指示，自己親身去體悟，才能夠見到自己的佛性，而這一點是所有學佛道的高級知識分子，要引以爲戒的事情。

五十五、不見一法即如來。方得名為觀自在。了即業障本來空。未了應須還夙債。

（一）名相解釋：

⑴一法：即「一切法」，一切事物、一切現象的存在，包括「物質面」與「精神面」。這不只是「有爲法」，亦可是「無爲法」。凡是可感知的，以至於在意識中出現的東西，都是「一切法」的範圍。

⑵如來：已經覺悟的人，這即是佛。

⑶方得：這樣才能夠。

⑷觀自在：以自在的心境來觀照種種存在，此中並無分別性，因所觀照者是存在的本質、本性。

⑸了：音ㄌㄧㄠˇ，明白、覺悟。

⑹業障：惡業的障礙。

⑺還夙債：「還」音ㄏㄨㄢˊ，歸償。「夙」音ㄙㄨˋ，舊時的，「夙債」是前世的業因。

（二）詩偈簡譯：

能夠不見「一切法」，就是見到自己的本性，這樣才能夠稱爲「觀自在」。覺悟了，就會明白業障本來就是空，假如還不能覺悟，那麼你仍然必須去償還你所欠的前世舊債。

（三）詩偈啟示：

⑴「不見一法即如來」，這句詩偈與《金剛經》的二句經文雷同：「若以色見我，以音聲求我，是人行邪道，不能見如來。」以及「一切有爲法，如夢幻泡影，如露亦如電，應作如是觀。」」。

(2)「方得名爲觀自在」這句詩偈在《心經》裡亦有提到：「觀自在菩薩，行深般若波羅蜜多時，照見五蘊皆空，度一切苦厄。」但是，《心經》裡的「觀自在菩薩」，是指「觀世音菩薩」。永嘉禪師所謂的「觀自在」，是以自在的心境來觀照種種存在，此中並無分別性，因所觀照者是存在的本質、本性。

五十六、飢逢王膳不能餐。病遇醫王爭得瘥。在欲行禪知見力。火中生蓮終不壞。勇施犯重悟無生。早時成佛于今在。

（一）名相解釋：

(1)王膳：「膳」音ㄕㄢˋ，飯食。「王膳」是國王的飯食。
(2)餐：吃。
(3)爭得瘥：「爭」音ㄓㄥ，通「怎」，「瘥」音ㄔㄞˋ，病好了、痊癒，「爭得瘥」就是病怎麼會好呢？
(4)在欲行禪：「欲」欲望、欲念，「行」是修行，「禪」是梵語，漢譯爲瞑想、定、靜慮、思惟修。這是通過一種方式，使心念安定下來的實踐。
(5)知見力：佛的智慧力量、覺悟的智慧力量。
(6)勇施犯重：「勇施比丘」犯下重大之罪。
(7)無生：遠離種種生滅變化，生滅變化都是相對的現象，這不是本性是空的絕對的環境。在現實的現象界中，事物都在生滅流轉，「生」只是是吾人的思想用以描述此種事象的一個形式概念，實際上，並沒有眞實的生。

（二）詩偈簡譯：

飢餓者遇到國王之膳而偏不吃，病人遇到醫王給予藥而偏不服用，這怎能使病痊癒呢？在欲念深重的情況下，卻仍然能夠修行禪定的人，就是具有知見力。這種人就如同火裡生出來的蓮花一般，始終不會損壞，這是很稀有的。「勇施比丘」犯了重大之罪，可是聽了菩薩的開示之後，頓悟無生之理，在早日已經成佛，到如今還存在著。

（三）詩偈典故

(1)「飢逢王膳不能餐」源自於妙法蓮華經》的記載：

《妙法蓮華經》授記品第六原文：

如從饑國來，忽遇大王膳，心猶懷疑懼，未敢即便食，若復得王教，然後乃敢食。我等亦如是，每惟小乘過，不知當云何、得佛無上慧。雖聞佛音聲，言我等作佛，心尚懷憂懼，如未敢便食，若蒙佛授記，爾乃快安樂。大雄猛世尊，常欲安世間，願賜我等記，如饑需教食。

(2)「病遇醫王爭得瘥」也是源自於《妙法蓮華經》的記載：佛如醫王，遠出歸家，見諸子誤服毒藥，遂以良藥解救之，有智慧者服之卽癒，愚癡者見良藥而不服，其病如何能痊癒呢？

《妙法蓮華經》如來壽量品第十六原文：

譬如良醫，智慧聰達，明練方藥，善治眾病。其人多諸子息，若十、二十、乃至百數，以有事緣，遠至餘國。諸子於後、飲他毒藥，藥發、悶亂，宛轉於地。是時其父還來歸家，諸子飲毒，或失本心，或不失者，遙見其父，皆大歡喜，拜跪、問訊、善安隱歸：「我等愚癡，誤服毒藥，願見救療，更賜壽命。」

父見子等苦惱如是，依諸經方，求好藥草，色香美味、皆悉具足，擣篩和合，與子令服，而作是言：「此大良藥，色香美味、皆悉具足，汝等可服，速除苦惱，無復衆患。」其諸子中、不失心者，見此良藥、色香俱好，卽便服之，病盡除愈。餘失心者，見其父來，雖亦歡喜問訊，求索治病，然與其藥、而不肯服。所以者何。毒氣深入，失本心故，於此好色香藥、而謂不美。父作是念：「此子可愍，爲毒所中，心皆顚倒，雖見我喜，求索救療，如是好藥、而不肯服，我今當設方便、令服此藥。」

卽作是言：「汝等當知，我今衰老，死時已至，是好良藥，今留在此，汝可取服，勿憂不瘥。」作是教已，復至他國，遣使還告：「汝父已死。」

是時諸子聞父背喪，心大憂惱，而作是念：「若父在者，慈愍我等，能見救護，今者、捨我遠喪他國。」自惟孤露，無復恃怙，常懷悲感，心遂醒悟，乃知此藥色味香美。卽取服之，毒病皆愈。其父聞子悉已得瘥，尋便來歸，咸使見之。

(3)「火裡生蓮終不壞」源自於《維摩詰所說經》的記載：

《維摩詰所說經》觀衆生品第七原文：

火中生蓮華。是可謂希有。在欲而行禪。希有亦如是。

(4)「勇施犯重悟無生，早時成佛于今在。」源自於《佛說淨業障經》的記載：在過去久遠劫以前，有一位「勇施比丘」。勇施比丘長得英俊瀟灑，某個長者的女兒很喜歡他，結果相思成病。這個姑娘的母親看到女兒這樣，很不忍心，於是就設計把勇施比丘引誘到家中來，和姑娘一起生活。

勇施比丘數見姑娘，日久生情，便失去正念而生慾心，就與姑娘彼共行婬法。但是那個姑娘原是一個有夫之婦，這件事引起她丈夫的憤怒，便預謀要殺害勇施比丘。可是，勇施比丘卻先下手爲強，拿毒藥給那個姑娘，她就把她的丈夫毒死了。事後，勇施比丘覺得很後悔，一個出家人竟然破了「殺罪」及「淫罪」，這是多麼重大的罪啊！

就在勇施比丘痛不欲生的時候，突然間出現一位「鼻揉多羅菩薩」，菩薩對他說：「勇施比丘，你不要害怕，我能夠賜給你無畏之力。」說完便給勇施比丘一首詩：「諸法同鏡像，亦如水中月，凡夫愚惑心，分別癡恚愛。」。

勇施比丘受了菩薩的啟示之後，深自反省。不管罪業如何深重，都汙染不了佛性嗎？不管犯的是大罪或小罪，做的是善事或惡事，都只是像鏡中的影像嗎？鏡子不會受到這些影像汙染嗎？最後勇施比丘終於體悟了「能無生法忍」的道理而成佛，他成佛之後，便是「寶月如來佛」，住在西方的「常光國中」。

（四）詩偈啟示：

不管映在鏡子中的東西是善、是惡、是美或是醜，全都只是影像罷了。但是有些人卻把這種影像誤以爲是眞實的東西。映在鏡子裡的東西若是善的，便感到高興，若是惡的，便感到煩惱，甚至因爲得不到鏡子裡的東西而生氣。凡夫因爲執著鏡中的影像，就生起了煩惱。

「莫思善，莫思惡」唯有同時捨棄善惡兩者，才能體會禪，這就是禪宗所謂的「圓頓法」。

（五）備註：

有些書把「不能餐」寫成「不能食」，這是不對的。

五十七、師子吼。無畏說。深嗟懞憧頑皮靼。只知犯重障菩提。不見如來開祕訣。

（一）名相解釋：

⑴師子吼：「師」即「獅」，譬喻佛的說法，能摧破種種異端邪說。

⑵無畏說：即四無畏，又作「四無所畏」，是佛所具足的四種智德——

①一切智無所畏：在說法時無所畏懼，佛明言我是一切智人。

②漏盡無所畏：佛明言我已斷盡一切煩惱。

③說障道無所畏：佛說惑業等諸障法而無畏。

④說盡苦道無所畏：佛說戒定慧等盡苦的正道而無畏。

⑶深嗟：「嗟」音ㄐㄧㄝ，悲嘆。

⑷懞憧：「懞」音ㄇㄥˊ，忠厚老實的樣子，「憧」音ㄔㄨㄥ，心意不定的樣子，「懞憧」就是無知的樣子。

⑸頑皮靼：「頑皮」就是被剝下來曬乾的皮，硬梆梆的不能隨意處理。「靼」音ㄉㄚˊ，使皮革柔軟。「頑皮靼」就是要使曬乾的皮柔軟很困難，意指不接受感化之人。

⑹犯重：犯下重罪。

⑺障菩提：「障」是阻礙，「菩提」是梵語，指佛的最高的智慧，能顯現菩提智，即得覺悟，這是照見法性、眞如的最高眞理的智慧。

⑻開祕訣：「開」是不隱密，「祕訣」是不公開的方法。

（二）詩偈簡譯：

佛說法像獅子吼，能使群獸懾伏，佛說法有「四無畏」，能困材施教，使衆生隨類得解。深嘆那些無知不接受感化的人，只知道犯了重罪阻礙了菩提心，不曉得釋迦牟尼佛有祕訣使人明心見性。

（三）詩偈啟示：

在現今末法時期，基督教宣稱「世界末日將要來臨，天國近了。」佛經也提及「龍華三會的日子即將來到，彌勒佛將要降臨。」而在現實的環境中，世界各地不斷的在發生風暴、旱災、水災、火災、地震、戰爭、空難、車禍等等的各種天災地變及人禍，顯示聖經及佛經所預言的世界末日，即將來臨，可是就是有許多人還是執迷不悟，不接受感化。

所謂「佛度有緣人」，我們要盡快度化有緣人，就如同在《金剛經》中，釋迦牟尼佛與其弟子須菩提的一番對話：

「須菩提白佛言：世尊，頗有衆生，得聞如是言說章句，生實信不。」

「佛告須菩提：莫作是說，如來滅後，後五百歲，有持戒修福者，於此章句，能生信心，以此爲實。當知是人，不於一佛二佛三四五佛而種善根，已於無量千萬佛所種諸善根。」

所以尚有許多善男子及善女人，等著我們去度化他們。

五十八、有二比丘犯淫殺。波離螢光增罪結。維摩大士頓除疑。猶如赫日消霜雪。

（一）名相解釋：

(1)比丘：梵語的音譯，乞食者之意，漢譯爲乞士。這本來指婆羅門教的人，第四時期的遍歷修行者，其後佛教興起，則以之指托缽的修行者。
(2)犯淫殺：犯下淫戒與殺戒。
(3)波離：指優波離尊者。
(4)螢光：螢火蟲腹部所發出的燐光，比喻螢光似的小智慧。
(5)增罪結：增加罪過。
(6)赫日：「赫」音ㄏㄜˋ，顯盛的樣子，「赫日」是強烈的日光。

（二）詩偈簡譯：

釋迦牟尼佛在世的時候，有二位比丘犯了淫戒與殺戒，他們是無心之過，而「優波離尊者」的智慧小如螢火之光，給二位比丘增加罪過。幸好後來經由「維摩居士」的解釋，頓時消除了他們的疑惑，這好像烈日當空，把霜雪都消融了。

（三）詩偈典故

首先我來介紹「波離」這個人，「波離」就是「優波離尊者」，他是釋迦牟尼佛的弟子當中，持守戒法最傑出的人。

「優波離尊者」原本是一位理髮師，在釋迦牟尼佛開悟後回到故鄉時，城內有許多貴族的子弟包括阿難、須菩提、提婆等人，都想做釋迦牟尼佛的弟子，於是就找來優波離幫他們剃度。

優波離覺得很奇怪，當他問明原因，得知以前的皇太子現在已成佛歸來，而他們要跟隨他學習不生不滅之道，他就決定也要跟他們一樣，去做釋迦牟尼佛的弟子，於是就把自己的頭髮剃掉，來到釋迦牟尼佛這裡。

這些貴族的子弟們剃完頭後，花了好多天與親朋好友餞別後，才姍姍來遲的到釋迦牟尼佛這邊來。當他們到達時，優波離便自覺卑微的走到下面去，把上面的位子讓給他們，這時釋迦牟尼佛對他說：「你是先來的，所以你是師兄，先來的先坐。」之後，優波離成爲釋迦牟尼佛門下，最能信守戒律的人。

接下來我再來介紹這首詩偈的典故：這是源自於《維摩詰所說經》弟子品第三中的話。

有一次「維摩詰居士」生病了，釋迦牟尼佛便傳喚弟子們，要弟子們去探望維摩居士，可是他們卻表示不敢去，因爲怕萬一講錯話，會被維摩詰居士責罵。

這時釋迦牟尼佛問「優波離」是否願意去時，優波離表示不願意去，並且說明了他不去的原因。

原來曾經有兩位比丘在山中蓋草屋修行，有一天，一位比丘外出，另一位比丘熟睡，有一位採樵女乘其不覺時，偷行淫慾，等到比丘醒覺，惱恨交加。外出的比丘歸來，聞訊大怒，便追逐那樵女，樵女驚懼急逃，比丘在後面疾呼大罵，樵女很惶恐，結果不小失足墮入深坑而死。

二位比丘自知有罪，也很後悔，可是他們不敢到釋迦牟尼佛面前請問，就問優波離說：「優波離！我們兩個人犯了律儀戒，心裡覺得很羞恥，可是不敢去問佛。我們對戒律中的疑似犯戒並不清楚，希望尊者您爲我們解釋戒律，幫我們把疑有所犯之處悔除，使我們的戒罪可以滅除。」於是優波離就爲他們如法解說，犯了重戒該如何對衆懺悔等事相。

優波離正在解說時，維摩詰居士來了，他對優波離說：「優波離啊！你不要再增加這兩位比丘的罪，你應該要直接把他們的罪行滅掉，不要擾亂他們的心。這怎麼說呢？因爲他們犯戒所產生的罪，體性既不在內、也不在外，也不在中間。就如同佛所說的一樣，心有汙垢，所以衆生是汙垢的；心清淨了，衆生也就清淨了。可是心既然不在內、不在外，也不在中間；同樣的道理，罪性的汙垢一樣是不在內、不在外，也不在中間，你找不到罪性汙垢的所在。諸法也是一樣，都不能超出於『真如之理』以外。就好像你優波離以你的『心相（心的本來面目）』而證得解脫時，你的心難道還有垢穢不淨嗎？」

當時優波離就回答說：「不是這樣，根本就沒有罪垢了。」

維摩詰居士說：「一切眾生的心相本來就沒有汙垢，也是像你優波離一樣證得解脫時清淨的心一般。」

「優波離！妄想是垢，無妄想是淨；顛倒是垢，無顛倒是淨；取我是垢，不取我是淨。」

「優波離！一切法生滅不斷如幻如電，諸法不相互對待，甚至一念不斷。諸法皆妄見，如夢、如炎、如水中月、如鏡中像，都是妄想的生起。如果能夠真的懂得這個道理的人，才能叫作『奉律（遵循戒律）』的人，也才叫作善於理解戒律的人。」

當時，二位比丘聽了維摩居士的話之後，「疑悔（疑念與後悔）」即除，頓悟「空」的道理，發阿耨多羅三藐三菩提心，而得到解脫。所以，優波離才沒有臉去探望他。

（四）詩偈啟示：

在《觀普賢菩薩行法經》中有這麼一句經文：「一切業障海皆從妄想生，若欲懺悔者，端坐念實相，眾罪如霜露，慧日能消除。」

如果自己想要懺悔，想要消除罪業的話，只有靜靜的坐禪，體悟「本來無一物」的道理，使自性的清淨心顯露出來，如此罪業便會消失無蹤。反之，若一直被自己的罪業所困，把罪當做實在的東西的話，那懺悔是沒有用的。

五十九、不思議。解脫力。妙用恆沙也無極。四事供養敢辭勞。萬兩萬金亦消得。粉身碎骨未足酬。一句了然超百億。

（一）名相解釋：

(1)不思議：在直觀中才能證悟的眞理或境界。。
(2)解脫力：從煩惱的束縛中脫卻開示，而臻於自由自在的境地的力量。
(3)妙用：神妙的功用。
(4)恆沙：印度恆河的沙子。
(5)無極：沒有極限。
(6)四事：修行僧人日常所必需的四種東西，卽飲食、衣服、臥具、湯藥。
(7)供養：佛教徒對佛、法、僧三寶的諸方面的奉獻。這種供養，通常是指物質性的。
(8)敢辭勞：不敢推辭勞苦。
(9)消得：「消」是需要，「消得」就是值得。
(10)粉身碎骨：比喻不惜犧牲生命。
(11)未足酬：不足以酬報。
(12)了然：「了」音ㄌㄧㄠˇ，了解，「了然」就是明白。
(13)超百億：超過百千萬億劫的工夫，「劫」是極長的時間單位。

（二）詩偈簡譯：

「圓頓法門」是在「直觀」中才能證悟的眞理或境界，有使人解脫的力量，它的妙用功能就像恆河的沙子一樣數不清。若你相信「圓頓法門」，用四事來供養，也不敢推辭勞苦，就是用萬兩黃金來供養，也是值得的。就算是犧牲生命，也不足以回報讓我們頓悟的恩典，因爲明白一句話而頓悟，使我們超過百千萬億劫的修行工夫。

（三）詩偈啟示：

「解脫」也就是「涅槃」，若聽聞佛法中的一句話，而讓我們頓悟的話，那這種恩典，可說是無以回報的。要知道「神通力」不能使人解脫，「佛力」也不能使人解脫，唯有「徹悟自己的佛性」，才能讓自己解脫。

六十、法中王。最高勝。恆沙如來同共證。我今解此如意珠。信受之者皆相應。

（一）名相解釋：

(1) 法中王：法門之王，指禪宗的明心見性，直示眞理，是一切宗派中最出色的。
(2) 高勝：高超殊勝。
(3) 恆沙如來：像印度恆河沙子那樣多的如來佛，即三世諸佛。
(4) 同共證：共同用這個法門，來證得法身。
(5) 如意珠：能隨順自己的意思，而生出寶物的珠子，這是比喻自己的本性、佛性。
(6) 信受：相信並接受。
(7) 相應：互相呼應。

（二）詩偈簡譯：

「明心見性」是法中之王，是最高超殊勝的，像恆河沙般的如來佛，都共同用這個法門，來證得法身。我（指永嘉禪師）現今已經了解這顆如意寶珠，能夠相信並接受這種「圓頓法門」的人，都互相呼應的得到解脫而成佛。

（三）詩偈啟示：

禪宗的心法可說是見性成佛的捷徑，若你了解此心法，你就會感覺到自己不屬於任何宗教派系，但是也是屬於任何的宗教派系。

永嘉禪師本身已悟道，但是他又怕眾生懷疑眾人皆能成道這件事，所以苦口婆心的告訴我們「眾生皆有佛性，皆能成道」，因此他說：「我今解此如意珠，信受之者皆相應」。

六十一、了了見。無一物。亦無人。亦無佛。大千沙界海中漚。一切聖賢如電拂。假使鐵輪頂上旋。定慧圓明終不失。

（一）名相解釋：

(1) 了了見：了解體悟。
(2) 大千沙界：像沙子一般多的三千大千世界。
(3) 海中漚：「漚」音ㄡ，水泡，「海中漚」如海裡的水泡。
(4) 電拂：「拂」音ㄈㄨˊ，輕輕掠過，「電拂」即如閃電一般的一閃即逝。
(5) 鐵輪：相當於現在的壓路機。

(6)定慧圓明：禪定與智慧同時具足，充實飽滿。

（二）詩偈簡譯：

能夠體悟「本來無一物」的道理，你就會明白「眞如本性」沒有人相，也沒有佛相。在「眞如本性」裡，三千大千世界就像海裡的水泡一般，一切聖賢的假相，也都如同閃電一般的一閃卽逝。假使有鐵輪從我的頭頂上旋轉輾過，我的禪定與智慧（佛性）也永遠不會失去。

（三）詩偈啟示：

(1)「了了見。無一物，亦無人，亦無佛。」這句詩偈在《金剛經》中也提到：「是諸衆生無復我相，人相，衆生相，壽者相，無法相，亦無非法相。」另外：「如來所說身相，卽非身相。佛告須菩提，凡所有相，皆是虛妄，若見諸相非相，卽見如來。」

(2)「大千沙世海中漚，一切聖賢如電拂」這句詩偈在《金剛經》中也說過：「一切有爲法，如夢幻泡影，如露亦如電，應作如是觀。」

(3)「假使鐵輪頂上旋，定慧圓明終不失」這句詩偈簡單的說，就如同孔子所說的「朝聞道，夕死可矣！」一般，因爲眞如本性不滅。

六十二、日可冷。月可暖。衆魔不能壞真說。象駕崢嶸漫進途。誰見螳螂能拒轍。

（一）名相解釋：

(1)眞說：眞理。

(2) 象駕：用象來拉的車。
(3) 崢嶸：音ㄔㄥˊ ㄖㄨㄥˊ，山高峻的樣子。
(4) 漫進途：「漫」音ㄇㄢˋ，隨意。「進」是前進，「途」是道路，「漫進途」就是隨意緩緩的在道路上前進。
(5) 拒轍：「轍」音ㄔㄜˋ，車輪經過的痕跡，「拒轍」就是不讓車子前進。

（二）詩偈簡譯：

假如太陽會變冷，月亮會變熱，衆魔卻無法破壞眞理。大象所駕駛的車，像山一樣高，隨意緩緩的在道路上前進，誰見過小小的螳螂，能夠把大衆所拉的車子擋住，不讓它前進呢？

（三）詩偈典故

「日可冷，月可暖」源自於《遺教經》中的話。釋迦牟尼佛快要圓寂的時候，便把遺教說給弟子聽，說完遺教後，他對弟子們說：「汝等若於苦等四諦有所疑，可疾問之。懷疑而不求決便無得。」可是，釋迦牟尼佛問了三遍，都沒有人作聲。

此時有一名叫做「阿㝹（ㄋㄡˊ）樓馱（ㄊㄨㄛˊ）」的弟子便代表大家發言，他說：「世尊。月可令熱。日可令冷。佛說四諦不可令異。佛說苦諦實苦。不可令樂。集眞是因。更無異因。苦若滅者。即是因滅。因滅故果滅。滅苦之道。實是眞道。更無餘道。世尊。是諸比丘。於四諦中。決定無疑。」

阿㝹樓馱這樣對釋迦牟尼佛說，表示衆弟子堅信佛法不變，所以不需要向釋迦牟尼佛發問。

（四）詩偈啟示：

禪宗的心法是源自於釋迦牟尼佛的「不立文字，教外別傳。」這個「圓頓法門」是由釋迦牟尼佛所傳下來的，就像行於路上的象車一樣，而惡魔就如同螳螂一般，怎麼樣也破壞不了釋迦牟尼佛嫡傳的眞說。

（五）備註：

有些書把「月可暖」寫成「月可熱」，因爲大部份採用「暖」字，故我用之。「漫進途」有些書寫成「謾進途」，這是不對的，應該用「漫」字。

六十三、大象不遊於兔徑。大悟不拘於小節。莫將管見謗蒼蒼。未了吾今為君訣。

（一）名相解釋：

(1)大象：比喻開悟的諸佛菩薩。

(2)兔徑：「徑」是小路，「兔徑」比喻小乘之道。

(3)大悟：大開悟。

(4)不拘於：「拘」是拘泥，卽固執而不知變通，「不拘於」卽不限制於。

(5)小節：「節」是事的分際，「小節」是小細節。

(6)謗蒼蒼：「謗」是毀謗，「蒼」是青色，「蒼蒼」是蒼天，也就是天。

(7)未了：還不了解。

(8)爲君訣：「君」是對一般人的尊稱，「訣」音ㄐㄩㄝˊ，祕術的意思。

（二）詩偈簡譯：

大象不走在兔子的小路，「大乘菩薩」不行小乘之道，大徹大悟的人不拘泥於細小的事情。未悟道的人啊！不要用小小的管孔來觀看大宇宙，假如你還不了解大乘的法門，我現在就把大乘的祕訣告訴你。

（三）詩偈啟示：

好個「大象不遊於兔徑，大悟不拘於小節」這就是禪宗「圓頓法門」的特性，注重一針見血，拋棄繁文縟節，彈性相當大。

而永嘉禪師在最後一句告訴我們的祕訣是什麼呢？各位再回過頭來唸一下第一首詩偈：「君不見。絕學無為閒道人。不除妄想不求眞。無明實性卽佛性。幻化空身卽法身。」這一句就是永嘉禪師給我們的祕訣，也是《證道歌》中最精華的一句，請諸位讀者多多去體會其中的含意。

第五單元

《證道歌》原文

永嘉大師證道歌

唐慎水沙門玄覺撰

君不見。

絕學無為閑道人。不除妄想不求真。無明實性即佛性。幻化空身即法身。

法身覺了無一物。本源自性天真佛。五蘊浮雲空去來。三毒水炮虛出沒。

證實相。無人法。剎那滅卻阿鼻業。若將妄語誑眾生。自招拔舌塵沙劫。

頓覺了。如來禪。六度萬行體中圓。夢裡明明有六趣。覺後空空無大千。

無罪福。無損益。寂滅性中莫問覓。此來塵鏡未曾磨。今日分明須剖析。

誰無念。誰無生。若實無生無不生。喚取機關木人問。求佛施功早晚成。

放四大。莫把捉。寂滅性中隨飲啄。諸行無常一切空。即是如來大圓覺。

決定說。表真乘。有人不肯任情徵。直截根源佛所印。摘葉尋枝我不能。

摩尼珠。人不識。如來藏裡親收得。六般神用空不空。一顆圓光色非色。

淨五根。得五力。唯證乃知難可測。鏡裡看形見不難。水中捉月爭拈得。

常獨行。常獨步。達者同遊涅槃路。調古神清風自高。貌顇骨剛人不顧。

窮釋子。口稱貧。實是身貧道不貧。貧則身常披縷褐。道則心藏無價珍。
無價珍。用無盡。利物應機終不吝。三身四智體中圓。八解六通心地印。
上士一決一切了。中下多聞多不信。但自懷中解垢衣。誰能向外誇精進。
從他謗。任他非。把火燒天徒自疲。我聞恰似飲甘露。銷融頓入不思議。
觀惡言。是功德。此則成吾善知識。不因訕謗起怨親。何表無生慈忍力。
宗亦通。說亦通。定慧圓明不滯空。非但我今獨達了。恒沙諸佛體皆同。
師子吼。無畏說。百獸聞之皆腦裂。香象奔波失卻威。天龍寂聽生欣悅。
遊江海。涉山川。尋師訪道為參禪。自從認得曹谿路。了知生死不相關。
行亦禪。坐亦禪。語默動靜體安然。縱遇鋒刀常坦坦。假饒毒藥也閑閑。
我師得見然燈佛。多劫曾為忍辱仙。幾回生。幾回死。生死悠悠無定止。
自從頓悟了無生。於諸榮辱何憂喜。入深山。住蘭若。岑崟幽邃長松下。
優游靜坐野僧家。闃寂安居實蕭灑。覺即了。不施功。一切有為法不同。
住相布施生天福。猶如仰箭射虛空。勢力盡。箭還墜。招得來生不如意。
爭似無為實相門。一超直入如來地。但得本。莫愁末。如淨琉璃含寶月。
既能解此如意珠。自利利他終不竭。江月照。松風吹。永夜清宵何所為。
佛性戒珠心地印。霧露雲霞體上衣。降龍鉢。解虎錫。兩鈷金環鳴歷歷。
不是標形虛事持。如來寶杖親蹤跡。不求真。不斷妄。了知二法空無相。
無相無空無不空。即是如來真實相。心鏡明。鑒無礙。廓然瑩徹周沙界。

萬象森羅影現中。一顆圓光非內外。豁達空。撥因果。莽莽蕩蕩招殃禍。
棄有著空病亦然。還如避溺而投火。捨妄心。取真理。取捨之心成巧偽。
學人不了用修行。真成認賊將為子。損法財。滅功德。莫不由斯心意識。
是以禪門了卻心。頓入無生知見力。大丈夫。秉慧劍。般若鋒兮金剛焰。
非但空摧外道心。早曾落卻天魔膽。震法雷。擊法鼓。布慈雲兮灑甘露。
龍象蹴踏潤無邊。三乘五性皆醒悟。雪山肥膩更無雜。純出醍醐我常納。
一性圓通一切性。一法遍含一切法。一月普現一切水。一切水月一月攝。
諸佛法身入我性。我性同共如來合。一地具足一切地。非色非心非行業。
彈指圓成八萬門。剎那滅卻三祇劫。一切數句非數句。與吾靈覺何交涉。
不可毀。不可讚。體若虛空勿涯岸。不離當處常湛然。覓即知君不可見。
取不得。捨不得。不可得中只麼得。默時說。說時默。大施門開無壅塞。
有人問我解何宗。報道摩訶般若力。或是或非人不識。逆行順行天莫測。
吾早曾經多劫修。不是等閑相誑惑。建法幢。立宗旨。明明佛敕曹谿是。
第一迦葉首傳燈。二十八代西天記。法東流。入此土。菩提達摩為初祖。
六代傳衣天下聞。後人得道何窮數。真不立。妄本空。有無俱遣不空空。
二十空門元不著。一性如來體自同。心是根。法是塵。兩種猶如鏡上痕。
痕垢盡除光始現。心法雙忘性即真。嗟末法。惡時世。眾生福薄難調制。
去聖遠兮邪見深。魔強法弱多怨害。聞說如來頓教門。恨不滅除令瓦碎。

作在心。殃在身。不須怨訴更尤人。欲得不招無間業。莫謗如來正法輪。
栴檀林。無雜樹。鬱密森沈師子住。境靜林間獨自遊。走獸飛禽皆遠去。
師子兒。蒙隨後。三歲便能大哮吼。若是野干逐法王。百年妖怪虛開口。
圓頓教。沒人情。有疑不決直須爭。不是山僧逞人我。修行恐落斷常坑。
非不非。是不是。差之毫釐失千里。是則龍女頓成佛。非則善星生陷墜。
吾早年來積學問。亦曾討疏尋經論。分別名相不知休。入海算沙徒自困。
卻被如來苦訶責。數他珍寶有何益。從來蹭蹬覺虛行。多年枉作風塵客。
種性邪。錯知解。不達如來圓頓制。二乘精進沒道心。外道聰明無智慧。
亦愚癡。亦小騃。空拳指上生實解。執指為月枉施功。根境法中虛捏怪。
不見一法即如來。方得名為觀自在。了即業障本來空。未了應須還夙債。
飢逢王膳不能餐。病遇醫王爭得瘥。在欲行禪知見力。火中生蓮終不壞。
勇施犯重悟無生。早時成佛于今在。師子吼。無畏說。深嗟懵懂頑皮靼。
祇知犯重障菩提。不見如來開祕訣。有二比丘犯淫殺。波離螢光增罪結。
維摩大士頓除疑。猶如赫日銷霜雪。不思議。解脫力。妙用恒沙也無極。
四事供養敢辭勞。萬兩黃金亦消得。粉骨碎身未足酬。一句了然超百億。
法中王。最高勝。恒沙如來同共證。我今解此如意珠。信受之者皆相應。
了了見。無一物。亦無人。亦無佛。大千沙界海中漚。一切聖賢如電拂。
假使鐵輪頂上旋。定慧圓明終不失。日可冷。月可熱。衆魔不能壞真說。

象駕崢嶸慢進途。誰見螳蜋能拒轍。大象不遊於兔經。大悟不拘於小節。
莫將管見謗蒼蒼。未了吾今為君訣。

第二篇

中級篇：《楞嚴經》的五十種陰魔

第一單元

《楞嚴經》簡介

一、《楞嚴經》簡介

《楞嚴經》全名為《大佛頂如來密因修證了義諸菩薩萬行首楞嚴經》，又名《中印度那爛陀大道場經》，簡稱《大佛頂首楞嚴經》、《大佛頂經》、《首楞嚴經》，一般稱為《楞嚴經》，共十卷，為大乘佛教的經典。

據傳《楞嚴經》是由「般剌密諦」在唐朝時期傳到中國，經「懷迪」證義，「房融」筆受，譯成漢文。但是《楞嚴經》梵文原文本，未傳到這個世界上，而且出現時，沒有被列入正式的譯經目錄，譯出與傳述記載不清楚，因此對於它的眞假，有了非常久遠的爭議。

《楞嚴經》在唐代中葉成書譯出，並開始流通，最早的記錄見於「唐智昇」所著《開元釋教錄》與《續古今譯經圖紀》，隨後的元照著《貞元新定釋教目錄》中，也記載此書。由北宋初，中國第一本雕版印刷的大藏經《開寶藏》開始，一直到清朝的《乾隆大藏經》都收入正藏中。

《楞嚴經》雖然在唐代之後，已經流行於世，但是在唐宋之間，並沒有引起佛教界的重視，為它作註釋及科判的人並不多。「永明延壽」在《宗鏡錄》中，曾經多次引用《楞嚴經》。

在北宋時，「天台宗」與「華嚴宗」形成研究《楞嚴經》的風氣，《楞嚴經》開始受到重視。在明朝之後，《楞嚴經》成為顯學，明末四大高僧皆對它極為重視，大力提倡，如「憨山德清」大師作《楞嚴經懸鏡》，「蕅益智旭」大師作《楞嚴經玄義》、《楞嚴經文句》。

在明朝與清朝後，《楞嚴經》長期被漢傳佛教人士高度推崇，曾有：「自從一讀楞嚴後，不看人間糟粕書！」的詩句。

直到清朝以至於民國，《楞嚴經》仍然極被重視，特別是在「淨土宗」之內。如《楞嚴經》中的「大勢至菩薩念佛圓通章」，「印光大師」將它列爲「淨土五經」一論中的第五經。

二、《楞嚴經》內容

《楞嚴經》的內容敘述「阿難」受「摩登伽女」的幻術，戒體將毀之際，釋迦牟尼佛遙知之，卽遣「文殊師利」以神咒破幻術。其後，「阿難」與「摩登伽女」同詣佛所，佛乃爲說「圓解、圓行、圓位」，乃至詳說「七趣」以辨「陰魔」，及「三摩提」之法、「根塵同源」與「縛脫無二」之理。

《楞嚴經》分爲「序分、正宗分、流通分」三個部分，總論如下：

(1)第一卷爲「序分」：講述《楞嚴經》說法的因緣。釋迦牟尼佛遣「文殊師利菩薩」，以神咒保護「阿難」免受「摩登伽女」誘惑破戒，並爲其說明衆生流轉生死，皆由不知常住眞心性淨明體。用諸妄想。此想不眞，故有輪轉。

(2)第二卷至第九卷爲「正宗分」：主要闡述「一切世間諸所有物，皆卽菩提妙明元心；心精遍圓，含裹十方」，衆生不明自心「性淨妙體」，所以產生了生死輪迴的現象，修行人應該避開「行婬、貪求、我慢、瞋恚、奸僞、欺誑、怨恨、惡見、誣謗、覆藏」，以免感召惡報，修習禪定前應當先斷「淫、殺、盜、妄語」，以免落入魔道，略說「十信、十住、十行、十迴向、四加行、十地、等覺、妙覺」等由低至高的種種修行階次，達到方盡妙覺，「成無上道」，並且說明「禪那」中可能會出現的種種魔境界，與後末世出現於人間的惡魔，詳細描述其各種特徵與型態。

(3) 第十卷爲「流通分」：講述此經應永流後世、利益衆生等。

《楞嚴經》各卷內容略述如下：

(1) 第一卷：

敍述「阿難」因乞食，被「摩登伽女」用幻術攝入淫席，將毀戒體。釋迦牟尼放光，並派遣「文殊師利菩薩」以神咒前往保護「阿難」，遂將「阿難」及「摩登伽女」帶回來釋迦牟尼佛所。「阿難」見釋迦牟尼佛，頂禮悲泣，悔恨自己一向多聞，道力未全，因而啟請宣說十方如來得成菩提，妙奢摩他，三摩，禪那，最初方便。佛告以一切衆生從無始來生死相續，皆由不知常住眞心性淨明體，有諸妄想故有輪轉。

(2) 第二卷：

因「波斯匿王」之問，釋迦牟尼佛顯示眞性圓明，無生無滅本來常住之理。並說一切衆生輪迴世間由「二顚倒」分別妄見，隨業輪轉，衆生別業妄見，衆生同分妄見。應當抉擇眞妄，而明五陰身心不有，世界本空，破我法二執，顯本覺眞如，顯示五陰，本如來藏，妙眞如性。

(3) 第三卷：

釋迦牟尼佛對「阿難」就「六入、十二處、十八界、七大」等，一一說明「本如來藏，妙眞如性」。

(4) 第四卷：

因「富樓那」之問，釋迦牟尼佛顯示世間一切根塵陰處等皆「如來藏」淸淨本然，但以三種相續：卽「世界相續、衆生相續、業果相續」，諸有爲相循業遷流，妄因妄果其體本眞。眞智眞斷不重起妄，是故如來證眞故無妄。四大本性周遍法界，歇卽菩提，不從人得等。

(5) 第五卷：

憍陳如五比丘，優波尼沙陀、香嚴童子、藥王藥上二法王子、跋陀婆羅等十六開士、摩訶迦葉及紫金光比丘尼等，阿那律陀、周利槃特迦、驕梵鉢提、畢陵伽婆蹉、須菩提、舍利弗、普賢菩薩、孫陀羅難陀、富樓那彌多羅尼子、優波離、大目犍連、烏芻瑟摩、持地菩薩、月光童子、琉璃右王子、虛空藏菩薩、彌勒菩薩、大勢至菩薩等，各各自說最初得道的方便以顯圓通。

(6) 第六卷：

卽是「觀世音菩薩」說「耳根圓通」，以聞熏聞修「金剛三昧無作妙力」，成「三十二應」，入諸國土。獲十四種無畏功德，又能善獲「四不思議無作妙德」。「文殊師利菩薩」以偈讚嘆。釋迦牟尼佛更爲「阿難」說修禪定者，需先有四種決定清淨明誨（不淫、不殺、不盜、不妄），方能離禪魔。

(7) 第七卷：

釋迦牟尼佛演說「楞嚴心咒」，此一心咒共有四百二十七句，二千六百二十字，並說「安立壇場法則」及「持誦功德」。次因「阿難」請問「修行位次」，釋迦牟尼佛先爲說「十二類眾生（胎、卵、濕、化、有色、無色、有想、無想、非有色、非無色、非有想、非無想）」顛倒之相。

(8) 第八卷：

說明「三摩提」三種漸次，其次說明「五十七位」：乾慧地、十信、十住、十行、十回向、四加行、十地、等覺、妙覺。又因「文殊師利菩薩」問，示經五名，說明經的歸趣。因「阿難」問，說地獄趣造十習因，受六交報（卽六道），以及鬼、畜、人、仙、修羅、天等七趣，自業所感差別。

(9) 第九卷：

說明三界「二十五有」之相，其次說明「奢摩他」中，微細魔事，即「五陰、十魔」等。

⑽第十卷：

說明「五陰」的「行陰魔」中「十種外道（二無因論、四遍常論、四一分常論、四有邊論、四種顛倒不死矯亂遍計虛論、立五陰中死後有相心顛倒論、立五陰中死後無相心顛倒論、立五陰中死後俱非心顛倒論、立五陰中死後斷滅心顛倒論、立五陰中五現涅槃心顛倒論）」。「識陰魔」中「禪那」現境十種魔事。次明五陰相中五種妄想等。

第二單元

《楞嚴經》的五十種陰魔

一、什麼是「走火入魔」？

一般人聽到要學習「靜坐」，第一個常問的問題是：「聽說學習『靜坐』，一不小心就會『走火入魔』？」

其實，「走火入魔」這件事情，就像我們面對「電」這個問題一樣，同樣是「恐懼」來自於「無知」。

一般人對於「電」，都會有莫名的恐懼，都怕會被「電」電到。因爲，一旦被「電」電到，輕則不舒服或受輕傷，重則受重傷或死亡。但是，受過訓練的專業「電工人員」就不怕，因爲他們了解「電」的特性，所以他們不怕。

同樣的，一般人恐懼「走火入魔」，只要你了解什麼是「走火入魔」？如何預防？那你當然就可以放心的去學習「靜坐」。

那什麼是「走火入魔」呢？「走火入魔」是指學習「靜坐禪定」時，會遇到的二種情況：「走火」和「入魔」。簡介如下：

(1) 走火：是屬於「生理」上的問題，在修習靜坐時，長時間的意守「丹田（肚臍眼下面一寸三分的地方）」，運氣引導，用意識把心念集中在那裡，那裡就會發燒、發熱，這就稱爲「火」。當你想要把這個「火」，用意識來引導打通「任、督二脈」，甚至於轉「小周天、大周天」。如果是業障太重，心情過於急躁，或是方法拿捏不對，就會產生「氣血逆流」，氣血運行不順，引發血管或心臟疾病，神經叢收縮，導致微細神經受損，甚至發生吐血，或是半身不遂的現象。

(2) 入魔：是屬於「心理」上的問題，「入魔」有數種方式，常見的有二種。一種是「天魔附身」，通常是修行者希望神佛加持，助其修行；另一種是通過長時間精神上的自我強化，則會產生「幻境」，信以爲眞，所謂「魔由心生」，最後產生精神疾病。

「走火」的問題，只要記住一個原則：「不理它、隨順它」，就可以解決。禪修時，身體會有發熱、氣動、癢、酸、刺、痛、麻等等感覺，都不要管它。

這是經過長時間靜坐之後，就像《易經》上所說「靜極思動」的現象，「丹田」的「氣機（腎氣、拙火）」發動。這股「氣機」會從「丹田」啟動，沿著全身的十四條經絡自動運行。一遭遇到體內久藏的寒氣，就會把寒氣全力排出體外，這時候身體會感受到熱、癢、酸、刺、痛、麻等等感覺。這是身體在做自我修復時，所產生的自然正常現象。等身體自我修復完畢，這些現象就會消失。

這股「氣機」會自動運行不必理會它；若你刻意想操縱它，這股「氣機」很容易失控亂竄，就會產生「氣血逆流」，氣血運行不順，引發血管或心臟疾病，神經叢收縮，導致微細神經受損，甚至發生吐血，或是半身不遂的現象。

而「入魔」的問題，就要閱讀《楞嚴經》中，釋迦牟尼佛所詳細介紹的「五十種陰魔」。其實，面對「入魔」的問題，只要記住一個原則：「不理它、看著它」，就可以解決。

禪宗祖師提示學人，靜坐禪修時，要「佛來佛斬，魔來魔斬」。意思是說，在境界當中見到「佛」現身，不崇拜、不歡喜；看到「魔」現前，也不厭惡、不畏懼。「佛」代表好的境界；「魔」代表壞的境界；「斬」就是不理它。看到好的，不貪著；看到壞的，也不煩惱；好的境界不理它，壞的境界也不理它，心不落兩邊，才能離相，達到「無相」的境界，心就能得自在，就不會「入魔」。

二、《楞嚴經》的五十種陰魔

《楞嚴經》是釋迦牟尼佛以「阿難」的墮落爲因緣，開始說起，從神咒破魔；到結尾，解說「五十種陰魔」，教導「禪修者」發覺魔事、如何破魔；在中間，種種破立，都是以「破魔、破邪、破妄」爲主線發展，可以說是「從破魔開始，至破魔結束。」

什麼是「五十種陰魔」呢？就是「五陰（五蘊）魔」各有十種魔。「五陰（五蘊）魔」是什麼呢？就是「色陰魔、受陰魔、想陰魔、行陰魔、識陰魔」。「色陰魔」有十種魔，「受陰魔」有十種魔，「想陰魔」有十種魔，「行陰魔」有十種魔，「識陰魔」有十種魔，加起來就是「五十種陰魔」。

「五十種陰魔」出自《楞嚴經》，是釋迦牟尼佛親授，述說「五陰（五蘊）」所生的五十種「陰魔（蘊魔）」的境界。經中對每一種「陰（蘊）」講了十種境界。每一種境界中，都指出該修行人所經歷過的心理現象，以及引起該種現象的原因。也指出了該修行人由於執著境界，而生起的種種困難，以及對此境界的誤解。

修習靜坐禪定的人，必須對這「五十種陰魔」認識的清清楚楚，如果不清楚這「五十種陰魔」，很容易就做了魔王的眷屬，所以這要特別的注意。

「魔」，音譯作「魔羅」，漢譯作「能奪命」。指能破壞求道的心志，障害善事，並破壞自他身命的惡神、鬼神。亦即擾人修行的惡人、惡事、惡神的通稱。

「陰魔（蘊魔）」的由來，在《楞嚴經》卷九裡，釋迦牟尼佛說的很詳盡。原來，當你修習靜/坐禪定，到達「入定」的境界時，一切魔王以及鬼神的宮殿房屋，會無端的崩塌裂壞，大地震動，水陸飛騰，無不驚心攝魄。我們凡夫俗子昏昧而不能覺察到這種變化，但是那些擁有五種神通的魔王和鬼神，又怎麼能夠讓你去摧毀他們的處所呢？

《楞嚴經》卷九原文：

汝等一人發真歸元，此十方空皆悉銷殞。云何空中所有國土而不振裂。汝輩修禪飾三摩地。十方菩薩，及諸無漏大阿羅漢，心精通吻，當處湛然。一切魔王及與鬼神諸凡夫天，見其宮殿無故崩裂。大地振坼水陸飛騰，無不驚慴。凡夫昏暗，不覺遷訛。彼等咸得五種神通，唯除漏盡，戀此塵勞。如何令汝摧裂其處。是故鬼神，及諸天魔，魍魎妖精，於三昧時，僉來惱汝。

《楞嚴經》卷九翻譯：

你們這些人當中，只要有一個人發露眞心而歸自元本的心體，那麼這十方空界都會全部消散殞滅。為什麼說在這虛空之中，所有的國土都沒有振裂破碎呢？由於你們這些人修習禪定，即在修飾著「三摩地」，十方的菩薩以及眾多無漏大阿羅漢，已修得心體精微通闊無礙，所以能居處於湛然寂滅之中。一切魔王以及鬼神、凡夫，見到他們的宮殿房屋，無端地崩塌裂壞，大地震動，水陸飛騰，無不驚心攝魄。凡夫俗子昏昧而不能覺察到這種變化。那些沒有獲得除漏盡通而已獲足了五種神通的衆生，還掛念著塵世的操勞，又怎麼能夠讓你去摧毀他們的處所呢？因此那些鬼神以及各種天魔、魍魎、妖精，趁你們在修行的時候，全都來擾亂你。

釋迦牟尼佛繼續說明，如何應對「魔事」的方法。

《楞嚴經》卷九原文：

然彼諸魔雖有大怒。彼塵勞內。汝妙覺中。如風吹光，如刀斷水，了不相觸。汝如沸湯，彼如堅冰，煖氣漸鄰，不日銷殞。徒恃神力，但為其客。成就破亂，由汝心中五陰主人。主人若迷，客得其便。當處禪那，覺悟無惑，則彼魔事無奈汝何。陰銷入明，則彼群邪咸受幽氣。明能破暗，近自銷殞。如何取留，擾亂禪定。若不明悟，被陰所迷。則汝阿難必為魔子，成就魔人。

《楞嚴經》卷九翻譯：

然而，那種種魔邪氣勢強盛，但是只要在那些塵世的煩勞中，於心中生出「妙覺」，那麼，種種的魔對你的擾煩，就如同用風去吹光，以刀去斷水一樣，絲毫不能觸動你。你就像沸滾的熱水，而它就像堅冰，當熱氣漸漸鄰近冰時，很快便使它消殞了，這些魔不過徒具神力而已。但是，這外來的魔是否能破壞擾亂你，這全由你心中的「五陰」主人來決定。如果主人迷惑，那麼這外來的魔便會得其方便。所以當處在「禪那」中時，保持著「覺悟不惑」，那麼，那些魔事便拿你無可奈何了。五陰消散，進入明覺中，那種種的邪魔全都只能藏在幽暗中。光明能夠破除黑暗，黑暗挨近光明，自然便會消殞。因此，當你明覺時，那些幽暗中的魔，怎麼敢來滯留擾亂你的「禪定」呢？如果不明悟，而是被「五陰」煩亂所迷的話，那麼，你阿難必然成爲魔的弟子，最後成爲魔人。

總結《楞嚴經》所謂的「五十種陰魔」，包括「陰魔（禪修者自己心裡生出來的「五陰魔」）」，各種外來的天魔、魍魎、妖精和鬼神，以及從禪定中，得到少許的禪定功夫，就自滿自足，內心所生出的狂妄自大「外道魔」。

下面的「表解」，是重點整理《楞嚴經》所講的「五十種陰魔」。

五陰	妄想之源	魔類型	十陰魔名稱	十魔境名稱	五濁
色陰	堅固妄想	心魔	1.精明 2.精明 3.精魄 4.心魂 5.抑按 6.心細 7.塵併 8.欣厭 9.迫心 10.邪心	1.身能出礙 2.內徹拾蟲 3.空中聞法 4.千佛普現 5.空成寶色 6.暗中見物 7.身同草木 8.遍見無礙 9.遙見遙聞 10.妄見妄說	劫濁
受陰	虛明妄想	心魔	1.悲魔 2.狂魔 3.憶魔 4.易知足魔 5.常憂愁魔 6.好喜樂魔 7.大我慢魔 8.好輕淸魔 9.空魔 10.欲魔	1.抑己悲生 2.揚己齊佛 3.定偏多憶 4.慧偏多狂 5.歷險生憂 6.覺安生喜 7.見勝成慢 8.慧安自足 9.著空毀戒10.著有恣淫	見濁
想陰	融通妄想	天魔（外來魔）	1.怪鬼 2.魃鬼 3.魅鬼 4.蠱毒魘勝惡鬼 5.癘鬼 6.大力鬼 7.山川鬼神 8.精魅魔 9.精靈魔 10.自在天魔	1.貪求善巧 2.貪求經歷 3.貪求契合 4.貪求辨析 5.貪求冥感 6.貪求靜謐 7.貪求宿命 8.貪求神力 9.貪求深空 10.貪求永歲	煩惱濁
行陰	幽隱妄想	外道魔	1.第一外道 2.第二外道 3.第三外道 4.第四外道 5.第五外道 6.第六外道 7.第七外道 8.第八外道 9.第九外道 10.第十外道	1.二無因論 2.四遍常論 3.四顛倒見 4.四有邊論 5.四種顛倒 6.死後有相 7.死後無相 8.死後俱非 9.死後斷滅 10.五現涅槃	衆生濁
識陰	顛倒妄想	外道魔	1.第一立所得心 2.第二立能爲心 3.第三立因依心 4.第四計圓知心 5.第五計著崇事 6.第六圓虛無心 7.第七執著命元 8.第八發邪思因 9.第九圓精應心 10.第十圓覺曶心	1.因所因執 2.能非能執 3.常非常執 4.知無知執 5.生無生執 6.歸無歸執 7.貪非貪執 8.眞無眞執 9.定性聲聞 10.定性辟支	命濁

三、「五陰」的各種變化

《楞嚴經》的後面兩卷（卷九、卷十），從「五陰（色、受、想、行、識）」中，各列舉出十種「魔境」，合稱「五十陰魔」，代表修道需要超越的五十種困境。反映出人性的「貪、瞋、癡」，在不同的階段，所展示出的多樣性。即使破了「色、受、想、行」等陰，仍有可能差之毫釐，失之千里，在「識陰」裡功敗垂成。

什麼是「五陰（五蘊）」？人的存在，先是第八識「阿賴耶識」的總攝，相應著第八識「阿賴耶識」的「作意」，然後有了「五陰（色陰、受陰、想陰、行陰、識陰）」，生因「識陰」有，滅從「色陰」除。

●名相：作意

◎釋文：心所之名。即突然警覺而將心投注某處以引起活動之精神作用。「俱舍七十五法」之一，「唯識百法」之一，亦爲法相宗「五遍行」之一。

「五陰（色陰、受陰、想陰、行陰、識陰）」都是「妄想」所形成，詳述如下：

(1)色陰：「色陰」是指有色有相的存在，包括「四大（地、水、火、風）」合成的物質，也包括種種影像在內。以「色身（身體）」爲例，它是自己「中陰身（靈魂）」的妄想（即第八識「阿賴耶識」的「作意」），被父母的「妄想」吸引而投胎，孕育出「四大」假合的身體。所以「色身（身體）」的存在，可以視爲「妄想」的凝固具象化，稱爲「堅固妄想」。

(2)受陰：人若一想酸梅，此「妄想」所成之身的「四大」就生起變化，唾液腺開始流口水；心若想到「火把」，就會感覺到溫熱；心若想到站在懸崖邊，就會感到害怕。這是「妄想」和「四大」影像接觸後，所生起的感受。有「喜受、樂受、憂受、苦受、不苦不樂受」。此即「受陰」無實體，本爲虛妄，所以「受陰」稱爲「虛明妄想」。

(3)想陰：「日有所思，夜有所夢」，「念頭」指導「行動」。「心識」所想，「行爲」就會與之相配合，這些都是「念想妄情」，所形成的「想陰」。「心識」和「行爲」，此二者由「念想」融通，所以「想陰」稱爲「融通妄想」。

(4)行陰：我們的身體每天都在進行相同的運作、修復和淘汰工程，大約每過七年，身體全身上下的細胞會更換一輪。身體的變化，無片刻停息，而幽然無覺。「新陳代謝」在不知不覺中，日夜更替，幽隱遷流，所以「行陰」稱爲「幽隱妄想」。

(5)識陰：在「精明湛然」的境界中，仍會受到外界染汙的「妄情」所熏習，不思量，自難忘，即爲「識陰」。它就像流沙一樣緩慢移動，隨內外「妄境」的熏習而轉變。現前的「見聞覺知」，都是「妄習」所生。就連那個湛然明了的境界，也還是「業力」的微細精想。衆生的「心識」爲虛妄顛倒，如急流之水，望似恬靜，其實流急微細，而不可見，所以「識陰」稱爲「顚倒妄想」。

由上可知，「色陰、受陰、想陰、行陰、識陰」這「五妄想」，若沒有達到「六根互用、開合自在」的境界，這「五妄想」是不會消停的。

●名相：五妄想

◎釋文：謂「五陰（五蘊）」形成五種妄想，略述如下：

(1)堅固妄想即「色蘊」。衆生的身體、心靈、生命等，皆爲「妄想相」的結合，諸想交固而成「色身」，故「色身」稱爲「堅固妄想」。

(2)虛明妄想：即「受蘊」。衆生由欲想，而好惡之二相損益現馳，此即「受蘊」，而無實體，本爲虛妄，故「受蘊」稱爲「虛明妄想」。「虛明」是指內心淸澈明亮，淸虛純潔。「虛明妄想」是「妄想虛明」的倒裝句，是妄想「虛明」的境界。

(3)融通妄想：即「想蘊」。心爲虛妄，而能使動實有之身體，此心形二者由想融通，故想蘊稱爲「融通妄想」。

(4)幽隱妄想：即「行蘊」。衆生一生之中，其身體之變化無片刻停息，而幽然無覺，故行蘊稱爲幽隱妄想。

(5)顚倒妄想：又稱作「微細精想」。指「識蘊」。衆生的「心識」爲虛妄顚倒，如急流之水，望似恬靜，其實流急微細，而不可見，故「識蘊」稱爲「顚倒妄想」。

以下的五個單元，詳細介紹「五陰（五蘊）」的各種變化。

四、「色陰」十魔

（一）色陰幻境

禪修者在靜定中，一切放下，沒有雜念，自然淸明入定。無論動或靜都是不昏沉、不散亂，明明白白，時時刻刻，都是這樣的。慢慢的，會有一種從現有存在的形式中，逐漸解脫出來的感覺。如果閉眼靜坐時，眼前漆黑一片，心光還沒發起，這是「色陰」的境界。但是，即使見到光明，若無法自主，也仍然是「色陰境界」。

（二）色陰區宇：生理與心理互變的魔境

禪修者在禪定靜慮之中，修習消滅一切的雜念。如果雜念眞能捨離無存，一切明白了然，靜定中不再生起「念頭」。當你停留在這種禪定的境界中，就像一個睜開眼睛的人，處在一個很幽暗的房間裡。雖然「自性心」精妙清淨，但是還未發出光明。這種境界，稱爲「色陰區宇」。

如果像睜開眼睛的人，去看「精明（『自性』的精妙明澄）」，十方洞開無遮蔽，再也沒有幽暗的存在，就稱爲「色陰盡」。這個人就能夠超越「劫濁」。可是若仔細觀察這種由來，還是因爲以「堅固妄想」做爲它的根本作用。

●名相：精明

◎釋文：「精」是精妙；「明」是明白。「精明」是指人人本具的自性清淨心，「精明」是形容「自性」的明澄絕妙。

（三）色陰十魔

以下列舉「色陰區宇」的十種魔境，和十種心魔。

(1)魔境：「身能出礙」；心魔：「精明（『自性』精妙明澄的功用）」。

禪坐時，忽然覺得身體變成沒有障礙。頃刻之間，「神識」能夠脫離肉體障礙，飛竄出身外，悠游自在，也能夠穿牆出戶。這是「精明（『自性』精妙明澄的功用）」流溢到眼前的境界，只是「功用」的現象，暫時得到如此境界，這種情況叫做「精明（『自性』的精妙明澄）」，屬於「心魔」的作用。由於「色、受、想、行、識」五陰都沒有轉化，這種「神識」出竅，道家稱爲「陰神出竅」，不是「意生身」的成就。故不應該執著此境界，否則可能會導致身心病態或恍惚，就是所謂「走火入魔」的現象。

●名相：神識

◎釋文：猶言「靈魂」。有情的「心識」，靈妙不可思議，故稱「神識」。「神識界」不可以色得見，亦不至色體，但以所入行作而體現色。

●名相：意生身

◎釋文：又作「意成身、意成色身、摩奴末耶身」。非父母所生的身體，乃初地以上的菩薩爲濟度眾生，依「意」所化生的身體。此外，「中陰身」、劫初之人、色界、無色界、變化身、界外的變易身等，均屬「意生身」。

(2) 魔境：「內徹拾蟲」；心魔：「精明（『自性』精妙明澄的功用）」。

禪坐時，可以返觀到自己的五臟六腑，甚至手指的氣場能夠穿透肚皮，可從裡面抓出蟯蟲、蛔蟲之類，而且身體全無損傷。這是「精明（『自性』精妙明澄的功用）」由體內流溢到體外去，只是精誠專一修行時，所導致的現象。暫時得到如此的境界，這種情況叫做「精明（『自性』精妙明澄的功用）」，屬於「心魔」的作用，不可以執著爲是。

(3) 魔境：「空中聞法」；心魔：「精魄」。

禪坐時，忽然聽到在虛空中，有「講經說法」的聲音，或者聽到十方虛空，同時宣講妙理，卻不見說法者的人影。這是因爲禪修者的「魂、魄、意、志、精、神」互爭主位，也就是「心、肝、脾、肺、腎」的氣血相互牽扯，帶動語言意識。會這樣是因爲，禪修者自己的「精神魂魄」互相分離，沒有歸元，潛意識在和自己對話，或者是與外在的「精神魂魄」互相感應在一起，所產生的現象。這是暫時得到如此的境界，這種情況叫做「精魄（精神和魂魄的功用）」，屬於「心魔」的作用，不可以執著爲是。

(4) 魔境：「千佛普現」；心魔：「心魂」。

禪坐時，自心發光，看見十方世界變成紫金光明。一切衆生都化爲佛身，或者忽然看到「毗盧遮那佛」端坐於「天光台」中，四周千佛圍繞，並有無數的國土和蓮花同時出現。這是因爲禪修者身上的細胞，發出靈光，引發平時信仰所熏習的影像，故暫時出現色界的「覺受」，此非智慧的勝觀。這是暫時得到如此的境界，這種情況叫做「心魂（自性光明發起的功用）」，屬於「心魔」的作用，不可以執著爲是。

⑸ 魔境：「空成寶色」；心魔：「抑按」。

禪坐時，因爲此心精誠研究「自性」的靈明虛妙，一直不停的在起「觀察作用」。過分的「抑制按捺」，想要降伏妄念，自然會引起超越「制止作用」的相反力量。於是，忽然之間，看見十方的虛空，同時都變成七寶或百寶的光色，青黃赤白，各自顯現，彼此不相障礙。這是「抑制按捺」的功力，太過於用力，所導致的現象。這是暫時得到如此的境界，這種情況叫做「抑按（抑制按捺的功力太過於用力）」，屬於「心魔」的作用，不可以執著爲是。

⑹ 魔境：「暗中見物」；心魔：「心細」。

禪坐時，此心研究到澄清透澈的境界，自心的精光，再不散亂妄動。在半夜暗室之中，卻像是在白天一樣，忽然可以清楚的看見，四周種種的景象。而且暗室中的東西，依舊照樣存在。這是「心識功用」細密所致。使能見的功能澄清，可以使它洞見幽暗中的現象。這是暫時得到如此的境界，這種情況叫做「心細（「心識功用」細密所致）」，屬於「心魔」的作用，不可以執著爲是。

⑺ 魔境：「身同草木」；心魔：「塵併」。

禪坐時，因爲此心契合圓通，與虛無相互融化，覺得四肢同於草木一樣，用火燒刀割，也不知道疼痛，也沒有感覺。用火燒他的身體，不能著熱，用刀割他的肢肉，猶如削劈木頭。這是精氣的高度集中，使生理本能暫時隱去不顯的現象。這是暫時得到如此的境界，這種情況叫做「塵併（生理本能的物理塵性的並合，排除了四大（地、水、火、風）的種性。）」，屬於「心魔」的作用，不可以執著爲是。

⑻魔境：「遍見無礙」；心魔：「欣厭」。

禪坐時，由於此心力祈求成就清淨之果，淨心的功力達到極點，忽然看見十方大地山河，都變成了佛國。並且具足七寶，各色的光明又遍滿虛空之間。同時又看見無數的佛，遍滿在虛空之間，都有非常華麗的樓殿。而且下見地獄，上觀天堂，都能看得清清楚楚，沒有障礙。這是平常欣慕佛國勝景，厭惡人間濁世的思想所凝結。日累月積，凝想久了，精神就變化成這種現象。這不是「天眼通」，這是暫時得到如此的境界，這種情況叫做「欣厭（欣慕聖人，厭惡凡夫。）」，屬於「心魔」的作用，不可以執著爲是。

⑼魔境：「遙見遙聞」；心魔：「迫心」。

禪坐時，因爲此心研究至於深遠之極，忽然在夜半，可以看見遠方的市井街巷，或者親族眷屬等人，甚至還可以聽到他們的說話，就好像是「千里眼」和「順風耳」一樣。這是用功急切，迫逼此心太過，令心神飛出，所以不受障礙遠隔，也能夠看見一切。這是暫時得到如此的境界，這種情況叫做「迫心（用功急迫心切）」，屬於「心魔」的作用，不可以執著爲是。

⑽魔境：「妄見妄說」；心魔：「邪心」。

禪坐時，因爲此心研究到精細之極，看見善知識的形體，變移不定，時男時女，忽老忽少，剎那之間，無端有種種遷改。這邪心是受了魑魅，或者是遭遇天魔入於心腹。甚至會無端說法，通達一切妙義。這是暫時得到如此的境界，這種情況叫做「邪心（邪心受了鬼魅或天魔附身）」，屬於「心魔」的作用，不可以執著爲是。

前面九種，都是「自性」的功能，於禪定中所顯現的境界，若能不受其騙，便沒有問題。但是第十種則是「外來邪魔入侵」，更需小心。因爲衆生迷頑無知，不自加忖量，遇到這種現象，就迷不自識，自己說是已經登上聖人的地位。於是便成爲大妄語，結果墮於無間地獄。

以上所說的這十種「禪定」中的境界現象，都是「色陰」的生理、心理和物理的交感互變，所顯現的「色陰境界」。其中包括了「欲界的色陰」、「色界的色陰」與「著魔的色陰」。此外，「色陰境界」因人而異，不限於上述十種，也不是人人必然要經歷以上的全部境象。

「色陰盡」不代表沒有「色法」，而是沒有陰暗的「盲區」，不被任何事、物、境所迷滯，可以偏照十方，超越「劫濁」。但是，超越「劫濁」，並非就可以超越天人的「水劫、火劫、風劫」，但是已經能夠躲掉時代亂象的災難，包括刀兵、瘟疫、饑荒等災難。

五、「受陰」十魔

（一）受陰幻境

超越「色陰」以後，十方光明一片，這時覺得自己已經懂得此心卽是佛心，但是還不能起用。這是因爲「身見」還在「苦、樂」等感受中打轉，雖然有光明，卻不能夠生起實際的妙用，六根形同虛設，稱爲「虛明妄想」。感覺像被綁手綁腳一樣，這種情形就是「受陰」的範圍。

超越「色陰」後，人的「貪、瞋、癡」等煩惱，包含了「受、想、行、識」等雜染，但是四者當中，以「受陰」的勢力最強盛，故出現種種「受陰境界」。

（二）受陰區宇：感覺變幻的魔境

在修禪定的「禪定境界」中，「色陰」已經滅盡者，身心的物理互變淨盡了，就見到一切「佛心」，宛如明鏡當中，顯現出影像。好像似有所得，而未能生起作用。猶如睡夢中的人，手足依然存在，「見聞之性」了不迷惑，只是被外邪所入侵，而不能動彈，這種境界，稱爲「受陰區宇」。

禪修者到達另一個境界，他的「心識」可以離開身體，也可以返回常住在身體，去住自由，沒有滯礙，稱爲「受陰滅盡」。這個人就可以超越「見濁」。可是若仔細觀察這種由來，還是因爲以「妄想虛明」做爲它的根本作用。

（三）受陰十魔

以下列舉「受陰區宇」的十種魔境，和十種心魔。

(1) 魔境：「抑己悲生」；心魔：「悲魔」。

禪修者得到大光明的照耀，其以有所發明。因爲內以抑制過分，知道此心卽佛心之後，就在這境界上，發起無窮的悲傷。若想起親人過去枉受諸苦，便悲從中來，憐己憐人，對衆生，乃至蚊蟻都生起了憐憫之心，不禁落淚，希望它們皆能得到解脫。

若哀傷過度，悲魔常常乘虛而入，一見到人就哭個沒完沒了。這時候，應趕快排遣心情，否則便無法清淨，沉浸在悲情之中，使精神不足，有內傷五臟的危險。

這種情況是功用摧抑過度，悟則無咎，這並非眞正證得聖果。只要覺了不迷，久之自會銷歇。如果見解上，認爲這便是已經得道的聖人境界，就會有「悲魔」侵入其心腑，見人就悲，啼泣無限，從此就失於正受而致淪墜。

(2)魔境：「揚己齊佛」；心魔：「狂魔」。

禪修者自見「色陰」銷盡，「受陰」明白。「勝相現前」，感激過分。所謂「勝相現前」，即是於禪坐時，有比較殊勝的「覺受」；於是因爲太興奮了，以至於錯認自己已經得道。所以，便非常傲慢，乃至覺得佛也不過如此而已。

禪修者忽然生起無限的好勝心，其心猛利無比，志齊諸佛，認爲三大阿僧祇劫，自己已經在一念之間，就能超越，頓成無上佛果。這種境界，稱爲「功用陵越」，就是「草率過分」。

悟則無咎，明白這種境界，並非眞正證得聖果。只要覺了不迷，久久自會銷歇；如果見解上，認爲這便是已經得道的聖人境界，就容易被「狂魔」附身，見人就誇，我慢無比。他的心就「上不見佛，下不見人。」」，從此就失去「正受」，導致淪墜。

(3)魔境：「定偏多憶」；心魔：「憶魔」。

禪修者自見「色陰」銷盡，「受陰」明白。用功前進卻得不到新的證驗，退後又遺失了原來已經得到的境界。在進退兩難之中，心裡覺得索然無味，情志抑鬱，以致智力日益衰微，沉浸在槁木死灰的境界中，好像「入定」的樣子，卻不能發起妙樂與智慧。這種境界，稱爲「修心無慧」，而自失其心。

悟則無咎，就可明白那並非眞正證得聖果。如果見解上，認爲這便是已經得道的聖人境界，就會有「憶魔」侵入其心腑，時刻撮緊此心，懸在一處，從此失於「正受」導致淪墜。

「憶魔」的「憶」，並不是清晰的憶念，而是在昏昏沉沉中，耽空滯寂，喪失觀照的能力；或於禪坐時，心中一片空白，很多事情想都想不起來，很多事情若不刻意去記的話，便馬上忘光，記憶力特別差。

(4)魔境：「慧偏多狂」；心魔：「易知足魔」。

禪修者自見「色陰」銷盡，「受陰」明白。但是「慧心過定」，「慧解」超過「定力」，亦即「慧多定少」者，經歷了「色陰盡」的光明境界，又知道「自性」本來是佛。雖然能夠從「聞思」中建立「知見」，但是因爲「定力」不足的緣故，而不能證果。

但是，若以「知見」而自我肯定，便會「得少爲足」，以爲自己已經像「盧舍那佛」一樣報身圓滿，就不再進修。這種境界，稱爲「用心修行，而亡失恆常反省審察之過。」，沉溺於少得的知見，就自命爲究竟。

悟則無咎，就可明白那並非眞正證得聖果。如果見解上，認爲這便是已經得道的聖人境界，一旦沉溺在這種錯誤的「知見」中，便丟失正念，就會有下劣的「易知足魔」侵入其心腑，見人自言，我已證得無上「第一義諦」，從此失於正受，導致淪墜。

⑸魔境：「歷險生憂」；心魔：「常憂愁魔」。

禪修者自見「色陰」銷盡，「受陰」明白，新的證驗未能獲得，從前法喜的心得又找不回來，歷覽過去、現在與未來的三際，自己就發生「求道多艱難阻礙」的想法，覺得學佛好難。心上忽然發生「無盡憂愁」，整天憂心忡忡，愁眉苦臉，如坐鐵床，坐立不安，感到生不如死，常求他人令害其命，以便早得解脫。這種境界，稱爲「失卻修行方便對治的法門」。

悟則無咎，就可明白那並非眞正證得聖果。如果見解上，認爲這便是已經得道的聖人境界，就會有「常憂愁魔」侵入其心腑，手執刀劍，自割其肉，喜歡捨斷自己的壽命，莫名其妙的厭世尋短；或者常懷憂愁，心中煩悶，受不了吵鬧，走入山林，不想和人打交道，見人就發脾氣，從此失卻正受，導致淪墜。

⑹魔境：「覺安生喜」；心魔：「好喜樂魔」。

禪修者自見「色陰」銷盡，「受陰」明白。處在清淨的境界中，此心得到安穩以後，忽然清淨心中生起無限的歡喜，樂不可支，不能自止。這種境界，稱爲「在輕安境中，卻無智慧以自禁。」悟則無咎，就可明白那並非眞正證得聖果。如果見解上，認爲這便是已經得道的聖人境界，就會有「好喜樂魔」進入其心腑，見人便大笑不已，在衢路旁自歌自舞，自謂已經證得「無礙解脫」，從此失去正受，導致淪墜。

(7) 魔境：「見勝成慢」；心魔：「大我慢魔」。

禪修者自見「色陰」銷盡，「受陰」明白。自稱已經滿足「菩提道業」，無端生起「大我慢心」，說我已經成佛。這樣生起「傲慢心」與「過慢心」，說自己勝於一切；或者生起「增上慢心」，稍見其理，卽未得言得，未證言證；或者生起「卑劣慢心」，對有道的賢者前，卻自甘卑劣，不肯去求學上進。這些「傲慢心」，同時發起，對於十方如來，卻加輕視，更何況對下位的「聲聞、緣覺」之人。這種境界，雖然略有殊勝的見地，但是又無智慧可以自救。

悟則無咎，就可明白那並非眞正證得聖果。如果見解上，認爲這便是已經得道的聖人境界，就會有「大我慢魔」侵入其心腑，不禮拜塔廟，摧毀經像。向他人說，這些都是泥塑木雕，或者金銅打造的偶像。只有自己的肉身，才是常住的眞佛。爲什麼不崇拜自己，卻崇敬土木之類的偶像，實在是一大顚倒等等的說法。有些人也深信他所說的話，也跟著他揚棄經典，毀壞佛像。因此，使一般衆生，自取疑誤，入於無間地獄，從此失於正受，導致淪墜。

(8) 魔境：「慧安自足」；心魔：「好輕淸魔」。

禪修者自見「色陰」銷盡，「受陰」明白。在一靈不昧的「精明境界」當中，圓滿的悟到眞理，得到一切大隨順的感覺，便認爲自心與佛心無二無別。其心就忽然生起無量的「輕安」，自稱已經成聖，得到「大自在」。這種境界，稱爲「因慧解而獲得輕淸」。

悟則無咎，就明白那並非眞正證得聖果。如果見解上，認爲這便是已經得道的聖人境界。這是由於少許的慧解，引生的輕安。但是，因爲見地不正確，把「覺受」當成是「功夫境界」，把「功夫境界」當做是「果位成就」，一味地沉浸在「輕安」之中，就會有「好輕淸魔」侵入其心腑。自稱已經滿足，更不再求進步。這些人大多是「無聞（沒有智慧）」的比丘，自誤誤人，因此隨入無間地獄，從此失於正受，導致淪墜。

(9) 魔境：「著空毀戒」；心魔：「空魔」。

禪修者自見「色陰」銷盡，「受陰」明白。在明悟的境界中，得悟虛明之性。就在悟中歸向「永滅」，認爲世間根本沒有因果的存在。認爲什麼都空了，就是最高的成就。因此「空心」現前，內心生出「斷滅」的見解，落入「虛無主義」，誤以爲一切皆空，死後永滅，故否定世間有因果的存在。

悟則無咎，可明白那並非眞正證得聖果。如果見解上，認爲這便是已經得道的聖人境界。就會有「空魔」侵入其心腑，看別人持戒說是「小乘」的作法，自認是「大乘菩薩」悟一切法空，不拘小節，哪裡有什麼戒可持，又有什麼叫做犯戒呢？

這種人就經常在信仰他的徒衆面前，飮酒啖肉，廣行淫穢。因爲魔力的緣故，震懾住信仰他的人們，對他不產生懷疑毀謗的心。如此魔心久入，或者自己吃屎喝尿，認爲同酒肉一樣，都是空的，又何必有香臭的分別。破了佛所教導的戒律和威儀，引致他人入於罪行，從此失於正受，導致淪墜。

(10) 魔境：「著有恣淫」；心魔：「欲魔」。

禪修者自見「色陰」銷盡，「受陰」明白。當到虛明的感覺，深入身心骨髓之間。他的內心忽有無限的愛念生起。愛極發狂，便成爲貪戀淫欲。這種境界，稱爲「定境安順入心」，缺乏智慧的行持，誤入於一切欲念之中。

悟則無咎，就可明白那並非眞正證得聖果。如果見解上，認爲這便是已經得道和聖人境界，就會有「欲魔」侵入其心腑，便一向說貪欲就菩提大道，不修欲事，反而不能成就無上正道。於是教化人們，平等行欲，把「行婬欲」當做是在傳法。能多行淫欲者，就稱爲「修持正法的王子」。他們因爲受神鬼之力的支持，所以在末世之中能夠攝收凡愚等人，多至百千萬衆。等到魔心生厭，離開了他的身體，魔境中的威德一旦喪失，就身陷「王難（國法制裁）」。這樣去疑誤衆生，必入無間地獄，從此失於正受，導致淪墜。

以上所說的十種「禪定」中的「境界現象」，都是「受陰」用心太過，交感互變的感覺作用。所以顯現這種情形。這十種「禪定」中的「境界現象」，比前面的十種「色陰」還難對付，因爲這不只是「四大」的變化，還有禪定的喜受或樂受、憂受，配合上自己的貪心、瞋心、癡心、慢心和疑心，所展現出來的心理變態。因爲衆生迷頑無知，不自加忖量，遇到這種現象，就迷不自識，自稱已經躋登聖人的地位。實在都是大妄語，結果墮於無間地獄。

六、「想陰」十魔

（一）想陰幻境

「想陰」在「受陰」還存在時，無法起動。超越「受陰」之後，剩下「想、行、識」三陰，此時

「精、氣、神」不再被「色、受」兩陰所耗損。念力變得強大，「意生身」可以脫離自己的身體，天上人間隨意來去。由於「妄想」及「煩惱」未除，智慧不夠，卻自以爲已經達到「菩薩位」的位階。「想陰境界」並不需要等到「受陰」盡後才出現，人只要有私心和煩惱得失，都是「想陰」的狀態。

（二）想陰區宇：想念中精神幻覺的魔境

禪修者在修習「止觀」、「禪定」的境界中，「受陰」已滅盡者，雖然沒有達到煩惱漏盡的果位，但是這個「心識」，可以離開身體出遊。這個「心識」就好像飛鳥出籠一般，頓時能夠由這個凡夫之身，剎那之間，上升至「菩薩道」六十聖位的位階。這個「心識」變成「意生身」，可以隨意去任何地方，一切沒有妨礙。

禪修者卽使不利用這個身體，也能夠做到他想像中，所要做的事情。譬如在熟睡中說夢話的人，雖然他是在熟睡中，但是他說的話，卻是淸晰可辨，使在旁邊的人，都能夠懂得他夢話的意思，這種境界稱爲「想陰區宇」。

如果自己起心動念的「妄心」淨盡了，甚至輕微的「想像」也消除了，「自性」本覺的光明，就會自然顯現。就好像久受沉埋的明鏡，剎那間去掉塵垢一般。視一切衆生，死生始終來去之跡，都如明鏡似的了然圓照。這種境界，稱爲「想陰盡」，這個人就能夠超越「煩惱濁」。可是若仔細觀察這種由來，還是以「融通妄想」爲其根本，使身心內外發起融通自在的作用。

（三）想陰十魔

以下列舉「想陰區宇」的十種魔境，和十種天魔。

(1) 魔境：「貪求善巧」；天魔：「怪鬼」。

如果禪修者的心裡，貪求「善巧」的境界，在禪定中，喜愛「圓融靈明」的境界，便會強化他的精神和思慮。到了「受陰盡」的時候，貪愛定境，便會被年老成魔的「怪鬼」趁虛而入。著此天魔附身者，自稱已經得到無上涅槃，可以化為比丘身、比丘尼身、帝釋身、女子身，也可以在暗室中身放光明，但是特別喜好飲食男女，創立邪教，不守戒律，喜歡說一些災難、吉祥、禍福、變異的準確預言，來危言聳聽，使人們感到恐怖不安，耗散家財。等到此天魔另找他人附身後，原先著魔者和他的徒弟們，都難逃國法的制裁。倘若禪修者迷惑不知，便會墮入在無間地獄。

⑵ 魔境：「貪求經歷」；天魔：「魅鬼」

如果禪修者的心裡，貪求「經歷」的境界，在禪定中，喜歡神識出竅，到處遊山玩水。到了「受陰盡」的時候，貪愛定境，便會被年老成魔的「魅鬼」趁虛而入。著此天魔附身者，能讓聽他說法的人，忽然各個互見化為紫金光，坐上寶蓮花，信眾都把他當做是菩薩。但是，他不肯持戒，淫逸成性，騙人家說某人就是某佛化身，某人又是某大菩薩再來。若信以為真，便開始增長邪見。等到天魔離開以後，邪教師徒，全都難逃國法的制裁。倘若禪修者迷惑不知，便會墮入在無間地獄。

⑶ 魔境：「貪求契合」；天魔：「魅鬼」

如果禪修者的心裡，貪求「契合」的境界，在禪定中，喜歡貪求心通，想追求與天地同生，與萬物合一。到了「受陰盡」的時候，貪愛定境，便會被年老成魔的「魅鬼」趁虛而入。著此天魔附身者，狐媚好淫，魅力無法擋，便以為成就了無上涅槃。說法時，雖然他自己和聽眾的外形都沒有什麼兩樣。但是，他能夠讓聽法的人明白宿命，通曉他人的心思；或者預知吉凶；或者能言詩讖。不過聽眾們，只有在聽法的時候，短暫有此特異功能，一下課又沒有這個本事。此天魔把佛分為大佛、小佛、真佛、假佛等，不同的等級來混淆視聽，破壞正法。等到天魔離開以後，邪教師徒，全都難逃國法的制裁。倘若禪修者迷惑不知，便會墮入在無間地獄。

(4) 魔境：「貪求辨析」；天魔：「蠱毒魘勝惡鬼」

如果禪修者的心裡，貪求「辨析」的境界，在禪定中，喜歡貪求要辨別分析萬物變化的道理。到了「受陰盡」的時候，貪愛定境，便會被年老成魔的「蠱毒魘勝惡鬼」趁虛而入。著此天魔附身者，受其支配，能施展魔力摧伏信眾。宣稱現在就是佛國，現前肉身，父父子子，代代相傳，卽爲法身。除此之外，並沒有別的淨土，也無其他金色佛身。他又謗佛戒律，蠱惑群眾以眼、耳、鼻、舌、身諸根爲淨土，男、女二根爲「菩提涅槃處」，淫穢不堪。等到天魔離開以後，邪教師徒，全都難逃國法的制裁。倘若禪修者迷惑不知，便會墮入在無間地獄。

(5) 魔境：「貪求冥感」；天魔：「癘鬼」

如果禪修者的心裡，貪求「冥感」的境界，在禪定中，喜歡貪求「冥感（深奧的感應）」。到了「受陰盡」的時候，貪愛定境，便會被專門傳播惡疾，年老成魔的「癘鬼」趁虛而入。著此天魔附身者，喜歡說前世今生之事，例如講某某人是我前世的妻妾兄弟等，說法時能讓聽眾暫時看見其身，有如百千歲一樣年高德劭。信眾便以爲見到自己上輩子的心靈導師，愛慕渴仰，獻身供養，如膠似漆，做牛做馬也不覺得疲勞。此天魔又騙人說，魔宮是大光明天，一切諸佛都住在那裡。等到天魔離開以後，邪教師徒，全都難逃國法的制裁。倘若禪修者迷惑不知，便會墮入在無間地獄。

(6) 魔境：「貪求靜謐」；天魔：「大力鬼」

如果禪修者的心裡，貪求「靜謐（ㄇㄧˋ，安靜）」的境界，在禪定中，喜歡貪求「靜謐」氣氛。到了

「受陰盡」的時候，貪愛定境，便會被年老成魔的「大力鬼」趁虛而入。著此天魔附身者，喜歡吹捧自己是佛。仗其勢力，整天謾罵徒衆，誹謗比丘，並且能夠知道，衆生心裡所想之事，隨意公開別人隱私，也不怕被人討厭。在說法時，以腳踩地，可使聽衆動彈不得，於是欽佩折伏。他們除了擅改佛戒以外，多從事苦行式的修行。喜歡預言未來的禍福，而且很靈驗。等到天魔離開以後，邪教師徒，全都難逃國法的制裁。倘若禪修者迷惑不知，便會墮入在無間地獄。

(7) 魔境：「貪求宿命」；天魔：「山川鬼神」

如果禪修者的心裡，貪求「宿命」的境界，在禪定中喜歡貪求，能廣知過去世或未來世的事情。到了「受陰盡」的時候，貪愛定境，便會被年老成魔的「山川鬼神」趁虛而入。著此天魔附身者，喜歡先變化其形，以寶珠或天書授予這個說法者後，再附於其身。此天魔專食藥草或每天只吃一麻一麥，從不跟人家大吃大喝，因爲有魔力攝持，故能體態飽滿。他無所忌諱，常誹謗出家人，隨意謾罵徒衆。愛說各地的寶藏所在之處，和有道之士隱居之地。若隨他前往尋找，會見到奇人異士。以此來掩飾野心，及其對信衆的精神控制。等到天魔離開以後，邪教師徒，全都難逃國法的制裁。倘若禪修者迷惑不知，便會墮入在無間地獄。

(8) 魔境：「貪求神力」；天魔：「精魅魔」

如果禪修者的心裡，貪求「神力」的境界，在禪定中喜歡貪求神力異能，妄想擁有超自然力量。到了「受陰盡」的時候，貪愛定境，便會被年老成魔的「精魅魔」趁虛而入，例如：山精、海精、風精、河精、土精、龍魅之類的千年老妖；或是一切草木等的積劫精魅；或是龍魅；或是壽終之仙，復活成魅；或者仙壽將終，自己計算將應死亡，他的形體不化，被其他精怪所附。

著此天魔附身者，喜歡讚嘆行淫亂，自稱是佛，故以「在家人」身分，接受「出家人」禮拜。他可以用手指搓出火光，分置於聽衆頭頂；或行於水面，如履平地；又能上天下地，穿牆入戶；還可以讓人看到各方佛土。但是，他對於冷熱兵器仍有忌憚。他缺乏口德，隨意責罵、揭人隱私。等到天魔離開以後，邪教師徒，全都難逃國法的制裁。倘若禪修者迷惑不知，便會墮入在無間地獄。

(9) 魔境：「貪求深空」；天魔：「精靈魔」

如果禪修者的心裡，貪求「深空」的境界，在禪定中喜歡貪求，入於滅盡深空。到了「受陰盡」的時候，貪愛定境，便會被年老成魔的「精靈魔」趁虛而入。著此天魔附身者，在大衆之中，他可以忽然隱形，大家都不見其蹤影，他再從虛空裡瀟灑現身。有時候，身如琉璃一樣，手足散發檀香氣；或大小便裡頭有蜜糖的味道；或覺得生命沒有什麼意義，故唯希望早點入滅；或鑽入更深的空定中。他專門誹毀戒律，廣行淫欲，撥無因果，輕賤出家人。他主張死後永滅，沒有凡聖之分。等到天魔離開以後，邪教師徒，全都難逃國法的制裁。倘若禪修者迷惑不知，便會墮入在無間地獄。

(10) 魔境：「貪求永歲」；天魔：「自在天魔」

如果禪修者的心裡，貪求「永歲」的境界，在禪定中喜歡貪求長生，希望能夠常住於世間。到了「受陰盡」的時候，貪愛定境，便會被年老成魔的「自在天魔」趁虛而入。著此天魔附身者，好顯神通，能到千萬里之外取物，瞬間往返無滯；或在斗室之內佈下迷魂陣，讓人暈頭轉向，跑不出去。因此對他心生崇信，以爲眞佛在前。此天魔常說，十方衆生都是我的孩子，我創造這個世界，我是最初的元佛，出生一切佛。我的出世，是自然而來，並不是靠修行而得到的；又能現出美女身，盛行貪欲，食人精氣，受害者肝腦枯竭。此天魔若被舉報，移送法辦，還沒受刑，全身就先乾枯而死。倘若禪修者迷惑不知，便會墮入在無間地獄。

以上十種「天魔」，是由各類「山野精怪」，經過千年修煉，而成「欲界天魔」。他們的魔力比「受陰」十魔更強更高，專門利用眾生的貪求，來達到他們的目的。著魔者雖有神通，但是沒有德行，仗勢欺人，生陷牢獄，死墮地獄。

禪修者本來已經超越「色陰」和「受陰」，但是卻因爲一念貪求勝境，引來天魔入身，進到「想陰」境界，反而與「欲界天魔」爲伍。

若要魔不來，必須不理它，生起討厭心，也是被魔轉。假如「不迎不拒」，他強任他強，他橫任他橫，則內魔不生，外魔便無著力之地。

七、「行陰」十魔

（一）行陰幻境

「想陰」已盡者，身心輕靈，遠離顚倒夢想，去掉以前的粗重習氣，但這不是「刻意息心除妄想」，而是「心中無事可思量」。因此，他觀看所有的世事都一清二楚，心無所住。認識到一切萬有的生死根元，都是第八識「阿賴耶識」的作用。雖然還不能完全知道，十方世界眾生的個別輪迴業力，但是已經照見眾生共通的第八識「阿賴耶識」，這就是輪迴業力的原動力，屬於「行陰範域」。

（二）行陰區宇：心理生理的本能活動與對宇宙「心、物」認識的偏差

在修習「止觀」、「禪定」的止定境界中，「想陰」已經滅盡，此人睡覺不會做夢，晝夜都住在光明虛靜的境界中。猶如晴空無障礙，朗然清明，再也沒有「妄想」往來心中。看一切世間的山河大地，猶如

明鏡照映物體。來了無所黏，去了也無蹤跡。只有一片清虛，照映一切事物，再沒有過去存留的習氣。唯有那至眞的自性，了了常明。

因此，一切萬有的生命根元，都披露無遺。見到了「十二類衆生」，都能夠了解他的種類。雖然還不能夠通曉，每一個生命根本的由來，但是已經看到他們共通的生命本能。這個生機猶如游動不定的微明光體，像太陽焰影的光照一樣。捉摸不定而又淸明存在，又有擾擾搖曳的現象。這種境界，稱爲「行陰區宇」。

如果經由這個既淸明而擾擾微明，發光的自性性能，再進入自性元本澄淸的境界，原來的習性一經澄淸，有如波瀾平息，化成一道淸流，「十類天魔」不得入侵。這種境界，稱爲「行陰盡」。這個人就能超越「衆生濁」。可是，若仔細觀察這種由來，還是以「幽隱妄想」爲其根本。

（三）行陰十魔

以下列舉「行陰區宇」的十種魔境，和十種「外道魔」。這些都是外道證量，依其「止觀力」的高低深淺，而有不同的「法執」。

(1) 魔境：「二無因論」；外道魔：「第一外道」。

禪定者凝明正心，以上所說的「想陰十類天魔」，就不能再侵擾禪定者。因此，他才能夠在這種禪定境界中，精細硏究，窮究各類生命的本元。在各類生命之中，他看到生命的本元，始終是幽淸圓擾，永不停息的在活動，於是在這圓常之中，妄自生料想揣測。這個人就會墮入兩種「無因論」，稱爲「第一外道」，創立「無因論」，認爲世間沒有因果。

這兩種「無因論」，略述如下：

①禪定者看見過去八萬劫中，所有的衆生，生生死死，輪轉不停。但是，無法見到八萬劫之前的原因，故誤以爲八萬劫以來的所有衆生，都是「無因（沒有原因）」出生，自然而有的，並不存在「第一因」。

②禪定者見到未來「無因」，例如看豬，八萬劫以來一直做豬；看牛，也是八萬劫以來永遠都做牛。由此類推，八萬劫以來自己根本不知道什麼是「菩提」，未來怎麼可能證得「菩提」呢？故認爲未來的事情，都是無因自成，不會改變。從此淪爲「自然外道」之流，看宇宙萬物都是自然生起，最後也是無因而終。

(2)魔境：「四遍常論」；外道魔：「第二外道」。

禪定者凝明正心，以上所說的「想陰十類天魔」，就不能再侵擾禪定者。因此，他才能夠在這種禪定境界中，精細研究，窮究各類生命的本元。在各類生命之中，他看到生命的本元，始終是幽淸圓擾，永不停息的在活動，於是在這圓常之中，妄自生料想揣測。這個人就會墮入四種「遍常論（恆常不變）」，稱爲「第二外道」，創立「圓常論」，亦卽圓滿常住不滅的理論。

這四種「遍常論」，略述如下：

①觀察心境，能夠知道二萬之劫中，十方衆生的生生死死，都是此消彼長，總數沒變，因此認爲「心境是常（恆常不變）」。

②窮究「四大」的元素，知道四萬劫之中，「四大」的本質未曾散失，地恆爲地，水恆爲水，火恆爲火，風恆爲風，因此推知「四大」的物質性，「常在不滅」。

③把「行陰」當成是「心識」最初的本源來深研，由此能夠知道八萬劫之中，衆生本來就一直存在。

雖然有輪迴，但是始終未喪失。因此，推論得到「心識」的本能是經常存在的。

④「色陰」和「受陰」既然滅盡，「想心」永滅，剩下的應該是永恆常存的理性，沒有生滅。以上四種「法執」，都是在「行陰」中尋找「永恆」，便墮入「偏常外道」。

(4)魔境：「四顛倒見」；外道魔：「第三外道」。

禪定者凝明正心，以上所說的「想陰十類天魔」，就不能再侵擾禪定者。因此，他才能夠在這種禪定境界中，精細研究，窮究各類生命的本元。在各類生命之中，他看到生命的本元，始終是幽淸圓擾，永不停息的在活動。於是對於自己與他人之間，亦卽「主觀的我」和「客觀的外境」，生起推理和想象。這個人就會墮入四種「顛倒（違背常道）」的見解，創立「一分常論」，亦卽一分常論，一分無常論的理論，稱爲「第三外道」。

這四種「顛倒見」，略述如下：

①內觀自心遍滿十方，以此爲究竟。推知一切衆生都在「我心」中自生自死，唯「我心」是「常（恆常不變）」，其他衆生爲「無常」。

②外觀十方無量國土，到了劫壞之時，世界全毀，無一倖免，此爲「無常」。那不受劫運影響的「四空天」，方爲「常存」。這是以「國土」的壞與不壞，來界定「常」與「無常」。

③反觀自心的微細種，流轉十方而自性無遷移，故稱爲「我性是常」。那個從「微細種性」展示的生死之身，就稱爲「無常」。

④見到生命本能活動的「行陰」大化流行，就以爲「行陰」是「常」。「色陰、受陰、想陰」都已經滅盡，爲「無常」。這是在自己的「行陰」中，去分別什麼是「常」與「無常」，並非中道，實爲

「一分計常外道」。

(4)魔境：「四有邊論」；外道魔：「第四外道」。

禪定者凝明正心，以上所說的「想陰十類天魔」，就不能再侵擾禪定者。因此，他才能夠在這種禪定境界中，精細研究，窮究各類生命的本元。在各類生命之中，他看到生命的本元，始終是幽清圓擾，永不停息的在活動。於是對於時間和人我，生起推理和想象。這個人就會墮入四種「有邊論」，創立「有邊論」，亦即他認爲「過去」和「未來」沒有相續的關係，「過去」有邊際（盡頭），「未來」也有邊際（盡頭），稱之爲「有邊」。而「現在」的這個心，相續不斷，便稱之爲「無邊」。「邊見者」不是抓「有」，就是執「無」，稱爲「第四外道」。

這四種「有邊論」，略述如下：

①見「過去」已遠離，「未來」還沒到，唯有「現在」是相續無間的，便認爲「過去」和「未來」爲「有邊」，而「現在」爲「無邊」。

②看到八萬劫初，有衆生存在，但對八萬劫以前，一無所知。便認爲八萬劫以前是「無邊」，當八萬劫開始有衆生時爲「有邊」。

③認爲自己無所不知，我知故我在，其他衆生都顯現在我的「知性」之中，但是我不知道他們到底有沒有「知性」，故以「自己」爲「無邊」，「衆生」爲「有邊」。

④認爲一切衆生的身中「四大」，有生有滅，生時爲有，滅後歸無，依此類推，世界萬有，也是一半「有邊」；一半「無邊」。如此分有分無，此人便會墮入「邊見外道」。

(5)魔境：「四種顚倒」；外道魔：「第五外道」。

禪定者凝明正心，以上所說的「想陰十類天魔」，就不能再侵擾禪定者。因此，他才能夠在這種禪定境界中，精細研究，窮究各類生命的本元。在各類生命之中，他看到生命的本元，始終是幽淸圓擾，永不停息的在活動。於是在他所知所見的境界當中，生起推理和想像。這個人就人墜入「四種顚倒」的見解，就詐稱另有一個不死的存在，自己建立四種矛盾對立的理論，「遍計（遍計所執性）」虛論，稱爲「第五外道」。

這四種「有邊論」，略述如下：

①見八萬劫之內，謂之「生」；不見八萬劫之外，謂之「滅」。見「行陰」生生不息，名爲「增」，生滅中的間隙名爲「減」；見「行陰」互生，名爲「有」；「行陰」互亡，名爲「無」。他告訴求法者說：「我既生也滅；既有也無；既增也減。」說法模稜兩可，令人茫然不解，更加糊塗。

②觀察「行陰」並無固定的存在，便認爲一切本「無」，覺得自己因「無」而證道。若有人問法，唯答「無」字。

③觀察「行陰」生後有滅，滅後有生，凡存在皆有理，自認因此得證，逢人請法，唯答「是」字。

④既見到「行陰」的有，也見到「行陰」的無。但是智慧不足，告訴問法者說：「有卽是無；但無不是有。」

以上四種矛盾錯亂的說法，是非不分，迷失中道，屬於「計虛外道」。

(6)魔境：「死後有相」；外道魔：「第六外道」。

禪定者凝明正心，以上所說的「想陰十類天魔」，就不能再侵擾禪定者。因此，他才能夠在這種禪定境界中，精細研究，窮究各類生命的本元。在各類生命之中，他看到生命的本元，始終是幽淸圓擾，永不停息的在活動。於是生起推理和想象。這個人就會墜入「死後有相」，心裡發生顛倒的知見，稱爲「第六外道」。

「第六外道」主張「死後有相」，認爲：

①色法就是我：自己堅意固守此身，說「四大（地、水、火、風）」種性之色就是我。

②我有色法：或者認爲我的自性圓融，普遍包含著一切的國土世間。說我之中，本自包括了物理的成分。

③色法附屬於我：或者認爲眼前的物理光色，跟著我的運用，起循環往復的作用。又說光色本來我的附屬，一切物理的現象，都是我所顯現的。

④我在色法中：或者認爲我依附在有生命本能活動的「行蘊」中，我就在物理色相之中。

除了「色法」有這四種以外，其他「受陰、想陰、行陰」，也各有四種，總共有十六種「有相」。此外，「煩惱」有染相，「菩提」有淨相，非染卽淨，非淨卽染，由此推想，死後仍然是有相的，成爲「死後有相外道」。

(7) 魔境：「死後無相」；外道魔：「第七外道」。

禪定者凝明正心，以上所說的「想陰十類天魔」，就不能再侵擾禪定者。因此，他才能夠在這種禪定境界中，精細研究，窮究各類生命的本元。在各類生命之中，他看到生命的本元，始終是幽清圓擾，永不停息的在活動。

「無相」的理論，與前者「有相」的理論比較，此時「色、受、想」三陰已經滅盡，推知「行陰」應該也會歸於滅盡，於是成爲「虛無主義者」，主張生之前沒有「色、受、想、行」四相，死之後也沒有「色、受、想、行」四相，並認爲死後歸空、涅槃、因果等等，都是錯誤的觀念，淪爲「死後無相外道」，稱爲「第七外道」。

(8) 魔境：「死後俱非」；外道魔：「第八外道」。

禪定者凝明正心，以上所說的「想陰十類天魔」，就不能再侵擾禪定者。因此，他才能夠在這種禪定境界中，精細研究，窮究各類生命的本元。在各類生命之中，他看到生命的本元，始終是幽清圓擾，永不停息的在活動。

此時以「色、受、想」三陰之滅，看「行陰」之有，似有非有；以「行陰」之有看「色、受、想」三陰之無，似無非無，故說「色、受、想、行」四陰非有也非無。生時「四陰」非有非無，死後「四陰」亦是如此，八者俱非，但是又不明白什麼是中道，就昏昏渺渺，無法把握，屬於「死後有無俱非之外道」，稱爲「第八外道」。他建立五陰中，死後萬事皆非，心裡發生顛倒矛盾的理論。

(9) 魔境：「死後斷滅」；外道魔：「第九外道」。

禪定者凝明正心，以上所說的「想陰十類天魔」，就不能再侵擾禪定者。因此，他才能夠在這種禪定境界中，精細研究，窮究各類生命的本元。在各類生命之中，他看到生命的本元，始終是幽清圓擾永不停息的在活動，卻認爲死後什麼都虛無，生起推理和想像，這個人就會墜入七種斷滅的理論，亦即「地獄、餓鬼、畜生、人、神仙、天、阿修羅」等，這七類衆生的身體，將來死後，都是會毀滅的。

他由「色、受、想」三陰滅盡，推知死後無相，他見到「行陰」不停趨滅，認爲死後一切終歸散滅，滅了便不會再有。不但人類死後斷滅，其他像「六欲天、初禪天、二禪天、三禪天、四禪天」及「四空天」，死後也同樣斷滅，這種人便成爲「死後斷滅外道」，稱爲「第九外道」，創立「五陰」中死後斷滅，心發生顚倒矛盾的理論。

⑽魔境：「五現涅槃」；外道魔：「第十外道」。

禪定者凝明正心，以上所說的「想陰十類天魔」，就不能再侵擾禪定者。因此，他才能夠在這種禪定境界中，精細研究，窮究各類生命的本元。在各類生命之中，他看到生命的本元，始終是幽清圓擾永不停息的在活動，就認爲死後，決定是另有存在。於是生起推理和想像，這個人就會墜入「五現涅槃」的理論當中，共有五種涅磐的理論。

這「五現涅槃」，略述如下：

①有的以「欲界天人」的境界，當做涅槃的境界。

②有的把初禪「離生喜樂」的境界，當做涅槃的境界。

③有的把二禪「定生喜樂」的境界，當做涅槃的境界。

④有的把三禪「離喜得樂」的境界，當做涅槃的境界。

⑤有的把四禪「捨念淸淨」的境界，當做涅槃的境界。

他以爲這些天人的境界，就可以超越生死輪迴，此類屬於「妄計涅槃外道」稱爲「第十外道」，創立「五陰境界」中的五種涅槃，心發生顚倒矛盾的理論。

以上所說的十種禪定中的狂妄知解，皆是自心的「行陰」，在生命本能活動中的「用心交互作用」，所以顯現這些狂妄知解的悟境。衆生頑迷不識，自己不肯反省忖量，遇到這種境界現前，就以此愚迷，作爲正知解，自稱已經登上聖人的境界，實在是大妄語，結果最後墮落無間地獄。

八、「識陰」十魔

（一）識陰幻境

禪定者的「行陰」滅盡時，看見一切世間生命活動的共同業力，他頓然歸元，與生生不息的深層情執，隔離開來，自己作得了主，不再被業力吸引而去投胎。禪定者進入「識陰」的境界，六根（眼、耳、鼻、舌、身、意）清淨，既不領受什麼，也不妄想什麼，更不再向外界執著什麼。六根不落在六塵上，便能夠盡虛空、偏法界，如同處在廣大清明的晨曦之中，沒有黏滯。這時候，可以明白所有眾生，最初受生的宿因。雖然知道所有眾生的貪、瞋、癡病根，但是不會被彼業力所吸引，眞正知道「三界唯心，萬法唯識。」的內涵。這時候，最深層、最隱密的「唯識境界」便顯現出來，此卽是「識陰範域」。

（二）識陰區宇：「正定三昧」中所生的偏差

當禪修者進入「正定三昧」之中，「行陰」已經滅盡，對於一切世間生命活動的本能，那幽清擾動共同的生機根本，已經倏然毀裂。他的「中陰身」就斷除它業力的感應，而虛懸不著。這時候，將要得到大徹大悟，進入「涅磐寂滅」的境界。就好像雞鳴報曉之後，瞻顧東方，天色已有精光顯露。光明的曙色，就要展開了。這時候，六根（眼、耳、鼻、舌、身、意）虛靜至極，不再向外界奔馳放逸，內外都是一片湛然清明，進入「無所入」的境界。因此，能夠深切明白十方虛空中的十二種類的眾生，感受眾生生命根源的由來。但是，他雖然看到生命的由來根源，自己卻不受一切種類業力的感召牽引。對於十方世界，因為他已經沒有業報的緣故，已經獲得同一體，和十方世界虛空都同一體，這種境界，稱為「識陰區宇」。

如果在一切業力感召之中，已經把握住它共同的根源，和它們斷絕輪迴，再加緊用功，消磨六根的習氣障礙。要使用六根時，仍然可以分為六根的功用；不使用六根時，就可以把六根合而為一根。眼睛「看見」與耳朵「聞聽」的功能，可以互相隨意掉換。在互用之中，又清淨自在。十方世界的物質世間，以及身心，都好像琉璃一樣，內外透體明澈。這種境界，就稱為「識陰盡」，這個人就能夠超越「命濁」。可是，若仔細觀察這種情況的由來，還是因為在虛無無像中，顛倒妄想其根本的作用。

（三）識陰十魔

以下列舉「識陰區宇」的十種魔境，和十種「外道魔」。

(1) 魔境：「因所因執」；外道魔：「第一立所得心」。

禪修者竭盡了種種「行蘊」，性入澄空，這「行蘊」已經空了，生滅之心到此盡滅。而於寂滅的這種性，這種精妙處，他還沒有得到圓滿。他在「識蘊」這個境界上，能夠讓自己的六根互相都可以通用，每一根都可以有六根的能力。他和十方的一切眾生，也都有這種互相通覺，彼此相知的能力。這種覺知性，能夠知道十方一切眾生的根性，能夠證入圓滿識性，而為諸類的根源本性。

假如他於所歸的這個地方，就是還在八識這個生滅的心識上，生出一種妄執，他說這個就是「眞常」，就會生出一種「勝解（殊勝解釋）」知見。那麼，這個人便墮入「因所因執」，本來不是這個因，但是他立這個因，就生出一種執著。

外道「數論派」的創始者「娑毗迦羅」，他說一切萬物都是從「冥諦（自性）」上生出來的。相信這個理論的人，從而迷惑了佛菩提眞性，亡失了佛菩提知見。這叫做「第一立所得心」，「第一」種執著，他「立」這個「有所得的心」，成為他所歸的一個果，就變成執著的外道了。

(2) 魔境：「能非能執」；外道魔：「第二立能為心」。

禪修者竭盡了種種「行蘊」，性入澄空，這「行蘊」已經空了。生滅之心到此盡滅，而於寂滅的這種

性，這種精妙處，他還沒有得到圓滿。

假如這個禪修者，還在八識這個生滅的心識上，把本來不屬於他自己的東西，拿來認爲是他自己「自體（自性）」的一部分。他就會生出一種妄執，他覺得虛空界裡，所有的「十二類眾生」，都是從我自己這個身體生出來的。他生出一種邪知邪見的「勝解（殊勝解釋）」，這個人就墮落到「能非能執」。他說他「能」生出一切的衆生，本來他「非能（不能）」，但是他有這種妄想「執著」的揣測。

色界天的「摩醯首羅（大自在天王）」可以變現「無邊身」，他說一切衆生都是他變現出來的。現在這個禪修者，也是修這個法門，也有這種妄想執著，他也說一切衆生，變是他現出來的，從而迷惑了佛菩提眞性，亡失了佛菩提知見。這叫做「第二立能爲心」，「第二」種執著，他「立」這個「能」生衆生，做「爲」他的「心」，成就他這種遍圓的果，他將來要投生到「大慢天（大自在天）」，就生起「貢高我慢心」，說我能遍圓一切，能成就一切。

⑶ 魔境：「常非常執」；外道魔：「第三立因依心」。

禪修者竭盡了種種「行蘊」，性入澄空，這「行蘊」已經空了。生滅之心到此盡滅，而於寂滅的這種性，這種精妙處，他還沒有得到圓滿。

假如這個禪修者，在他這個歸依處，就是還在八識這個生滅的心識上，自己生出一種懷疑心，懷疑他這個身心，是從那個歸依處流出來的。所有的十方虛空，也都是從他的歸依處生出來的。所有的一切，都是從他所生出來的那個處所生出，他認爲這個地方就是他的「眞常身（自性身）」。

他說這個地方，就是「無生滅」了。在生滅這個心識裡，他就盤算說，這是「常住不變的」。他既不明白「不生」的道理，也不明白「生滅」的道理。他執著沉迷在這個境界裡修行用功，他生出一種邪知邪見的「勝解（殊勝解釋）」，這個人就墮落到「常非常執」，他執著那個「常」，但是那並不是「眞常」。

他料想揣測這個「大自在天」是他的歸處，從而迷惑了佛菩提眞性，亡失了佛菩提知見。這叫做「第三立因依心」，「第三」種執著，他「立」這個「因依心（相親相倚）」，做爲他所歸的一個妄想算計果，生出一種顚倒圓滿眞心的知見種。

(4)魔境：「知無知執」；外道魔：「第四計圓知心」。

禪修者竭盡了種種「行蘊」，性入澄空，這「行蘊」已經空了。生滅之心到此盡滅，而於寂滅的這種性，這種精妙處他還沒有得到圓滿。

假如這個禪修者說這個「知」就是「遍圓（普遍圓滿）」的，他就立了一個見解。他認爲十方的草木，都是「有情（衆生）」，也有生命。草木可以做人，人死了又變成十方的草木，他沒有智慧，來選擇這個「遍知（是指周遍）」。他生出一種邪知邪見的「勝解（殊勝解釋）」，這個人就墮落到「知無知執」。他說他「知」道這個道理，其實他是「無知」，他是不知道的，但是他「執」著說他知道。

「婆吒（ㄓㄚˋ）」和「霰（ㄒㄧㄢˋ）尼」二個外道，他們自以爲什麼都知道，這個禪修者就成爲他們的伴侶，從而迷惑了佛菩提眞性，亡失了佛菩提知見。這叫做「第四計圓知心」，「第四」種執著，他「計（推測）」他擁有普遍「圓」滿，「知」道世間所有一切的「心」。他認爲他無所不知，其實他對於一切都不知道，成爲不眞實的，錯誤的果，生出一種倒知的種，顚倒這個知。

(5)魔境：「生無生執」；外道魔：「第五計著崇事」。

禪修者竭盡了種種「行蘊」，性入澄空，這「行蘊」已經空了。生滅之心到此盡滅，而於寂滅的這種

性，這種精妙處，他還沒有得到圓滿。

假如這個禪修者在「圓融（圓滿融通）」這種境界上，能夠「六根互用」，已經得到「隨順（隨從他人之意而不拂逆）」，他就會執著在這個圓融變化的境界上。他非常崇拜火的光明、水性的清淨、風的周遍流動、衆塵成就土地的這些性質。他崇拜這「四大（地、水、火、風）」，又供養這「四大」的「火神、水神、風神、地神」，他以這「四大」做爲他自己的本因。他說這「四大」都是常住的，這個人就墮落到「生無生執」。他想要了脫「生」死，而實際上，「無」法能了脫「生」死，就生出這種妄「執」。

大龜氏「迦葉波」，和梵志「婆羅門」，修「清淨行」這一類的人，他們勤苦其心而役使其身，就是修種種無益的苦行，供養水、火，來求得了脫生死。這個禪修者，就和這一類的人做伴侶了。從而迷惑了佛菩提眞性，亡失了佛菩提知見。這叫做「第五計著崇事」，「第五」種執著，他「計著（料想揣測這個執著）」，來「崇事（尊奉敬事）」地、水、火、風這「四大」。

他把自己的「自性」眞心迷了，跟著外物跑了。他立一個妄想的知見，求出脫生死的這種因，他妄執追求這種不正確的，了脫生死的這種果，生出一種顚倒造化的知見種。

(6)魔境：「歸無歸執」；外道魔：「第六圓虛無心」。

禪修者竭盡了種種「行蘊」，性入澄空，這「行蘊」已經空了。生滅之心到此盡滅，而於寂滅的這種性，這種精妙處，他還沒有得到圓滿。

假如這個禪修者在「圓融（圓滿融通）」這種境界上，將要大明悟之前，他料想揣測，妄想執著「識蘊」是虛無之境，把一切的造化都滅了，所以也不是永遠的歸依處。他生出一種邪知邪見的「勝解（殊勝解釋）」，這個人就墮落到「歸無歸執」。他本來想「歸」依，但是「無」所「歸」依，這是一種妄想

「執」著。這個不是永遠的生滅，所以他不能拿它來做所歸依處，可是他以這個做所歸依處，這是「無所歸依」。

在「無想天」中，有衆多「舜若多（虛空之神）」，這個禪修者，就做他們的伴侶。從而迷惑了佛菩提眞性，亡失了佛菩提知見。這叫做「第六圓虛無心」，「第六」種執著，「圓」滿「虛無心」，他這種的果也是「空亡（所求不應）」，沒有的，生出一種斷滅種。

(7) 魔境：「貪非貪執」；外道魔：「第七執著命元」。

禪修者竭盡了種種「行蘊」，性入澄空，這「行蘊」已經空了。生滅之心到此盡滅，而於寂滅的這種性，這種精妙處，他還沒有得到圓滿。

假如這個禪修者在「圓常（圓滿常住）」這種境界上，他堅固其身，願意常住在世。在精微而圓滿的這個壽命裡，長久而不會「傾逝（逝世；死亡）」。他生出一種邪知邪見的「勝解（殊勝解釋）」，這個人就墮落到「貪非貪執」，他「貪」戀長生，而「非（不得）」長生，這是一種「貪」戀長生的妄想「執」著。

衆「阿斯陀（這是在天上的一種外道）」，是祈求長命的仙人。這個禪修者，就成他們的伴侶。從而迷惑了佛菩提眞性，亡失了佛菩提知見。這叫做「第七執著命元」，「第七」種執著，他「執著」他這個「命」的「元」由，他立一個堅固的妄因，他想要得到長生不老的這種果，生出一種妄想延長壽命的知見種。

(8) 魔境：「眞無眞執」；外道魔：「第八發邪思因」。

禪修者竭盡了種種「行蘊」，性入澄空，這「行蘊」已經空了。生滅之心到此盡滅，而於寂滅的這種

性，這種精妙處，他還沒有得到圓滿。

禪修者觀他自己的生命，和一切衆生的生命互相連通。他卻想要留住「塵勞（煩惱）」，恐怕「塵勞（煩惱）」耗盡、毀壞。就在這個時候，他坐在一個蓮華宮裡，他廣泛的變化出七種珍寶，又多增加「美女」。他放任他的愛欲心，生出一種邪知邪見的「勝解（殊勝解釋）」，這個人就墮落到「眞無眞執」，他想他是得到「眞（自性；本原）」，但「無（不是）」眞的「眞（自性；本原）」，而是一種「執著」。

因爲有這樣的思想，這個修定的人，就做天魔「吒枳（ㄓㄚˋ ㄓˇ）迦羅」的伴侶。從而迷惑了佛菩提眞性，亡失了佛菩提知見。這叫做「第八發邪思因」，「第八」種執著，他「發」起一種「邪思」的「因」，立出來這種「熾塵（強盛的欲念）」果，投生到天魔的種族裡頭。

(9) 魔境：「定性聲聞」；外道魔：「第九圓精應心」。

禪修者竭盡了種種「行蘊」，性入澄空，這「行蘊」已經空了。生滅之心到此盡滅，而於寂滅的這種性，這種精妙處，他還沒有得到圓滿。

一切凡聖，都是依命根發明，於命根發明中，他分別哪個是細的，哪個是粗的，選擇眞的和假的。這個因果互相「酬報（應對報答）」，他只追求因果的感應，違背清淨的道。所謂見到「苦諦（八苦）」，斷滅「集諦（一切的煩惱）」，修道得到證滅。他在這個「滅」的時候，就不再往前進了，他生出一種邪知邪見的「勝解（殊勝解釋）」，這個人就墮落到「定性聲聞」，就是他不迴小向大，就裹足不前，不往前走了，就在那個地方停止住了。

他和衆「無聞比丘（缺乏智慧經驗的凡夫比丘）」，以「四禪」爲「四果」的那種無知一樣，生起

「增上慢」的心念，他做爲衆「無聞比丘」的伴侶。從而迷惑了佛菩提眞性，亡失了佛菩提知見。這叫做「第九圓精應心」，第九種執著，「圓」滿其「粗（分段生死）」爲「精」，唯求感「應」的「心」。亦即滅盡煩惱，而得改「分段生死（粗）」爲「變易生死（細）」，以求感應爲因心，造成一種趣寂的果，生出一種「纏空」的知見種。他就在這個地方，和這個「空」纏在一起。「空」本來什麼也沒有，他又在這個「空」上，又加出一個「空」來，這也是一種執著。

⑽魔境：「定性辟支」；外道魔：「第十圓覺㫚心」。

禪修者竭盡了種種「行蘊」，性入澄空，這「行蘊」已經空了。生滅之心到此盡滅，而於寂滅的這種性，這種精妙處，他還沒有得到圓滿。

假如這個禪修者在「圓融（圓滿融通）」這種境界上，清淨又領悟明白，發心研究以領悟深妙的義理，在「識蘊」還沒有破的地方，他就成就涅槃了，也不再向前去修行。他生出一種邪知邪見的「勝解（殊勝解釋）」，這個人就墮落到「定性辟支」，不「迴小向大（迴轉小乘成大乘）」的這種定性「辟支佛」。衆「緣覺」都是不「迴心（迴轉小乘成大乘）」的修行人，這個人就成爲他的伴侶，從而亡失了佛菩提知見。這叫做『第十圓覺㫚（古通『忽』字，但應該是『吻』字的錯別字）心』。『第十』種執著，他這個『圓覺（圓滿的覺性）』心，與十方諸類衆生的常住眞心將要『㫚（吻）』合，成就很清淨光明的果。雖然是這樣子，但是卻遠遠違背『圓通（由智慧所悟的眞如）』，背離『涅槃城（極樂世界）』，他生出一種覺圓明的執著，叫做『不化圓種』。

這是在「識蘊」沒有破以前，他還是有這麼一點不明白。一旦「識蘊」破了，不執著這個狂解，那就是把「五蘊」都破了。「五蘊」破了，就可以證到十信、十住、十行、十回向、十地的「菩薩果位」，就可以成佛了。

以上所說的十種禪定中的人，都是因爲中途偏差而成狂見。自己迷惑無知，在未到圓滿「菩提正覺」的中途，便發生已經證得滿足的知解。其實，都是「識心」的用心交互作用，「唯識所變」。所以，就成這些果位。

無奈衆生頑迷不識，自己不肯反省忖量。遇到這種境界現前，各自就其多生歷劫以來，所愛好的習氣，迷惑了眞心。就此休息，認爲那就是道果所歸的究竟之地，自稱已經滿足了「無上菩提」，成爲大妄語。

或者受到外道邪魔所感應，等到業果終了，便墮入無間地獄；或者成爲「聲聞」、「緣覺」二乘之果，不再增進上進。

九、總論「五陰」十魔

《楞嚴經》的五十種陰魔，可以分爲三大類：心魔、天魔和外道魔。

(1) 心魔：指貪欲、淫欲等煩惱魔。乃使人步入邪途之力。此煩惱的惡魔，能賊害世間與出世間的善法，故又稱「心魔賊」。「色陰十魔」和「受陰十魔」，都屬於「心魔」類。

色陰十魔：

①精明 ②精明 ③精魄 ④心魂 ⑤抑按 ⑥心細 ⑦塵併 ⑧欣厭 ⑨迫心 ⑩邪心

受陰十魔：

①悲魔 ②狂魔 ③憶魔 ④易知足魔 ⑤常憂愁魔．
⑥好喜樂魔 ⑦大我慢魔 ⑧好輕清魔 ⑨空魔 ⑩欲魔

(2) 天魔：爲「他化自在天子魔」的簡稱，梵文名爲「魔羅」，生活在欲界第六天「他化自在天」頂端的天人，能害人善事，憎嫉賢聖法，作種種擾亂事，令修行人不得成就出世善根。他們的首領，名叫「波旬」，號稱「第六天魔王」。在釋迦牟尼佛成道之前，魔王「波旬」曾經企圖阻止釋迦牟尼佛修行證悟。「想陰十魔」，屬於「天魔」類。

想陰十魔：

①怪鬼 ②魃鬼 ③魅鬼 ④蠱毒魘勝惡鬼 ⑤癘鬼
⑥大力鬼 ⑦山川鬼神 ⑧精魅魔 ⑨精靈魔 ⑩自在天魔

(3) 外道魔：指佛教以外的一切宗教。與儒家所謂的「異端」一語相當。梵語的原義是指神聖而應受尊敬的隱遁者。最初爲佛教稱呼其他教派之語，意爲正說者、苦行者；對此而自稱「內道」，稱佛教經典爲「內典」，稱佛教以外之經典爲「外典」。至後世，漸附加異見、邪說之義，「外道」遂成爲侮蔑排斥的貶稱，意爲眞理以外的邪法者。「行陰十魔」和「識陰十魔」，都屬於「外道魔」類。

行陰十魔：

①第一外道 ②第二外道 ③第三外道 ④第四外道 ⑤第五外道
⑥第六外道 ⑦第七外道 ⑧第八外道 ⑨第九外道 ⑩第十外道

識陰十魔：

①第一立所得心 ②第二立能為心 ③第三立因依心 ④第四計圓知心 ⑤第五計著崇事 ⑥第六圓虛無心 ⑦第七執著命元 ⑧第八發邪思因 ⑨第九圓精應心 ⑩第十圓覺㫚心

「色陰魔境」是自己的身體「四大」，變化所成的暫時現象，若不執著就沒事，一生起執著，便入邪道；「受陰魔境」和「想陰魔境」涉及「感受」與「貪愛」，屬於「我執」，導向魔道，做惡多端者死後下地獄；「行陰魔境」和「識陰魔境」屬於「法執」，邪知邪見，多入外道。

●名相：我執

◎釋文：又作「人執、生執」。執著實我之意。蓋眾生的身體，原為「五蘊」的假和合，若妄執具有主宰作用的實體個我的存在，而產生「我」與「我所」等的妄想分別，卽稱「我執」。

●名相：法執

◎釋文：「我執」的對稱。又作「法我執、法我見」。略稱「法我、假名我」。是應破除的兩種「我執」之一。將所有存在（法）的本質認為是固定不變、有實體之物，稱為「法執」；而將人類的本質認為是固定不變、有實體者，則稱為「我執」。以上皆屬於迷妄的見解。

佛說「五陰熾盛」是苦，對修道者來說，不超越「色陰」則智慧光明不顯；不超越「受陰」則不能心離其形，出入自在；不超越「想陰」則不能醒夢一如；不超越「行陰」則不能跳出輪迴；不超越「識陰」則無法轉識成智。

另外，「五陰」代表禪修者在禪定中，對於「妄念粗細」的「察覺能力」。「色陰」粗顯，最易察覺；「識陰」罔象，最難發現。所以，《楞嚴經》由粗至細，先破「色陰」，然後依序破「受、想、行、識」等陰。

《楞嚴經》中，雖然列舉五十種「魔境」，實際上「魔境」的種類，不只這五十種而已，而且是千變萬化的。但是，「萬變不離其宗」，「陰魔」的根本原因，都是由「習氣妄念」所演化而來。若沒有「妄念執著」，生死也就了了。所以若想從「五十種陰魔」中解脫，首先要有「正見」，就不會盲修瞎練。

《楞嚴經》卷九翻譯（部分經文）

《大佛頂首楞嚴經》卷九翻譯（部分）

（上文省略）

在這個時候，釋迦牟尼佛就要起身離座，從「師子床法座」前，拉七寶講經桌過來，然後迴轉他那好像「紫金山」一般的身軀，再憑靠在「講經桌」講這個法。

釋迦牟尼佛告訴大衆和阿難說：「你們這些學人、緣覺、聲聞們，今天你們都迴小乘向大乘了，由「二乘（聲聞乘與緣覺乘）」發大乘心，迴心趨向大菩提無上妙覺，我今天已經對你們說了，眞正的修行法門。

可是，你們還沒有實際的經驗去認識到，在修持「奢摩他（禪定）」和「毘婆舍那（正見觀察）」的過程中，有很多非常微細的魔事，和魔境顯現於前時，你們若不認識這些魔，或者雖然已經「洗心（洗滌心胸，摒除惡念或雜念）」，但是只要稍微有一點不「端正（合乎正知正見）」，就會落入邪見。

●名相：奢摩他

◎釋文：梵語的音譯，意譯「止、寂靜、能滅」，爲「禪定」的意思，乃攝心而不被外境所動，遠離並止息一切的散亂，使心寂靜。

●名相：毘（ㄆㄧˊ）婆舍那

◎釋文：梵語的音譯，意譯「觀、正觀察、正見觀察」。在「奢摩他定（禪定）」心中，對於所緣的影像進行思維，周遍尋思，周遍伺察。

你們在靜坐禪定時，遇到境界來了，這些境界或者是你們自己心裡生出來的「陰魔（色陰、受陰、想陰、行陰、識陰等『五陰魔』，即類聚一切有爲法的五種類別。）」，或者是天上的「天魔（『欲界』第六天『他化自在天』的魔王『波旬』）」，或者是鬼、神，或者是「魑魅（山中精怪）」、「魍魎（水中怪物）」妖怪之類。你們一遇到這些境界來了，你們心中不認識、不明白，就認這些賊人做爲自己的兒子，最後這些賊人把你們自己的「自性」寶藏搶劫去了。

又或者從禪定中，得到少許的禪定功夫，就自滿自足了。比如說，有一位修到四禪定的「無聞比丘」，狂妄的聲稱自己已經證到「阿羅漢聖果」。

●名相：無聞比丘

◎釋文：缺乏智慧經驗的凡夫比丘。彼自我臆斷佛的說法，而修行結果又不符自己所信，遂謗佛難法。「無聞比丘」即指持此邪見的比丘。

「無聞比丘」怎麼樣「無聞」呢？本來小乘「聲聞」，修行所得的四種證果，其階段依次爲「初果（預流果）、二果（一來果）、三果（不還果）、四果（阿羅漢果）」。這四種證果都超過「四禪天」。

釋迦牟尼佛說證到「四果（阿羅漢果）」就不會再受生死輪迴了；證到「三果（不還果）」已斷滅「欲界九品」的修惑，而不再還至「欲界」受生；證到「二果（一來果）」的聖人，一次升天上，一次來人間，這還有一番的生死；而證到「初果（預流果）」，還必須往返人間，經歷七次的生死。

而「初果（預流果）」的境界，都還超過「四禪天」。這位「無聞比丘」修行用功，他的境界只是到

「四禪天」，他就以為證到了「四果（阿羅漢果）」。其實這「四禪天」，根本就沒有證果，這還是個凡夫。

等到這位「無聞比丘」，在「四禪天」的天福盡了，「五衰相」現前。他就發脾氣說：「我現在被佛給騙了！佛是欺騙人的，他說證『四果（阿羅漢果）』就永遠不受生死輪迴，我現在為什麼壽命又盡了呢？身體遭受『後有』，又要去受輪迴呢？這是佛打妄語。」他這一誹謗佛，就墮入「阿鼻地獄」了。

●名相：五衰相

◎釋文：天人將死時，現出「衣染埃塵、花鬘萎悴、兩腋汗出、臭氣入身、不樂本座」等五種衰相，稱為「天人五衰相」。

●名相：後有

◎釋文：未來的果報，後世的身心「有」，含有「果報存在」之義。即未證涅槃的有情衆生，於未來世所受的果報。

●名相：阿鼻獄

◎釋文：即「阿鼻地獄」，為八熱地獄之一。「阿鼻」是梵名，意譯「無間地獄」。此地獄位於諸地獄的最底層，有七重鐵城、七層鐵網，七重城內有劍林，下有十八鬲，周匝七重皆是刀林。有十八獄卒。阿鼻四門於門閫上有八十釜，沸銅湧出，從門漫流。

「無聞比丘」自己誤解了佛的教導，他根本沒有證到「四果（阿羅漢果）」，就誤以為自己是四果的「阿羅漢」。所以，等他天福享盡，壽命終了，又墮落生死輪迴。他不知道是他自己的錯誤，還怪佛說法說錯了，所以他這一誹謗佛，即刻就墮入「阿鼻地獄（無間地獄）」。

再回到主文翻譯。

釋迦牟尼佛說：「阿難！你應當認眞地聽，我今天就來爲你仔細地分辨認識各種魔道。」

阿難起身，並且同法會中的衆大菩薩、大阿羅漢、大比丘們，和初果、二果、三果這一些有學的人，歡喜地向佛頂禮，都趴在那個地方，傾聽佛的慈悲教誨。

釋迦牟尼佛告訴阿難和在法會上的一切大衆說：「你們應當知道，這個『有漏（煩惱）』世界中的『十二類生（衆生）』，他們的『本覺（本來的覺性）』不變，卻能夠隨緣變化萬物。『本覺（本來的覺性）』的性質是『妙明』，是明的不可思議。這十二類衆生的『本覺（本來的覺性）』圓融靈明的『心體（心的本體；本心；自性；第八識阿賴耶識）』，又叫做『如來藏性』，與十方一切的佛，都是一樣的，並沒有差別。

●名相：有漏

◎釋文：爲「無漏」的對稱。「漏」乃流失、漏泄之意；爲「煩惱」的異名。人類由於「煩惱」所產生的過失、苦果，使人在迷妄的世界中流轉不停，難以脫離生死苦海，故稱爲「有漏」；若達到斷滅煩惱的境界，則稱爲「無漏」。

●名相：十二類生

◎釋文：謂諸有情由「顚倒妄想」起惑造業，隨業感報，各各不同，故有十二種類型。卽：

(1) 卵生：從「㲉」而生。謂此類有情因「虛妄顚倒」之惑，生起「飛沉亂想」之業，惑業和合，故感此生之報，卽「魚、鳥、龜、蛇」之類。

(2) 胎生：從「胞胎」而出生。謂此類有情因「愛欲雜染」之惑，生起「橫豎亂想」之業，惑業相滋，故感此生之報，卽「人、畜、龍、仙」之類。

(3)濕生：從「濕處」而受生。謂此類有情因「顚倒執著」之惑，生起「翻覆亂想」之業，惑業和合，故感此生之報，卽含「蠢蝡、蠕蝡」之類。

(4)化生：卽從「無」而忽有，又離此舊形易彼新質爲「化生」。謂此類有情因「顚倒變易」之惑，生起「捨故取新亂想」之業，惑業和合，故感此生之報。卽轉蛻「飛行之類」，如「蠶蛻形爲蛾」，如「雀化蛤」等。「雀化蛤」是古人的一種錯覺，在中國古代，深秋天寒，雀鳥都不見了，古人看到海邊突然出現很多蛤蜊，並且貝殼的條紋及顏色與雀鳥很相似，所以便以爲是雀鳥變成的。

(5)有色：謂有形礙明顯之色。謂此類有情因「顚倒障礙」之惑，生起「精耀亂想」之業，惑業顯著，故感此生之報。卽「休、咎」精明之類，如星辰吉者爲「休」，凶者爲「咎」；「螢火蟲、蚌珠」，皆「精明」之類。

(6)無色：卽無有形色。謂此類有情因「顚倒銷散」之惑，生起「陰隱亂想」之業，惑業暗昧，故感此生之報。卽「空散銷沉」之類，如「無色界的外道」。

(7)有想：指從「憶想」所生。謂此類有情因「顚倒罔象」之惑，生起「潛結亂想」之業，惑業和合，故感此生之報。卽「神、鬼、精靈」之類。

(8)無想：指想心昏迷、無所覺了。謂此類有情因「頑鈍愚癡」之惑，生起「枯槁亂想」之業，惑業和合，故感此生之報。卽「精神化爲土木金石」之類，如「黃頭外道」化爲石。心如枯木爲「枯想」，對事情沒有覺知爲「槁想」。於是，就在這個枯槁亂想中，就有了「無想」這樣一類的衆生，它們的精神化爲了土木金石。

(9)非有色：謂雖有形色而假他所成。此類有情因「虛僞相待」之惑，生起「因依亂想」之業，惑業相染故感非有色相成色之報。卽「水母」以蝦爲目之類。

(10)非無色：謂因聲呼召而能成形。此類有情因「相引妄性顚倒」之惑，生起「呼召亂想」之業，惑業相附，故感「非無色相無色」之報。卽「咒詛、厭生」之類。「咒詛」就是詛咒，受咒力驅使的靈體；「厭生」是指隨厭禱而有生命的靈體，這類生命其實非常可憐。它們沒有智慧，完全迷失了自己；活在咒力之中，供持咒者驅使，根本就不知道好歹。佛念咒就歸佛用，魔念咒就歸魔用。

(11)非有想：謂借他之身以成自類。此類有情因誣罔顚倒之惑，生起回互亂想之業，惑業和合故感非有想相成想之報。卽「蒲盧（卽果蠃，一種細腰的蜂。）」等異質相成之類。

(12)非無想：謂雖親而成怨害。此類有情因「怨恨顚倒」之惑，生起「殺害妄想」之業，惑業和合，故感「非無想相無想」之報。卽「土梟（鳥綱鴟鴞科鳥類的總稱）」等附塊爲兒，及「破鏡鳥」以毒樹果抱爲其子，子成，父母皆遭其食之類。

●名相：本覺

◎釋文：指本有之覺性，卽爲「如來藏」。爲「始覺」之對稱。經過後天之修習，次第斷破無始以來之迷惑，徐徐覺知、啟發先天之心源，稱爲「始覺」；先天本有而不受煩惱汙染等迷相所影響，其心「心體（心的本體；本心；自性；第八識阿賴耶識）」乃本來清淨之覺體，稱爲「本覺」。大乘認爲人心本來寂靜不動，無生無滅而清淨無染，稱爲「本覺」。本來覺知的離念「心體（心的本體；本心；自性；第八識阿賴耶識）」」；後由「無明風」動，產生世俗的「意識活動」，從而有世間種種差別，此稱「不覺」；及至受聞佛法，啟發本覺，薰習不覺，並與本覺融合爲一，卽稱「始覺」。

●名相：妙明

◎釋文：「本覺（眞心本有的覺性）」雖然是無所不了解，無所不知曉，實際上本質是無所了解，也無所知曉，既無所執，亦無所住，故稱之爲「妙」；本有的覺性寂靜而常照，雖然寂靜，但是可以遍照法界，能夠了了分明，無所不知曉，無所不了解，故稱之爲「明」。「妙明」就是「眞妙的明心」，以名無漏的眞智，也就是「自性」。

再回到主文翻譯。

由於你心生妄想，把眞正的眞理迷昧了，所以就生出過錯。『愚癡』和『愛戀』便由此發生了。這『愚癡』和『愛戀』的『癡迷』遍處發生，因此就相對而有『空性』生發出來。你想要以『空性』來化解『癡迷』，不曾有所停息，便有這個『因緣和合』所造作的世界生發。因此，那十方如同微塵一樣多的國土中，都不是本來『無漏（無煩惱）』清淨的，都是因爲不明白、頑固不化、妄見亂想，才得以安住滯留下來。

●名相：空性

◎釋文：指「空的自性、空的眞理」，是「眞如」的異名。依「唯識家」的說法，「眞如」爲遠離「我、法」二執的實體，故修「空觀」而離「我、法」二執之處，「眞如」實體卽躍然而現，亦卽依「空」而顯明「實性」，非謂「眞如」之體爲「空」。

阿難！你應當要知道，『虛空界』是從你的內心中生出來的，就像一片雲點綴聚集在空廓的『太清（虛空的別名）』裡一樣，更何況所有的一切世界，也是在『虛空界』中呢？（『虛空』在你的心裡，就像『一片雲彩』在『虛空』裡似的。『一片雲彩』在『虛空』裡是很小的，但是這個『虛空』是很大的。

可是『虛空』在你的心裡，也是像『一片雲彩』那麼小。這是形容我們的『覺性（自性）』，是遍滿一切處的。）

你們這些人當中，只要有一個人發露眞心，而歸自原本的『心體（心的本體；本心；自性；第八識阿賴耶識）』，那麼這十方所有的『虛空界』，都會全部消散殞滅，都沒有了。那爲什麼說，現在在這『虛空』之中，所有的國土都沒有震裂破碎呢？

（既然成佛，『虛空』就會消滅了，十方的諸佛很多，現在我們的『虛空』，怎麼還沒有消滅呢？還沒有銷殞呢？這是因爲『衆生』和『諸佛』所看見的『空間世界』不同，所以所見的不同。在『衆生』的眼裡，看見『虛空』，這是有的；在『諸佛』的眼裡，『虛空』是沒有的，什麼都沒有，『虛空』粉碎了。）

由於你們這些人修習『禪定』，也就是修習『三摩地』，得到定力，和所有的十方菩薩以及一切無漏大阿羅漢的心裡，都互相通的，互相吻合。所以，你的清淨本然的『如來藏』，能處於湛然寂滅之中。一切魔王以及鬼神、一切『凡夫天（六欲天、四禪天）』，見到他們的宮殿，無緣無故崩塌裂壞，大地震動，都震出很多的裂口，水陸都飛騰，無不驚心攝魄。可是，凡夫俗子昏昧，感覺力不那麼靈敏，不能夠察覺到大地有這種變化。

天上的魔和這些鬼神，以及諸天的天人，都有『五種神通』，唯獨『漏盡神通』除外，他們都沒有獲得『漏盡神通』，所以都還眷戀著『塵勞（塵世的操勞，指男女之間的淫欲，所以無法證得『漏盡神通』。）』。天上的魔又怎麼能夠讓你去摧毀他們的宮殿處所呢？因此，那些鬼神以及各種天魔、魍魎、妖精，趁著你在修行『三昧（禪定）』的時候，全部都來擾亂你。

●名相：五種神通

◎釋文：又稱作「五神通、五通」。指五種超人間而自由無礙之力。卽：

⑴神足通：又作「身通、身如意通、神境通」。卽自由無礙，隨心所欲現身的能力。

⑵天眼通：能見六道眾生生死苦樂之相，及見世間一切種種形色，無有障礙。

⑶天耳通：能聞六道眾生苦樂憂喜之語言，及世間種種之音聲。

⑷他心通：能知六道眾生心中所思之事。

⑸宿命通：又作「宿住通」，能知自身及六道眾生之百千萬世宿命及所作之事。

●名相：漏盡神通

◎釋文：指能夠斷盡一切三界見思惑，不受三界生死，而得漏盡神通之力。

●名相：三昧

◎釋文：又作「三摩地、三摩提、三摩帝」。意譯爲「等持、定、正定、定意、調直定、正心行處」等。卽將心定於一處（或一境）的一種安定狀態。

然而，那些魔雖然都非常的惱怒，邪魔氣勢強盛，可是他們都有『塵勞（塵世的操勞，指男女之間的淫欲）』的染汙。你只要禪定，如如不動，處在『妙覺』性裡，那些魔對你的擾煩，就好像風吹光，光不爲風所動搖，以刀去斬斷水，也斬不斷水一樣，絲毫不能觸動你。

你這種修行的定力，就好像滾燙的熱水一樣，而那些魔就好像冷凍的堅冰一般，當熱水的熱氣，漸漸靠近堅冰時，不久堅冰很快就會消殞。這些魔只不過仗恃著有神力而已，但是這些外來的魔，只是客人的角色，這些魔是否能夠破壞擾亂你的定力，這全部由你心中的『五陰』的主人（自性）來做決定。如果主人（自性）迷惑，那麼這外來的魔客，便會得其『方便』。（這些魔達到擾亂你禪定的目的。）

●名相：五陰

◎釋文：又作「五蘊、五衆、五聚」，「五蘊」是總一切「有爲法」的大別。「蘊」是「積聚、類別」之意，卽類聚一切有爲法的五種類別。

⑴色蘊：卽一切色法之類聚。

⑵受蘊：苦、樂、捨、眼觸等所生之諸受。

⑶想蘊：眼觸等所生之諸想。

⑷行蘊：除色、受、想、識外的一切「有爲法」，亦卽「意志」與「心」的作用。

⑸識蘊：卽眼識等諸識的各類聚。

●名相：方便

◎釋文：又作「善權、變謀」。指巧妙地接近、施設、安排等，是一種向上進展的方法。

所以，當你處在『禪那（禪定）』中時，必須隨時保持在覺悟不疑惑的狀態。那麼，那些魔事便拿你無可奈何了。五陰消散，進入『明覺（明白五陰，覺悟本心。）』中，那些邪魔全部都只能藏在幽暗裡。光明能夠破除黑暗，黑暗靠近光明，自然便會消殞。因此，當你『明覺（明白五陰，覺悟本心。）』時，那些幽暗中的魔，怎麼敢滯留在這個地方，擾亂你的禪定呢？

●名相：明覺

◎釋文：明白五陰，覺悟本心。放下一切對妄念貪念的執著，把本心找回來，這就是「明覺」。

如果你不明白、不覺悟，被這個『五陰魔』所迷惑的話。那麼，你阿難必然成爲魔的弟子，最後成爲魔人。就像『摩登伽女』這樣，特別渺小的凶劣法術魔事，她只是用邪咒來迷惑你，讓你破壞佛的律儀。但是，在佛律的八萬四千行儀中，只毀壞了一戒。由於你的『心體（心的本體；本心；自性；第八識阿賴耶識）』清淨的緣故，因此還沒有陷於危境中。但是，這個是讓你墮落的一種行爲，還是破壞了你寶貴覺悟完整的身體，就如同宰相大臣的家，忽然遭到皇帝抄家沒收，隨順變化，成爲一個身世落魄可憐的人，無處哀求援助一樣。

（下面就要講到這「五陰魔」了，「五陰魔」是什麼呢？是「色陰魔、受陰魔、想陰魔、行陰魔、識陰魔」。「色陰魔」有十種魔，「受陰魔」有十種魔，「想陰魔」有十種魔，「行陰魔」有十種魔，「識陰魔」有十種魔，合起來就是「五十種陰魔」。修習靜坐禪定的人，必須對這「五十種陰魔」認識得清清楚楚，如果不清楚這「五十種陰魔」，很容易就做了魔王的眷屬，所以這要特別的注意。）

再回到主文翻譯。

（一）五十種陰魔的「色陰魔」

(1) 五陰中的「色陰」

(2) 五濁中的「劫濁」

「劫濁」謂見虛空遍於十方界而空見不分；有空無體，有見無覺而相織妄成，稱爲「劫濁」。

(3) 妄想之源：「堅固妄想」

「堅固妄想」卽色蘊。衆生之體、心、命等皆爲妄想相之結合，諸想交固而成色身，故色身稱爲「堅固妄想」。

(4)色陰十境（第①至第⑩境）：
①身能出礙 ②內徹拾蟲 ③空中聞法 ④千佛普現 ⑤空成寶色
⑥暗中見物 ⑦身同草木 ⑧遍見無礙 ⑨遙見遙聞 ⑩妄見妄說
(5)色陰十魔（第①至第⑩魔）：
①精明 ②精明 ③精魄 ④心魂 ⑤抑按
⑥心細 ⑦塵併 ⑧欣厭 ⑨迫心 ⑩邪心

阿難！你應當知道，你在道場修行靜坐禪定，就是要除去各種妄想的念頭。這些念頭如果除盡了，就是『離一切念』的狀態。當下你的『自性』顯現，『自性』於『一切時（從無始以來）』，都是『精明（精妙明澄）』的狀態，不管是動或者是靜，都不會被移動改變。

對『自性』而言，『記得』和『忘記』是一樣的，是同一個，不是分別兩個。因爲，『記得』和『忘記』是『相對性』的『分別對待心』，而『自性』是『絕對性』的『一心』。所以，『自性』沒有『記得』，也沒有『忘記』的狀態，只有清楚明白的『覺知』狀態。

●名相：一切時
◎釋文：從無始以來相續無窮的時間，稱爲「一切時」。無論何時，包括過去、現在、未來所有的時間，都稱爲「一切時」。

●名相：精明
◎釋文：「精」是精妙；「明」是明白。「精明」是指人人本具的自性清淨心，「精明」是形容「自性」的明澄絕妙。

當你處於『定』的這種狀態，而進入『三摩提（禪定）』時，就好像眼睛清明的人，處在非常幽暗的密室中。雖然精純的『自性』妙淨心，始終是存在的，只是『心體（心的本體；本心；自性；第八識阿賴耶識）』還未能發出智慧光明而已，這個狀態就叫做『色陰區宇（色陰境地）』。

●名相：三摩提

◎釋文：又作「三昧、三摩地、三摩帝」，意譯爲等持、定、正定、定意、調直定、正心行處等。即將心定於一處（或一境）的一種安定狀態。

●特別說明：

在漢傳佛教，「三昧（三摩提）」與「禪定」視爲同義，都是將心定於一處（或一境）的一種安定狀態。

「禪定」這個名相，是由梵文的「禪那」，簡稱「禪」，與「三昧（三摩提）」的漢譯「定」，組合而成，用來指稱進入「禪那三昧」的修習方法。

在「印度佛教」傳統中，禪那（禪）」與「三昧（三摩提）」各有其定義，不會被混淆。但是「漢傳佛教」把兩者融通，不特別去分別兩者，因而創造出「禪定」這個獨特的名詞。

在梵文中有八個名詞皆被漢譯爲「定」，他們之間有細微的不同，但是在「漢傳佛教」傳統中，比較不重視這些差異。這八個名詞分別爲三摩提（samadhia）、三摩鉢底（Samapati）、三摩呬多（Samahita）、馱那演那（Dhyāna）、奢摩他（Samatha）、現法安樂（Dadharma-sukhavihra）、質多醫迦阿羯羅多（Citta-eka-agrat）、三摩半那（samapduua）等。簡述如下：

(1) 三摩提（samadhi）：梵文稱「三昧、三摩地」，意爲「等持」，只要心不散亂，專注於所緣境，皆可稱爲「三摩地」。

(2)三摩鉢底（Samapati）：意爲「等至」，指心至平和之境，範圍較「三摩提」爲廣，包含一切有「心定、無心定」、甚至片刻的「定心」。

(3)三摩呬多（Samahita）：意爲「等引」，指攝心至於安定平和之境。

(4)馱那演那（Dhyāna：又譯爲「禪那（禪）」，與「三昧（samadhia，又譯爲「定」）」基本上可視爲同義詞。兩者的分別在於，「禪那（禪）」的範圍窄，而「定」的範圍寬。「禪那（禪）」專指色界以上的四種禪境界，而欲界諸定因智慧狹小，不能稱爲「禪」。因爲佛陀與其弟子多以第四禪定力證入涅盤，所以第四禪又稱「根本定（dhyana-maula）」。

(5)奢摩他（samatha）：又譯爲「舍摩他、奢摩陀、舍摩陀」，意思是「止、寂靜、能滅」等。止息一切雜念、止息諸根惡不善法，所以能夠熄滅一切散亂煩惱。

(6)現法安樂（dadharma-sukhavihra）：以四禪爲基礎，遠離妄想，身心寂滅，安住在現前的法樂之中，或稱爲現法樂住（drsta-dharma-sukha-vihara）。

(7)質多醫迦阿羯羅多（Citta-eka-agrat）：又稱爲「心一境性、一境性」，是指讓心集中在一個地方，以進入「三摩提」的狀態。它是一種心所，相當於「三摩提」，「說一切有部」將它列入「大地法之一，「南傳上座部」將它列爲七個「遍行心所」之一。

(8)三摩半那（samapduua）則指已入定中。

再回到主文翻譯。

如果眼睛明亮，所看見的十方世界清澈明亮大開，不再有幽暗，這個狀態叫做『色陰盡（色受陰終止）』。也就是色陰、受陰、想陰、行陰、識陰等，這『五陰（五蘊）』中的『色陰』就沒有了。禪修到這個境界的人，就能夠超越『劫濁』。

●名相：色陰

◎釋文：又作「色蘊」，爲五蘊之一。「色」爲「變礙」義；佔有一定空間，而且會變壞者稱之爲「色」，即「物質」。而「色」的聚集，稱爲「色蘊」；亦即有質礙、變礙諸法的類聚一切「色法（物質）」的類聚。

這裡先暫停翻譯，解釋一下什麼是「劫濁」？

「劫濁」爲五濁之一，原來的意思是「時節的濁亂」。於「減劫」中，饑饉、疾病、刀兵等劫生起，衣食等資具衰損，是爲「劫濁」。

●名相：減劫

◎釋文：「增劫」的對稱。即人壽每百年減一歲，由八萬歲減至十歲所需之時間。佛教的世界觀，認爲以人間世界爲中心的宇宙有「成、住、壞、空」四大劫，各大劫又由二十中劫所成。依小乘之說，「住劫」二十中劫的第一劫中，以人積集惡業之故，人壽每百年減一歲，由八萬歲減至十歲，稱爲「減劫」。其後十八劫之各劫中，人壽由十歲增至八萬歲，復由八萬歲減至十歲，此時期稱爲「增減劫」。第二十劫中，人壽再由十歲增至八萬歲，稱爲「增劫」。大乘則認爲二十中劫各有增減，即以「中劫」各爲唯一的增減劫。

但是，在《大佛頂首楞嚴經》卷四中，釋迦牟尼佛用「五濁」，來描述修習禪定時，不同層次的心理變化。「劫濁」是「五濁」之中的一個，這裡的解釋和原來的意思不同。

●名相：五濁

◎釋文：根據《大佛頂首楞嚴經》卷四記載，佛界與「九界（指十法界中的九界。即：地獄、餓鬼、畜生、阿修羅、人間、天上、聲聞、緣覺、菩薩。）」相織而產生五種的渾濁，稱爲「五濁」。即：

(1) 劫濁，謂見虛空遍於十方界而空見不分；有空無體，有見無覺而相織妄成，稱爲「劫濁」。

(2) 見濁，謂身以四大爲體，見聞覺知壅令留礙，以地、水、火、風四大旋令覺知，相織妄成，稱爲「見濁」。

(3) 煩惱濁，謂心中憶識誦習，性發知見而容現六塵；離塵無相，離覺無性而相織妄成，稱爲「煩惱濁」。

(4) 衆生濁，謂人朝夕生滅不停，知見每欲留於世間，業運每常遷於國土，於此而相織妄成，稱爲「衆生濁」。

(5) 命濁，謂人之見聞原無異性，以衆塵隔越，故無狀異生，雖性中相知，然用中相背，同異失準而相織妄成，稱爲「命濁」。

（釋迦牟尼佛說，你見到「虛空」遍滿「十方」世界，其中「虛空」與你的「知見（見解）」是不可分割的。有「虛空」，「虛空」卻沒有「自體（自性）」；有「知見（見解）」，「知見（見解）」卻沒有「覺知性（自性）」。正是「虛空」和你的「知見（見解）」相互交織在一起，才形成了這個虛妄的世界。這就是第一重的「渾濁（不清澈）」，名爲「劫濁」。）

●名相：劫濁

◎釋文：謂見虛空遍於十方界而空見不分；有空無體，有見無覺而相織妄成，稱爲「劫濁」。

●名相：虛空
◎釋文：空界的別稱。指一切諸法存在的場所、空間。
●名相：十方
◎釋文：爲四方、四維、上下之總稱。卽指東、西、南、北、東南、西南、東北、西北、上、下。佛教主張十方有無數世界及淨土，稱爲十方世界、十方法界、十方淨土、十方剎等。
●名相：知見
◎釋文：指依自己的思慮分別，而建立的見解。與「般若智慧」有別，「般若智慧」是無分別智，爲離思慮分別的心識。惟作「佛知見」、「知見波羅蜜」時，則「知見」與「般若智慧」同義。
●名相：自體
◎釋文：卽「自性」，指自體的本性，卽諸法各自具有眞實不變、清純無雜的個性，稱爲「自性、自體」。
●名相：覺知性
◎釋文：又稱「覺性」，卽「自性」。謂能斷離一切迷惘而開悟眞理的本性。

（換句話說，「虛空」和世間萬物一旦離開了「知見（見解）」，就失去了其存在性，沒有意義；「知見（見解）」一旦離開了「虛空」以及世界萬物，就失去了所覺知的內容，也沒有意義。眼睛「能見」的「知見（見解）」與「所見」的「虛空」及世界萬物，這兩者是不可分割的一體；也正是由於「虛空」與「知見（見解）」的相互交織，才形成了虛妄的無邊世界。

其中「能見」的「知見（見解）」就是第八識「阿賴耶識」的「見分」；而「所見」的「虛空」及世

界萬物，就是第八識「阿賴耶識」的「相分」。整個世界，與衆生的「知見（見解）」合在一起，同時也包含著無量的「習氣種子」在內，就是完整的第八識「阿賴耶識」，就是整個「法界」，無所不包。

因此，一旦透過修習禪定，徹底打破了「能見」和「所見」的對立差別，我們的「覺性（自性）」將會遍滿整個「法界」，而無所不知。在修習禪定的過程當中，當我們的「覺性（自性）」充滿了整個世界的時候，那才可以稱做獲得了「初步成就的菩薩」。）

●名相：能所

◎釋文：卽「能」與「所」的並稱。某一動作的主體，稱爲「能」。其動作的客體（對象），稱爲「所」。例如能看見物體的「眼睛」，稱爲「能見」；爲眼睛所看見的「物體」，稱爲「所見」。

●名相：見分

◎釋文：「唯識宗」所立四種心法（心識的作用）的第二種，又稱作「能取分」。卽指諸識的能緣作用，爲認識事物的主體；亦卽能照知所緣對境（卽「相分」，爲所認識的對象）的主體作用，意卽「能認識對象的功能」。「見」卽見照、心性明了之義，謂能照燭一切諸法及解了諸法義理，如鏡中之明，能照萬象。

●名相：相分

◎釋文：「唯識宗」所立四種心法（心識的作用）的第一種，又稱作所「取分」。卽外界的事物，映現於心識的影像，意卽「所認識的對象」。

●名相：法界

◎釋文：指意識所緣對象的所有事物。

再回到原文的翻譯。

觀察這個人，這種情形的緣由，他是以『堅固妄想』來做爲他禪修的根本，是他的『固執妄念』所造成的，才能夠達到這個境界。雖然這個『堅固妄想』不是『道』，因爲這還在『妄想境界』中，心念的『意識』還在。可是，禪定功夫能夠做到這一點，那已經是不得了。

●名相：堅固妄想

◎釋文：卽「色蘊」。衆生之體、心、命等皆爲妄想相的結合，諸想交固而成色身，故「色身」稱爲「堅固妄想」。

■色陰十境的第①境「身能出礙」：第①魔「精明」

阿難！這時候應當在這『色陰』將盡的時候，進一步精心鑽研『妙明（自性）』。當『四大（地、水、火）』所編織的身體，不再是羈絆時，『少選之間（在很短的時間之內）』，身體便可以越出障礙，這個身體已經沒有障礙了，好像等於『虛空』一樣，道教稱爲『靈魂』出竅，佛教稱爲『意生身』出竅。

這個身體能夠『出礙』，就是離開這個肉體，變成另外一種身體，稱爲『意生身』。『意』就是第六識『意識』的這個『意』，是由第六識『意識』生出來的這個身體，這叫做『出礙』。身體能夠『出礙』，這種情況叫做『精明（『自性』精妙明澄的功用）』。這個『精明（『自性』精妙明澄的功用）』，流露滿溢在前面的這種境界中。

不過，這種境界只是一種功用而已，暫時得到這麼一個境界，不是永遠的，並不是證得聖人的境界。此刻如果心裡不作已經『成佛成聖』的想法，那麼這種境界就叫做『善境界』。如果心裡誤以爲，這就是證得聖境了，那麼立卽就會遭遇種種邪魔的侵擾。

●名相：妙明

◎釋文：「本覺（眞心本有的覺性）」雖然是無所不了解，無所不知曉，實際上本質是無所了解，也無所知曉，既無所執，亦無所住，故稱之爲「妙」；本有的覺性寂靜而常照，雖然寂靜，但是可以遍照法界，能夠了了分明，無所不知曉，無所不了解，故稱之爲「明」。「妙明」就是「眞妙的明心」，以名無漏的眞智，也就是「自性」。

●名相：四大

◎釋文：爲「四大種」的略稱，「大」意卽廣大。又稱爲「四界」；「界」卽「元素」，謂物質（色法）是由地、水、火、風等四大要素所構成。卽：

⑴本質爲堅性，而有保持作用者，稱爲「地大」。

⑵本質爲濕性，而有攝集作用者，稱爲「水大」。

⑶本質爲暖性，而有成熟作用者，稱爲「火大」。

⑷本質爲動性，而有生長作用者，稱爲「風大」。

積聚「四大」卽可生成物質，故「四大」又稱爲「能造之色、能造之大種」；被造作的諸「色法（物質）」，則稱爲「四大所造」。

●名相：意生身

◎釋文：非父母所生之身體，乃初地以上之菩薩爲濟度衆生，依「意」所化生之身。此外，中陰身、劫初之人、色界、無色界、變化身、界外的變易身等，都屬於「意生身」。

●名相：精明

◎釋文：「精」是精妙；「明」是明白。「精明」是指人人本具的自性清淨心，「精明」是形容「自性」的明澄絕妙。

■色陰十境的第②境「內徹拾蟲」：第②魔「精明」

阿難！這時候再進一步精心鑽研『妙明（自性）』，使自己的體內通徹光明，生起『內視』的超能力，可以看見自己體內的五臟六腑，什麼東西都看得見。這時候，這個人忽然間，從自己的身體內部，掏出『蟯蟲』和『蛔蟲』。但是，身體卻依然完好如初，沒有任何毀傷。拿出的蟲子，是眞實不虛的，但是肚皮沒有破裂，這種情況叫做『精明（『自性』精妙明澄的功用）』。這個『精明（『自性』精妙明澄的功用）』，是從你身體裡面流溢出來的。

不過，這種境界只是一種精妙的功用而已，暫時得到這麼一個境界，並非是證得了聖人的境界。此刻如果心裡不作已經『成佛成聖』的想法，那麼這種境界就叫做『善境界』。如果心裡誤以爲，這就是證得聖境了，那麼立即就會遭遇種種邪魔的侵擾。

●名相：蟯蛔

◎釋文：即「蟯蟲」和「蛔蟲」，「蟯蟲」是一種白色的小寄生蟲，寄生於小腸下部及盲腸內，「雌蟯蟲」會在夜裡爬出，在肛門及會陰部產卵。「蛔蟲」的形狀像蚯蚓，呈白色或米黃色，寄生於人的腸壁上。

（這是五陰裡，「色陰」的第二種心魔的境界。這種魔境，是因爲你用功修習禪定才有的；如果你不用功，你想找這種魔的境界，還找不著，沒有資格「入魔」。

那麼魔境來的時候，你要怎樣處理呢？你必須要如如不動，了了分明，不要著相，不要執著，不要歡迎它，也不要討厭它，就像沒有那回事一樣。因爲，這不是一種證果的境界。

你若著相，認爲自己得了神通自在，我現在眞是了不起了，連在我肚子裡的蟲，我都能夠把牠們拿出來，那就錯啦！你只要有這一念的「貢高心」，心魔就鑽到你的心裡來，讓你得不到定力。所以，修道一定要明白這個道理，才不會「入魔」，不至於走錯路。你若沒有禪定的功夫，反而沒有問題；若有禪定功夫的時候，那個心魔，就時時刻刻都看著你，一有機可趁，他就來擾亂你。）

■色陰十境的第③境「空中聞法」：第③魔「精魄」

那麼又以此心修習禪定，精益求精，再進一步精心鑽研『內相』和『外相』二處，觀照『妙明（自性）』。這時候，『魂魄、意志、精神』，除了自己身體的種種執著障礙，其餘都能相互『涉入（牽連、相關）』，互爲『賓主（賓客和主人）』的關係。

這時候，忽然從虛空中，聽到講經說法的聲音（其實這就是你自己的『魂魄、意志、精神』互爲『賓主』去講經說法的。），或者聽到十方一同講經說法，發出深密的義理（這個就是因爲你在前生所聽過的經、聞過的法，在你這魂魄、意志、精神裡沒有忘記。所以今生你用功禪定到極點，就把這些記憶都找回來了，就聽到好像講經說法的聲音。），這就叫做『精魄（精神和魂魄的功用）』，就是你自己的『魂魄、意志、精神』，『賓主（賓客和主人）』的關係，互相輪流更換，有時候分離，有時候和合。

但是，此時成就的『善種（善根的種子）』，不過是暫時獲得的，並非證得聖人的境界。此刻如果心裡不作已經『成佛成聖』的想法，那麼這種境界就叫做『善境界』。如果心裡誤以爲，這就是證得聖境了，那麼立即就會遭遇種種邪魔的侵擾。

●名相：魂魄、精魄

◎釋文：指衆生的心識，亦泛指人的神識或物之精。

此類魂魄、精魄等用語，最早爲中國古代經典所用，如《淮南子》的「天氣云魂，地氣爲魄。」、《春秋左氏傳》的「心精靈，是謂魂魄。」、《儀禮註疏》的「出入之氣謂之魂，耳目聰明謂之魄，死者魂神去則魄離。」此外，古代又稱「陽氣」爲「魂」，「陰氣」爲「魄」，二氣和合爲「人」，故有人死則魂魄昇天之說。

佛教經典傳譯之時，常借此類用語，泛指「精神、心識」；或作爲「身心」的異名，而統稱「精神」與「形體」。

此外，《首楞嚴義疏注經》卷九之一解釋說：「初至賓主者。明境發所由也。主肝曰魂。主肺曰魄。主脾爲意。主腎爲志。主心爲精神。根身種子皆爲第八（第八識「阿賴耶識」）所執受故。定心精究。內外唯空。遂令五內主神無所依附。流出于外迭互相依。故云互爲賓主。忽於下四句正明發相。此則先所修習聞慧種子。定力所激。禪中發生。遂寄神魂現於說法也。此名下結判邪正。離合卽賓主也。或離心主而賓於肝等。」。

■色陰十境的第④境「千佛普現」：第④魔「心魂」

又將這個心，澄清而顯露出來，此心皎潔而明徹，從內發出光明，十方世界到處呈現出高貴的『閻浮檀金』這種顏色。一切『胎、卵、濕、化』的衆生，無論什麼種類的衆生，都化爲『如來』。

在這個時候，忽然間看見『毘盧遮那佛』，高坐在『天光台』上，被一千位佛圍繞著，百億的國土和蓮花，同時呈現於前，這叫做『心魂（自性光明發起的功用）』，『靈悟所染』。就是你累世熏習了佛法經教，現在由『定力』引發，感悟出以前聽經聞法的種子，所以叫做『靈悟所染』。

但是，這種心光朗照各種世界的境界，是暫時獲得的境界，並非是證得了聖人的境界。此刻如果心裡不作已經『成佛成聖』的想法，那麼這種境界就叫做『善境界』。如果心裡誤以爲，這就是證得聖境了，那麼立即就會遭遇種種邪魔的侵擾。

●名相：閻浮檀色

◎釋文：「閻浮檀色」是指「檀金色」。「閻浮檀」是梵語，「閻浮」是樹名，「檀」是河之意，「閻浮檀」是印度恆河的七大支流之一。「閻浮檀金」意思是，流經「閻浮樹」間的河流，所產出的沙金，此金色澤赤黃，又帶著紫氣，爲金中最高貴者。後世對釋迦牟尼佛金身的描述，多用此語，「檀金色」代表著最高貴地位。

●名相：毘盧遮那

◎釋文：「毘盧遮那」是梵名，就是「遍一切處」之意，這是佛的名字，原爲「太陽」之意，象徵佛智的廣大無邊，乃歷經無量劫海的修習功德，而得到的正覺。「毘盧遮那佛」無在無不在，任何地方都有他的法身。

■色陰十境的第⑤境「空成寶色」：第⑤魔「抑按」

那麼又將此心修習禪定，再進一步精心鑽研『妙明（自性）』，不停地觀察自心，抑制、按住、降伏，制止這個心動念，超越種種的雜念。

在這個時候，忽然間，看見十方虛空，變成七寶顏色或者百寶顏色。這些顏色同時遍滿虛空，但又不相互妨礙混淆，而是純淨的顯現著青、黃、赤、白，各自分明的色彩，這就叫做『抑按（抑制按捺的功力太過於用力）』，就是你按壓你的心念，不讓它打妄想。你修習禪定的功力，超出自己本分。

但是，這也是暫時獲得的境界，並非是證得了聖人的境界。此刻如果心裡不作已經『成佛成聖』的想法，那麼這種境界就叫做『善境界』。如果心裡誤以爲，這就是證得聖境了，那麼立卽就會遭遇種種邪魔的侵擾。

■色陰十境的第⑥境「暗中見物」：第⑥魔「心細」

又用這個禪定的心，去研究念頭清澈，使『心體（心的本體；本心；自性；第八識阿賴耶識）』之光精純不亂。忽然間在夜半時分，在黑暗的室內，看見種種的物相，不亞於白天所看見的物相。而暗室裡的物相，也沒有除滅，這就叫做『心細（「心識功用」細密所致）』，就是你心細到極點了，把你這個『見』，也清淨到極點。

但是，這種深察昏暗不明的洞察力，也是暫時獲得的境界，並非是證得了聖人的境界，此刻如果心裡不作已經『成佛成聖』的想法，那麼這種境界就叫做『善境界』。如果心裡誤以爲，這就是證得聖境了，那麼立卽就會遭遇種種邪魔的侵擾。

■色陰十境的第⑦境「身同草木」：第⑦魔「塵併」

又用這個禪定的心，使其圓融化入虛空，『四體（兩隻手臂、兩條腿）』忽然間，就如同沒有知覺的草木一樣，用火燒它，用刀來砍它，都沒有任何的知覺。又大火不能焚燒它，卽使用刀來割其肉體，也如同削木一樣，這叫做『塵併（生理本能的物理塵性的並合，排除了四大（地、水、火、風）的種性。）』，就是所有的塵相都合併起來了。

但是，這種排棄『地、水、火、風』四大性，而直入純淨空無的境界，也是暫時獲得的境界，並非是證得了聖人的境界。此刻如果心裡不作已經『成佛成聖』的想法，那麼這種境界就叫做『善境界』。如果心裡誤以爲，這就是證得聖境了，那麼立即就會遭遇種種邪魔的侵擾。

■色陰十境的第⑧境「遍見無礙」：第⑧魔「欣厭」

又用這個禪定的心，去成就清淨心的境界。當這個清淨心，到了極至的時候，忽然間看見十方世界的大地和山河，都變成了佛國。到處都有金、銀、琉璃、硨磲、赤珠、瑪瑙、珊瑚等，這七種的寶貝，光明照徹，遍布在這十方佛國。

又看見恆河沙一樣多的衆多佛如來，遍滿在虛空界中。虛空界中，到處都是華麗的樓閣寶殿。向下可觀見到地獄，向上可觀見到天宮，所觀見之處，毫無障礙，這叫做『欣厭（欣慕聖人，厭惡凡夫。）』，就是因爲平常你有喜歡和厭惡的事情，例如你平常心想歡喜上天界，或者佛國，而厭惡地獄。

但是，這是『凝想（專心致志，心念專一，想得專一，凝結你的想法）』深入許久，而從『心體（心的本體；本心；自性；第八識阿賴耶識）』中幻化成的境界。也是暫時獲得的境界，並非是證得了聖人的境界。此刻如果心裡不作已經『成佛成聖』的想法，那麼這種境界就叫做『善境界』。如果心裡誤以爲，這就是證得聖境了，那麼立即就會遭遇種種邪魔的侵擾。

■色陰十境的第⑨境「遙見遙聞」：第⑨魔「迫心」

又用這個禪定的心，去研究深遠。忽然於半夜，看見遠方的市井街巷，或者聽到自己親族眷屬，他們在說話，這就叫做『迫心（用功急迫心切）』，就是你修習禪定的功力，把你這個心壓制，不讓它打妄想，逼迫到極點了。

但是，這是你把你這個心逼迫到極點而飛出去，因此有這種『隔物遙視』的境界，並非是證得了聖人的境界。此刻如果心裡不作已經『成佛成聖』的想法，那麼這種境界就叫做『善境界』。如果心裡誤以爲，這就是證得聖境了，那麼立卽就會遭遇種種邪魔的侵擾。

■色陰十境的第⑩境「妄見妄說」：第⑩魔「邪心」

又用這個禪定的心，去研究細緻到極點。看見他過去跟著學法的那個善知識，他的形體不斷的變化，一會兒的功夫，沒來由的便有種種變化，這就叫做『邪心（邪心受了鬼魅或天魔附身）』，就是因爲你的心裡不正當，所產生出來的幻想。

這種『心體（心的本體；本心；自性；第八識阿賴耶識）』含受魑魅，或者遭遇天魔進入到他的內心裡去，沒來由的爲他講經說法，通達假妙義的境界，並非是證得了聖人的境界。此刻如果心裡不作已經『成佛成聖』的想法，那麼這種境界就叫做『善境界』。如果心裡誤以爲，這就是證得聖境了，那麼立卽就會遭遇種種邪魔的侵擾。

阿難！像這十種『禪那（禪定）』中所顯現的境界，都是『色蘊』在『心體（心的本體；本心；自性；第八識阿賴耶識）』中交互湧動，因此顯現出這些事情的境界。由於衆生頑固不化，愚迷不醒，而不能自去思量它。因此，遇到這樣的因緣時，愚癡而不能認識這些魔的境界，還聲稱自己已經開悟證果，登入了聖人的境界，造成大妄語，最終墜入無間地獄。你們應當依照如來的說法，在如來滅度以後的末法世代中，宣示這個法義，不要讓天魔得逞，達到他擾亂修習禪定的目的，保護持守著正道，從而成就無上的道果。

●名相：禪那

◎釋文：梵語 dhyāna的音譯，意譯作靜慮（止他想，繫念專注一境，正審思慮）、思惟修習、棄惡、功德叢林（以禪爲因，能生智慧、神通、四無量等功德）。寂靜審慮之意。指將心專注於某一對象，極寂靜以詳密思惟之定慧均等之狀態。

（二）五十種陰魔的「受陰魔」

(1)五陰中的「受陰」

(2)五濁中的「見濁」

「見濁」謂身以四大爲體，見聞覺知壅令留礙，以地、水、火、風四大旋令覺知，相織妄成，稱爲「見濁」。

(3)妄想之源：「虛明妄想」

「虛明妄想」卽受蘊。衆生由欲想，而好惡之二相損益現馳，此卽受蘊無實體，本爲虛妄，故受蘊稱爲虛明妄想。「虛明」是指內心清澈明亮，清虛純潔。「虛明妄想」是「妄想虛明」的倒裝句，妄想「虛明」的境界。

(4)受陰十境（第①至第⑩境）：

①抑己悲生 ②揚己齊佛 ③定偏多憶 ④慧偏多狂 ⑤歷險生憂
⑥覺安生喜 ⑦見勝成慢 ⑧慧安自足 ⑨著空毀戒 ⑩著有恣淫

(5)受陰十魔（第①至第⑩魔）：

①悲魔 ②狂魔 ③憶魔 ④易知足魔 ⑤常憂愁魔
⑥好喜樂魔 ⑦大我慢魔 ⑧好輕清魔 ⑨空魔 ⑩欲魔

阿難！那些善男子，修習『三摩提（禪定）』，在『奢摩他（禪定）』中，色蘊全部消除，見到諸佛的心印法門，如同明鏡中顯現出的形像一樣，好像有所得到，但又無所作用。這就像夢魘（惡夢）中的人，手腳都存在，對所見所聞不生迷惑，『心體（心的本體；本心；自性；第八識阿賴耶識）』在接觸外來的邪魔時，卻不能動彈，這叫做『受陰區宇（受陰境地）』。

如果夢魘境象，這種災禍停止了，你的『心識』使離開你的身體，而且能夠返回觀看『自己的面目（肉身）』。你的『心』識可以自由自在的離開身體，或是留住在身體裡面，不再有任何障礙，這叫做『受陰盡（受陰終止）』。那麼，這個人就能夠超越『見濁』。觀察這個人，這種『受陰』的緣由，他是以『虛明妄想』來做爲他禪修的根本，才能夠達到這個境界。

●名相：三摩提

◎釋文：梵語，又作「三昧、三摩提、三摩帝」。意譯爲「等持、正定、定意、調直定、正心行處」。卽遠離惛沈掉舉，心專住一境的精神作用。

●名相：奢摩他

◎釋文：爲梵語的音譯，意譯「止、寂靜、能滅」，爲「禪定」七名之一，乃攝心而不被外境所動，遠離並止息一切的散亂，使心寂靜。

●名相：見濁

◎釋文：謂身以四大爲體，見聞覺知壅令留礙，以地、水、火、風四大旋令覺知，相織妄成，稱爲「見濁」。

●名相：虛明妄想

◎釋文：卽「受蘊」。衆生由欲想，而好惡的二相損益現馳，此卽「受蘊」無實體，本爲虛妄，故

「受蘊」稱為「虛明妄想」。「虛明」是指內心清澈明亮，清虛純潔。「虛明妄想」是妄想「虛明」的境界。

■受陰十境的第①境「抑己悲生」：第①魔「悲魔」

阿難！那個善男子，本來應當在這個境界中，獲得大光明。當他的『心體（心的本體；本心；自性；第八識阿賴耶識）』靈明發露時，因為他過分強制壓抑自己內心的心識，忽然在他的內心深處，發出無窮的悲憐心，悲憐眾生。這時候，甚至觀看到蚊蟲，也如同看到初生的嬰兒一樣，心中會生出憐憫心，不知不覺流下眼淚，這叫做『功用』，這是用功修習禪定時，偶爾會發生的情形，原因是把『心識』過分壓抑，所以會產生這種『悲憐心』。

能夠領悟了解這個原因，就沒有災禍。但是，必須知道這種境界，並不是證得聖人的境界，這不是『同體大悲』的境界。如果能夠保持覺悟，而不迷惑的話，時間一久，這種『悲憐心』的境界，自然消失停止。如果誤解為成就了聖人的境界，那就會有『悲魔』潛入他的心臟，使他見到人就哭，就生起悲傷的心情，整天號哭不止，或者只掉眼淚而不出聲的哭。這樣便失去了『正受』，而從此沉淪，最後墮入地獄。

●名相：同體大悲

◎釋文：又作「同體慈悲」。指觀一切眾生與己身同體，而生起拔苦與樂、平等絕對的悲心。亦即初地以上的菩薩，攝眾生於自體，以眾生之苦為己苦，生起哀傷之心。

●名相：正受

◎釋文：梵語，意譯「等至、正定現前」。遠離邪想而領受正所緣之境的狀態。亦即入定時，以定之力使身、心領受平等安和之相。又定心而離邪亂稱爲「正」，無念無想而納法在心稱爲「受」，猶如明鏡之無心現物。

■受陰十境的第②境「揚己齊佛」：第②魔「狂魔」

阿難！又那些在禪定中的善男子們，見到『色蘊』已經消除盡絕，『受蘊』則淸晰明白。於是，就有一種『勝相（殊勝特別的相）』顯現於前，他就生出一種感激心，可是太過份了。忽然，從心中生出無限的勇氣，他這個心變得勇猛銳利，志向要同諸佛一樣，聲稱他在一念之中，就能超越『三大阿僧祇劫』，成佛只是一念之間的事情，這個功用叫做『陵率（『陵』是超越；『率』是輕率）』，這是你修習禪定時，過度用心執著的功用。認爲自己超越佛乘，過分輕率，自我感覺良好。

能夠領悟了解這個原因，就沒有災禍。但是，必須知道這種境界，並不是證得聖人的境界。如果能夠保持覺悟，而不迷惑的話，時間久了自然消失停止。如果誤解爲成就了聖人的境界，那就會有『狂魔』潛入他的心臟，使他逢人便誇耀自己，狂妄、貢高、傲慢無比。他的傲慢心，向上看不見佛，傲視佛；向下看不見人，傲視人。這樣便失去了『正受』，而從此沉淪，最後墮入地獄。

●名相：三大阿僧祇劫

◎釋文：爲菩薩修行成滿至於佛果所須經歷之時間。「阿僧祇」是梵語，意爲無量數、無央數；「劫」爲極長遠的時間名稱，有大、中、小三劫之別。三度的阿僧祇大劫，卽稱「三大阿僧祇劫」。

■受陰十境的第③境「定偏多憶」：第③魔「憶魔」

又那些在禪定中的善男子們，見到『色蘊』已經消除盡絕，『受蘊』則淸晰明白。因爲心不亂攀緣，故而導致繼續向前禪定用功時，因爲『受蘊』未破，所以沒有獲得新的體悟證知的境界。本來想要回歸

『自性』體空的老家，卻因爲『色蘊』已盡，所以失去他的歸處。此時，又因爲『禪定力』強，『智慧力』弱，所以他會覺得自己的『智慧力』衰弱，沒有那麼猛利了。他在『色蘊』已盡，『受蘊』未破之間，進退兩難，進退二念俱『隳（ㄏㄨㄟ毀壞、損毀）』，不知道如何是好。進既不能，退亦不得，好像毀滅了一切境界似的，進入一個『一無所見，無所悟知。』的境界。

這時候，在他的心中，忽然間就生起一種感覺，覺得自己的心裡很枯燥口渴，需要佛的法水來潤澤他，他覺得什麼都沒有了。逐漸地，無論何時，他變得迷戀想念這種枯燥口渴的感覺，而且不散去。他將這種枯燥口渴的感覺，認爲就是『勤勇精進』的相，這就叫做『修心』，就是雖有『正定』，但無『智慧』，故如枯如渴。

能夠領悟了解這個原因，就沒有災禍。但是，必須知道這種境界，並不是證得聖人的境界。如果誤解爲成就了聖人的境界，那就會有『憶魔』潛入他的心臟，一天到晚把你的心給懸起來。這樣便失去了『正受』，而從此沉淪，最後墮入地獄。

■受陰十境的第④境「慧偏多狂」：第④魔「易知足魔」

又那些在禪定中的善男子們，見到『色蘊』已經消除盡絕，『受蘊』則清晰明白。他的『智慧力』超過了『禪定力』，過失於過猛過利，常將各種『勝性』法門，例如『自心本來是佛』、『心佛一如』、『心卽是佛』等法門，懷藏於心中，而自以爲自己已經證得此法。自己常常懷疑，自己本身就是『盧舍那佛』。於五蘊中，才剛歷經『色蘊十境』，『色蘊』消失，『受蘊』顯現，便以佛自居，少少的證得，便已經滿足。稍微得到一點進步，就很滿足，這種情形叫做『用心』。這是因爲他忘失常常審察自己的過錯，沉溺於自己的『虛妄知見』，以爲自己是佛。

能夠領悟了解這個原因，就沒有災禍。但是，必須知道這種境界，並不是證得聖人的境界。如果誤爲成就了聖人的境界，那就會有『下劣易知足魔』，這是一種智力低下頑劣，容易知足的魔，潛入他的心臟，使他逢人便聲稱，我已經證得了無上『第一義諦』。這樣便失去了『正受』，而從此沉淪，最後墮入地獄。

●名相：盧舍那

◎釋文：佛有三身（法身、報身、應身），分別是：「毘盧遮那佛」、「盧舍那佛」和「釋迦牟尼佛」。「盧舍那佛」，卽「報身佛」，是表示證得了絕對眞理，獲得佛果而顯示佛智的佛身。「盧舍那」的意思就是「智慧廣大，光明普照。」

●名相：第一義諦

◎釋文：卽最殊勝的第一眞理，爲「世俗諦」的對稱，略稱「第一義」，又稱爲「勝義諦、眞諦、聖諦、涅槃、眞如、實相、中道、法界」。總括其名，卽指深妙無上之眞理，爲諸法中之第一，故稱「第一義諦」。

■受陰十境的第⑤境「歷險生憂」：第⑤魔「常憂愁魔」

又那些在禪定中的善男子們，見到『色蘊』已經消除盡絕，『受蘊』則淸晰明白。新的證悟還沒有獲得，過去的悟心已經亡失了。『歷覽（遍覽，逐一地看）』『二際（前際和後際）』，在進不能前（破『受蘊』），退不能守（除『色蘊』）的情況下，他自己覺得進退都十分艱難。

●名相：三際

◎釋文：卽三世，「際」是邊、畔。「前際」指過去；「後際」指未來；「中際」指現在。

這時候，忽然從心中生出無盡的憂慮，好像坐在燒紅的地獄鐵床上，更好像喝了有毒的藥水，萬般痛苦，不想活了，只求一死。他常常希望別人來結束自己的生命，以期望早得解脫，這種情形叫做『修行』，就是恐懼過甚，失於智慧觀照的『方便（指巧妙地接近、施設、安排等，是一種向上進展的方法。）』。

能夠領悟了解這個原因，就沒有災禍。但是，必須知道這種境界，並不是證得聖人的境界。如果誤解為成就了聖人的境界，那就會有『一分（少許）』的『常憂愁魔』潛入他的心臟之中，致使他手拿刀劍，割自己身上的肉，喜悅這種自殘生命的行為；或者，常常憂愁的不得了，便躲進深山樹林，不願意見到人。這樣便失去了『正受』，而從此沉淪，最後墮入地獄。

■受陰十境的第⑥境「覺安生喜」：第⑥魔「好喜樂魔」

又那些在禪定中的善男子們，見到『色蘊』已經消除盡絕，『受蘊』則清晰明白。自己處在清淨之中，沒有一切的雜念，在『心體（心的本體；本心；自性；第八識阿賴耶識）』得到安穩之後，『受蘊』又發生作用了。心中忽然生出無限的喜悅，歡悅而不能停止，這種情形叫做『輕安（身心輕利安適，對所緣之境悠游自適的精神作用。）』，就是他沒有智慧，來停止自己的這種快樂。

能夠領悟了解這個原因，就沒有災禍。但是，必須知道這種境界，並不是證得聖人的境界。如果誤解為成就了聖人的境界，那就會有『一分（少許）』的『好喜樂魔』潛入他的心臟之中，使他見人就笑，自己在路邊，旁若無人的唱歌跳舞，聲稱自己已經得到無礙的大解脫。這樣便失去了『正受』，而從此沉淪，最後墮入地獄。

■受陰十境的第⑦境「見勝成慢」：第⑦魔「大我慢魔」

又那些在禪定中的善男子們，見到『色蘊』已經消除盡絕，『受蘊』則淸晰明白。自以爲已經具足了功德，忽然從心中『無端（沒來由）』生起大『我慢（傲慢心）』，如此甚至，各種的『輕慢心（對人輕忽簡慢）』同時從心中生起，例如：驕慢（驕傲）、過度驕慢（驕傲）、驕慢中的驕慢（驕傲中的驕傲），或是『增上慢』，或是『卑劣慢（覺得誰都比他卑劣，所以就看不起一切人。）』。他心中的這種『我慢（傲慢心）』，甚至對『十方如來佛』也生起輕慢心，更何況是對『聲聞』、『緣覺』，更是輕慢。這種情形叫做『見勝』，就是這個人沒有智慧，來自己救自己。

●名相：增上慢

◎釋文：卽對於教理或修行境地尚未有所得、有所悟，卻起高傲自大之心。如經論中常舉示的未得謂得、未獲謂獲、未觸謂觸、未證謂證等，均屬修行人生起增上慢之例。

能夠領悟了解這個原因，就沒有災禍。但是，必須知道這種境界，並不是證得聖人的境界。如果誤解爲成就了聖人的境界，那就會有『一分（少許）』的『大我慢魔』入侵他的心臟，使他不禮敬佛塔、佛廟，毀壞經典、佛像。並對那些『檀越（施主）』說，這些佛塔、佛廟、佛像，只不過是金銀銅鐵、土木所製造出來的；這些經典，只不過是樹葉、氈花絹所寫出來的罷了，你們拜它們做什麼？我的肉身才是眞實常住，你不恭敬我這個肉身，卻去崇敬土木偶像，實在是顚倒啊！

那些深信他話的人，也跟隨他把佛像毀壞，把佛經也燒了，毀碎埋在地中。他這樣的行爲，令衆生對佛法不生信仰，而生出一種疑惑，所以就耽誤衆生的慧命，使他們墮入無間地獄。這樣他便失去了『正受』，而從此沉淪，最後墮入地獄。

●名相：檀越

◎釋文：施主。譯自胡語。指以財物、飲食供養出家人或寺院的俗家信徒。平時出家人也用來尊稱一般的在家人。

■受陰十境的第⑧境「慧安自足」：第⑧魔「好輕清魔」

又那些在禪定中的善男子們，見到『色蘊』已經消除盡絕，『受蘊』則清晰明白。於是在『自性』清淨的『精明（精妙明澄）』之中，圓滿完整領悟到了精微的義理，而獲得『大隨順心（謂隨從他人之意而不拂逆）』。

這時候，他的心中忽然生出無量『輕安（身心輕利安適，對所緣之境悠游自適的精神作用。）』的境界，自己聲稱已經成就聖果，證得『大自在（自由舒適）』，這種情形叫做『因慧』，就是因爲開了一點智慧，得到一種輕安、清淨的境界而已，並不算什麼不得了的境界。

能夠領悟了解這個原因，就沒有災禍。但是，必須知道這種境界，並不是證得聖人的境界。如果誤解爲成就了聖人的境界，那就會有『一分（少許）』的『好輕清魔』入侵他的心臟，自己說他現在什麼都滿足了，上無佛道可成就，下無衆生可度化了，就不再求進步。這種情況，多半發生在『無聞（沒有智慧）』比丘身上。這一種人，讓衆生懷疑佛法，不知道正路，誤了衆生的慧命，使衆生墮入無間阿鼻地獄。這樣他便失去了『正受』，而從此沉淪，最後墮入地獄。

●名相：精明

◎釋文：「精」是精妙；「明」是明白。「精明」是指人人本具的自性清淨心，「精明」是形容「自性」的明澄絕妙。

●名相：隨順

◎釋文：謂隨從他人之意而不拂逆。隨順一語，在佛、衆生、教法皆可用之。於《瑜伽師地論》卷二十八舉出十種隨順學法，卽不淨想、無常想、無常苦想、苦無我想、厭逆食想、一切世間不可樂想、光明想、離欲想、滅想、死想；並言欲修習十想，須斷十種障礙學法與違逆學法。

■受陰十境的第⑨境「著空毀戒」：第⑨魔「空魔」

又那些在禪定中的善男子們，見到『色蘊』已經消除盡絕，『受蘊』則淸晰明白。在此明白領悟中，獲得了這種虛妄的『明性（本性、自性）』，而不是眞實的『明性（本性、自性）』。

●名相：明性

◎釋文：可以卽興反應的「覺性（能斷離一切迷惘而開悟眞理的本性、自性）」稱爲「明性」，「明性」是自然的「覺性」，自心能夠無限覺察的能力，也被稱爲「心之明光、心的明光」。這是心的認識層面，讓我們能夠認出與分辨，由於「空性（卽眞如，謂悟入空觀所顯示的眞實的本體。）」而不斷浮現的各種念頭、情緒、感官知覺和顯相。甚至在我們不注意的時候，這個「明性」還是會持續運作，例如，我們會突然想到「我得吃點東西」、「我得回家了」、「我必須休息」等。如果沒有這個「明性」，我們就無法思考、感受或體會一切外境，也無法辨識自己的身體、這個宇宙，以及在這個宇宙中，所顯現的任何東西。

在這個虛妄的「明性」裡，忽然間生出，歸向永遠寂滅的心念，排除因果。認爲萬物是自然造化出來的，沒有因果關係，人死就沒有了，就滅了，哪有什麼因果？於是就一直認爲什麼都是空的、虛無的。當『空心』呈現於前時，心便生出「長久斷滅」的解釋領悟，認爲人死了，就斷滅了、什麼都沒有了。

●名相：空心

◎釋文：指否定因果之理而執著於「空見」之心。「空見」卽不承認三世因果之理，或執著於一切法皆空之謬見。

能夠領悟了解這個原因，就沒有災禍。但是，必須知道這種境界，並不是證得聖人的境界。如果誤解爲成就了聖人的境界，那就會有『空魔』入侵他的心臟，使他毀謗『持戒（卽受持佛所制之戒，而不觸犯。）』，認爲那是小乘法，說大乘菩薩覺悟一切法空，哪裡會有持戒犯戒的事呢？

他常常在那些信佛的『檀越（施主）』面前，喝酒吃肉，行衆多不乾淨的淫欲。因爲他有魔力的緣故，因此在他面前的人，受其魔力的吸引，對他竟不產生懷疑，對他都信仰得不得了。因爲，他的心被魔鬼長久侵入，有的時候他會吃屎尿和酒肉等，認爲一切種種都是空的，破壞佛的戒律和威儀，因爲一時的迷惑，而引人造罪。這樣他便失去了『正受』，而從此沉淪，最後墮入地獄。

■受陰十境的第⑩境「著有恣淫」：第⑩魔「欲魔」

又那些在禪定中的善男子們，見到『色蘊』已經消除盡絕，『受蘊』則淸晰明白。他便能夠體會到『虛明（指內心淸澈明亮，淸虛純潔。）』的境界，並且深入他的心骨。

忽然間，在他的心中，會有無限的愛欲生出，愛極到極，發起狂來，自己控制不住自己的情感，便成爲『貪欲』，這種『貪欲』也就是『淫欲』，由這個貪心而生起。這種情形叫做『定境』，能夠『安順入心』，『輕安（身心輕利安適，對所緣之境優游自適的精神作用。）』隨順到他心裡頭去了。這是因爲，他沒有智慧去持守聖智，控制自己這種情感、這種的淫欲心，便誤墮入種種慾望之中。

能夠領悟了解這個原因，就沒有災禍。但是，必須知道這種境界，並不是證得聖人的境界。如果誤解爲成就了聖人的境界，那就會有『欲魔』入侵到他的心臟，使他一直聲稱，『欲念』是『菩提道』。他教化諸『白衣（在家人）』要『平等行欲』，『平等行欲』也就是『平等行淫』，他說不用分彼此，只要有緣遇到，就一起行淫欲。

●名相：白衣

◎釋文：原意「白色之衣」，轉稱「穿著白衣者」，即指「在家人」。印度人一般皆以鮮白之衣爲貴，故僧侶以外者皆穿著白衣，從而指「在家人」爲「白衣」，佛典中亦多以「白衣」爲「在家人」的代用語；相對於此，「沙門」則稱爲「緇（黑色）衣、染衣」。又西域一般「在家人」亦著白衣，故亦以「白衣」稱之。

和他有淫欲行爲的這個人，就叫做『持法子』，意思是說，接受他的法之子，這『持法』也就是傳法，『傳法的子』就是他的『法子』。由於他有神鬼力量的緣故，因此在這個末法時期之中，吸引凡夫愚昧無知之人，數目到百人。如此甚至，一百人、二百人，或是五、六百人，或是多到千萬人那麼多。

當那個魔鬼心生厭煩，而離開他身體的時候，他既無神威，也無功德，也沒有神通了，最終陷入『王難』之中，『王難』就是觸犯國家的法律。司法機關也開始偵辦他不道德的行爲，最後被判刑而入獄。因爲，他以前有神通的時候，這個魔用神通，能避開國家的法律，讓國家不知道他犯法；現在魔走了，這個凡夫還照樣這麼做，就犯法了。人們知道他是旁門左道，妖言惑衆，所以就犯法了，就抓去入獄。因爲，他使衆生懷疑正法，迷惑造罪，導致衆生墮入無間地獄。這樣他便失去了『正受』，而從此沉淪，最後墮入地獄。

阿難！像這十種『禪那（禪定）』靜慮中，所顯現的境界，都是『受蘊』在『心體（心的本體；本心；自性；第八識阿賴耶識）』中交互湧動，因此才現出這些事境。

眾生因爲頑固、迷昧，而不能自己『忖量（ㄘㄨㄣˇ，思考、考慮）』，遇上這些因緣時，心迷而不能識破，還說他已經登上了聖人的境界，促成打大妄語，一定墮入無間地獄。

你們應當依照如來的說法，在我滅度後的末法時期中，傳示如來的這個法義，使廣大的眾生，開悟這個道理，使眾生不被天魔占得便宜，擾亂眾生修習禪定，保護維持，庇佑眾生，遵守正確的修行方法，從而成就無上覺道。

（三）五十種陰魔的「想陰魔」

⑴ 五陰中的「想陰」

⑵ 五濁中的「煩惱濁」

「煩惱濁」謂心中憶識誦習，性發知見而容現六塵；離塵無相，離覺無性而相織妄成，稱爲「煩惱濁」。

⑶ 妄想之源：「融通妄想」

「融通妄想」即想蘊。心爲虛妄，而能使動實有之身體，此心形二者由「想」融通，故想蘊稱爲「融通妄想」。

⑷ 想陰十境（第①至第⑩境）：

①貪求善巧 ②貪求經歷 ③貪求契合 ④貪求辨析 ⑤貪求冥感 ⑥貪求靜謐 ⑦貪求宿命 ⑧貪求神力 ⑨貪求深空 ⑩貪求永歲

⑸ 想陰十魔（第①至第⑩魔）：

①怪鬼 ②魅鬼 ③魅鬼 ④蠱毒魘勝惡鬼 ⑤癘鬼 ⑥大力鬼 ⑦山川鬼神 ⑧精魅魔 ⑨精靈魔 ⑩自在天魔

阿難！那些善男子們，在修習『三摩提（禪定）』中，見到『受蘊』已經消除盡絕，雖然還沒有達到完全漏盡，但是他們的心卻能夠離開自己的『形體（身體）』，如同鳥離開鳥籠一樣，已經有一定的修行成就。

從這個凡夫身上，經歷菩薩的修行過程，得到菩薩的『六十聖位（六十種聖位）』境界，得到『意生身（『作意』自在地感受到自己所化生的身體）』，隨意無礙地，往來於這些境界之中。

●名相：作意

◎釋文：心所之名。卽突然警覺，而將心投注某處，以引起活動的精神作用。

●名相：意生身

◎釋文：又作意成身、意成色身、摩奴末耶身。非父母所生的身體，乃初地以上的菩薩爲濟度衆生，依「意」所化生之身。此外，中有之身、劫初之人、色界、無色界、變化身、界外的變易身等，均屬「意生身」。

●名相：六十聖位

◎釋文：如來開示，「大乘菩薩」具體六十位修證的階位與過程。「六十位」爲：三漸次、乾慧地、十信、十住、十行、十向、四加行、十地、等覺、妙覺。詳述如下：

(1)三漸次：佛欲說修行地位，先說「三等漸次」之法以爲根本。

①除其助因：斷五辛。卽袪除衆生助惡之因，如蔥、韭、薤（ㄒㄧㄝˋ，小蒜。）、蒜、興渠（是

一種印度香料，又名「阿魏」，中國不常見。）五種辛菜，食之易引發婬恚，爲邪魅所著，令天人遠離，是故修行之人必先斷除此等助惡之因。

②刳（ㄎㄨ）殺其正性：斷淫、酒、肉，及持餘戒。一切盜、妄等惡皆由婬、殺而起，故衆生以婬、殺之性爲正性；若欲修菩提，當破除婬、殺之性，勿令毀犯。

③違其現業：現前不逐外塵，旋元自歸。修菩提之人，既能斷除五辛，不犯婬、殺，則於現前六塵之境違遠而不相涉。

⑵乾慧地：卽菩薩修行階位中，「三乘共十地」的第一地；此地有「慧」而無「定」，故稱「乾慧地」。又此地世間的「欲水」已乾，而出世間的「大智水」未至，故名爲「乾慧」。

⑶信：菩薩五十二階位中，最初十位應修的十種心；此十種心在「信位」，能助成「信行」。全稱「十信心」，略稱「十心」。「十信」卽：

①信心：一心決定，樂欲成就。

②念心：常修六念，念佛、法、僧、戒、施及天。

③精進心：聞菩薩藏，精勤修習無間善業。

④定心：於事於義繫心安住，遠離一切虛僞、輕躁、憶想分別。

⑤慧心：聞菩薩藏，思量觀察，知一切法無我無人，自性空寂。

⑥戒心：受持菩薩清淨律儀，身口意淨，不犯諸過，有犯悔除。

⑦迴向心：所修善根，迴向菩提，不願諸有；迴施衆生，不專爲己；迴求實際，不著名相。

⑧護法心：防護己心，不起煩惱，更修默護、念護、智護、息心護、他護等五種護行。

⑨捨心：不惜身財，所得能捨。
⑩願心：隨時修習種種淨願。

(4)十住：又作「十地住、十法住、十解」。菩薩修行的過程分爲五十二階位，其中第十一至第二十階位，屬於「住位」，稱爲「十住」，卽：

①初發心住：謂上進分善根的人，以眞方便發起「十信」之心，信奉三寶，常住八萬四千般若波羅蜜，受習一切行、一切法門，常起信心，不作邪見、十重、五逆、八倒，不生難處，常値佛法，廣聞多慧，多求方便，始入空界，住於空性之位；並以空理智心習古佛之法，於心生出一切功德。
②治地住：謂常隨空心，淨八萬四千法門，其心明淨，猶如琉璃內現精金；蓋以初發之妙心，履治爲地，故稱之。
③修行住：謂前之發心、治地二住之智，俱已明了，故遊履十方而無障礙。
④生貴住：謂由前之妙行，冥契妙理，將生於佛家爲法王子；卽行與佛同，受佛之氣分，如中陰身，自求父母，陰信冥通，入如來種。
⑤方便具足住：謂習無量的善根，自利利他，方便具足，相貌無缺。
⑥正心住：謂成就第六般若，故非僅相貌，且心亦與佛同。
⑦不退住：謂既入於無生畢竟空界，心常行空無相願，身心和合，日日增長。
⑧童眞住：謂自發心起，始終不倒退，不起邪魔破菩提之心，至此，佛之十身靈相乃一時具足。
⑨法王子住：自「初發心住」至第四的「生貴住」，稱爲「入聖胎」；自第五的「方便具足住」

至第八的「童眞住」，稱爲「長養聖胎」；而此法王子住則相形具足，於焉出胎；猶如從佛王的教中生解，乃紹隆佛位。

⑩灌頂住：謂菩薩既爲佛子，堪行佛事，故佛以智水爲之灌頂；猶如刹帝利王子的受權灌頂。

(5)十行：菩薩修行的五十二階位中，指第二十一至第三十位所修的十種利他行。又作「十行心」。即：

①歡喜行：菩薩以無量如來之妙德，隨順十方。

②饒益行：善能利益一切衆生。

③無瞋恨行：修忍辱，離瞋怒，謙卑恭敬，不害自他，對怨能忍。

④無盡行：又作無屈撓行。菩薩行大精進，發心度一切衆生，令至大涅槃而無鬆懈。

⑤離癡亂行：常住正念不散亂，於一切法無癡亂。

⑥善現行：知無有法，三業寂滅，無縛無著，而亦不捨教化衆生。

⑦無著行：歷諸塵刹供佛求法，心無厭足，而亦以寂滅觀諸法，故於一切無所著。

⑧尊重行：尊重善根、智慧等法，悉皆成就，由之更增修二利行。

⑨善法行：得四無礙陀羅尼門等法，成就種種化他之善法，以守護正法，令佛種不絕。

⑩眞實行：成就第一義諦之語，如說能行，如行能說，語行相應，色心皆順。

(6)十迴向：菩薩修行五十二階位中，指從第三十一位至第四十位。「迴向」乃以大悲心救護一切衆生之意。又作「十迴向心」，略稱「十向」。即：

①救護一切衆生離衆生相迴向：即行六度四攝，救護一切衆生，怨親平等。

②不壞迴向：於三寶所得不壞之信，迴向此善根，令衆生獲得善利。
③等一切佛迴向：等同三世佛所作之迴向，不著生死，不離菩提而修之。
④至一切處迴向：以由迴向力所修之善根，遍至一切三寶乃至衆生之處，以作供養利益。
⑤無盡功德藏迴向：隨喜一切無盡善根，迴向而作佛事，以得無盡功德善根。
⑥隨順平等善根迴向：即迴向所修之善根，爲佛所守護，能成一切堅固善根。
⑦隨順等觀一切衆生迴向：即增長一切善根，迴向利益一切衆生。
⑧如相迴向：順眞如相而將所成之善根迴向。
⑨無縛無著解脫迴向：即於一切法無取執縛著，得解脫心，以善法迴向，行普賢之行，具一切種德。
⑩法界無量迴向：即修習一切無盡善根，以此迴向，願求法界差別無量之功德。

(7)四加行：「加行」又稱「加行瑜伽」，即加功用行之意，乃針對正行之預備前行。「說一切有部」立接近見道的四善根位，煖，頂，忍、世第一法，爲加行位（順決擇分），四者合稱「四加行」。「瑜伽行唯識學派」承繼「說一切有部」學說，立下「資糧道、加行道、見道、修道、無學道」的五位修行，但轉爲「菩薩行」的修行，當中「煖，頂，忍、世第一法」，爲「加行位」。「瑜伽行唯識學派」的說法如下：

①暖法：指在鑽木取火時，尚未得火之前，木頭先會發熱，稱爲「暖相」，暖相現前時，便稱之。「暖位」爲本覺大智火燃起之前的現象，修行者的身心皆生「暖受」，猶如冬日烤火取暖，故亦有稱之爲「暖樂」者。此「暖受」生起時，修行者全身自然暖和，寒冬雖少穿衣服，

亦不畏寒。然正法行者於此暖相不應貪著，亦不應逢人便說。

②頂法：如人登高山（指修行無上法），身入虛空（指已修到此法之極高點，身心已體入眞如無上之法，身心皆浸淫於眞如法中），但腳下仍有微礙（指仍有習氣尚未除滅）。

③忍法：此菩薩已達卽心卽佛，善得中道妙義。此人並非想將事情懷之於心，亦無法出之於口，以尚未成就本覺大智，故「口不能言」，無法將所知所覺，訴諸言語。

④世第一法：一切世間法中，以此為第一，故稱「世第一」；再往上就是出世聖法了。

(8)十地：卽指十種地位。又作「十住」。「地」乃住處、住持、生成之意。卽住其位為家，並於其位持法、育法、生果之意。「十地」的名稱如下：

①歡喜地：又作極喜地、喜地、悅豫地。

②離垢地：又作無垢地、淨地。

③發光地：又作明地、有光地、興光地。

④焰慧地：又作焰地、增曜地、暉曜地。

⑤難勝地：又作極難勝地。

⑥現前地：又作現在地、目見地、目前地。

⑦遠行地：又作深行地、深入地、深遠地、玄妙地。

⑧不動地。

⑨善慧地：又作善哉意地、善根地。

⑩法雲地：又作法雨地。

(9)等覺：在內容上與佛相等，而實際上修行比佛略遜一籌者，稱為「等覺」。故位於菩薩修行階位五十二位中之第五十一位。「等覺」又稱「等正覺（意為與正覺相等之覺）」、「有上士（『妙覺佛陀』稱為『無上士』，對此，『等覺』則稱『有上士』。）」、「一生補處（意謂次一生將成佛）」、「金剛心（如金剛堅固之心，能摧破煩惱）」。

⑽妙覺：為大乘菩薩修行五十二階位之一，指覺行圓滿的究竟佛果，故亦為「佛果」的別稱。又稱「妙覺地」。為究極理想境地的表現；是由「等覺位」更斷一品的無明，而得此「妙覺位」。於此位能斷盡一切煩惱，智慧圓妙，覺悟涅槃之理。

●名相：五十二位

◎釋文：大乘菩薩的五十二種階位。即十信、十住、十行、十迴向、十地、等覺、妙覺。

再回到主文。

譬如有一個人，他在熟睡中說夢話，雖然他自己是不知道的。可是，他所說的夢話，他的聲音和韻調，也是很有次序，說什麼話也是很有次第的，讓沒有睡著的人，都懂得他的夢話內容是什麼，這種情形叫做『想陰區宇（想蘊境地）』。

假如這個『動念（指第六識『意識』的微細念頭）』沒有了，這個『浮想（頭腦裡湧現的想像）』，也就消除了。這個『覺明心（第八識阿賴耶識）』，如同洗去塵垢一樣。這時候，他就得到『宿命通』，他對自己這一世的經歷，便能夠從生到死，前因後果，完全的『圓照（圓明察照）』，他都知道了，這種情形叫做『想陰盡（想陰終止）』。那麼，這樣的修行者，就能夠超越『煩惱濁』，觀察這等情形的原由。但是，根本上這是融合通達妄想，所造成的。

●名相：融通妄想

◎釋文：卽「想蘊」。心爲虛妄，而能使動實有的身體，此心形二者由「想」融合通達，故「想蘊」稱爲「融通妄想」。

●名相：煩惱濁

◎釋文：謂心中憶識誦習，性發知見而容現六塵；離塵無相，離覺無性而相織妄成，稱爲「煩惱濁」。

■想陰十境的第①境「貪求善巧」：第①魔「怪鬼」

阿難！那些善男子在修行中，『受蘊』已經達到『虛妙（空寂玄妙）』的境界，不再遭受邪想邪慮的侵犯。在這種圓滿定力的境界之中，會啟發智慧光明，進入『三摩地（禪定）』之中。這時候，心裡又生出一種喜愛的心，喜愛這種『圓明（圓融靈明）』的境界，便會強化他的『精思（精神和思慮）』，而生出一種貪心的念頭。貪求這種『善巧方便』的方法，想用這種『善巧方便』來教化衆生。

●名相：善巧

◎釋文：善良巧妙之意。指佛菩薩教化衆生的方法巧妙。又作「善權」，爲「善巧方便」的略稱。佛菩薩爲順應衆生的能力素質，而運用種種方便（化他的說法方法），巧妙攝取教化衆生，稱爲「善巧攝化」。爲適應衆生，而巧妙運用種種方法以救度之，此種方法，則稱「善巧方便」。

這時候，欲界第六天『他化自在天』的天魔，便趁這個有漏洞的方便時機，將魔靈飛附於這個人的身上，讓他有講經說法的能力。這個人沒有察覺到是被魔靈附身，才有這種講經說法的口才，反而自稱已經修得無上涅槃。他來到想要尋求『善巧』的這些修道人的地方，鋪坐來爲他們說法。這個人的形體，『斯須（片刻、短暫的時間）』或者變現一個比丘的形相，讓這個求善巧的人看見；或者變一個欲界第二天『忉利天』的天主『帝釋』的形相；或者變一個婦女的形相；或者變一個比丘尼的形相；或者躺臥在暗室之中，他的身體就放光，現出光明。

這個修習定力的人，一時愚迷惑亂，以爲自己就是菩薩，使一些人相信他的教化。這個人便讓聽講者的心性惑亂搖蕩，從而破壞佛的『律儀（僧侶遵守的戒律和立身的儀則）』，暗中施行各種貪欲。這個人喜歡說一些災難、吉祥和不尋常的事情；或者對人說如來在某地出世；或者對人說劫難將要來臨；或者對人說戰爭將要發生，讓聽講者的心中產生恐怖，使相信他的話的人，莫名其妙的耗散家財，浪費財產。

這種天魔叫做『怪鬼』，『怪鬼』年紀老了，就變成魔，來惱亂這個修道人。當魔心滿足以後，便離開這個人的身體，如此情形使這個人及其弟子都陷入『王難（觸犯國家的法律，司法機關也開始偵辦他不道德的行爲，最後被判刑而入獄。）』。你對這種事情，應當要事先有所察覺，才不會墮入輪迴。如果你要是迷昧而不明白這種事情，將來就會墮入無間地獄。

■想陰十境的第②境「貪求經歷」：第②魔「魅鬼」

阿難！那些善男子在修行中，『受蘊』已經達到『虛妙（空寂玄妙）』的境界，不再遭受邪想邪慮的侵犯。在這種圓滿定力的境界之中，會啟發智慧光明，進入『三摩地（禪定）』之中。這時候，心裡又生出一種喜愛的心，喜愛『游蕩（閒遊；漫遊；閒蕩；遊逛）』，他的『精思（精神和思慮）』飛到別的地方（道教稱爲『陰神出竅』），他到處都想要去看看，貪求『經歷（經驗與閱歷；親身遇到過）』種種的境像。

這時候，欲界第六天『他化自在天』的天魔，便趁這個有漏洞的方便時機，將魔靈飛附於這個人的身上，讓他有講經說法的能力。這個人也沒有察覺到是被魔靈附身，才有這種講經說法的口才，反而自稱已經修得無上涅槃。他來到想要尋求『神遊』的這些修道人的地方，鋪坐來爲他們說法。這個人的自身形體沒有變化，但是聽他講法的人，忽然看到自己坐在寶蓮花上，全身上下整體都幻化成聚集的紫金光彩。所有在場的聽法者，每個人都體驗到如此的境像，從來都沒有見過，以爲這是好的境界，其實是魔的境界。

這個修習定力的人一時愚迷惑亂，以爲自己就是菩薩，這個人便讓聽講者的心性淫逸奔放，從而破壞佛的『律儀（僧侶遵守的戒律和立身的儀則）』，暗中施行各種貪欲。這個人口中又喜歡說諸佛出世，現在諸佛都到世間來了。說在什麼地方，某人就是某尊佛的化身，他的變化身來到這個地方，來救度一切眾生；或者，某一個人就是某位菩薩等等，來人間教化眾生。眾人看見這種情況，心中傾慕渴念，這種邪知邪見，就祕密的在心中生出來了，消滅了自己的善根智種。

這種天魔叫做『魅鬼』，『魅鬼』年紀老了，就變成魔，來惱亂這個修道人。當魔心滿足以後，便離開這個人的身體，如此情形使這個人及其弟子都陷入『王難（觸犯國家的法律，司法機關也開始偵辦他不道德的行爲，最後被判刑而入獄。）』。你對這種事情，應當要事先有所察覺，才不會墮入輪迴。如果你要是迷昧而不明白這種事情，將來就會墮入無間地獄。

■想陰十境的第③境「貪求契合」：第③魔「魅鬼」

又那些善男子在修行中，『受蘊』已經達到『虛妙（空寂玄妙）』的境界，不再遭受邪想邪慮的侵犯。在這種圓滿定力的境界之中，會啟發智慧光明，進入『三摩地（禪定）』之中。這時候，心裡又生出一種貪愛的心，想要和所有的聖人，細密的吻合，便澄濾他的『精思（精神和思慮）』，而貪求種種『契合（相合）』，希望能與天地同生，與萬物合一。

這時候，欲界第六天『他化自在天』的天魔，便趁這個有漏洞的方便時機，將魔靈飛附於這個人的身上，讓他有講經說法的能力。這個人沒有察覺到是被魔靈附身，才有這種講經說法的口才，反而自稱已經修得無上涅槃。他來到想要尋求『契合（相合）』的這些修道人的地方，鋪坐來爲他們說法。

這個人的形體，和所有聽法這些人的形體，雖然沒有什麼遷移變化，但是他可以使聽法者們，在還沒有聽法之前，心便自行開悟，心念能夠遷移變易。有的人因此獲得宿命神通，有的人因此具有他心通，有的人因此看得見地獄景像，有的人因此能夠了知，人世間種種的好事和壞事，有的人口中自然說出偈語，有的人自己自然而然便可誦說經文，人人歡喜獲得，從未有過的經驗。

這個修習定力的人，一時愚迷惑亂，以爲自己就是菩薩，這個人讓聽講者的心中，對著他充塞綿密的貪愛，從而破壞佛的『律儀（僧侶遵守的戒律和立身的儀則）』，暗中施行各種貪欲。這個人喜歡說，佛有大小之分，某佛是先前的佛，某佛是後來的佛。其中又有什麼眞佛、假佛、男佛、女佛。菩薩也是這種情況，菩薩也有大菩薩、小菩薩、男菩薩、女菩薩之分。衆人聽見他這麼樣說，也就相信了，本心遭到邪見的薰染，而誤入邪悟之中。

這種天魔叫做『魅鬼』，『魅鬼』年紀老了，就變成魔，來惱亂這個修道人。當魔心滿足以後，便離開這個人的身體，如此情形使這個人及其弟子都陷入『王難（觸犯國家的法律，司法機關也開始偵辦他不道德的行爲，最後被判刑而入獄。）』。你對這種事情，應當要事先有所察覺，才不會墮入輪迴。如果你要是迷昧而不明白這種事情，將來就會墮入無間地獄。

■想陰十境的第④境「貪求辨析」：第④魔「蠱毒魘勝惡鬼」

又那些善男子在修行中，『受蘊』已經達到『虛妙（空寂玄妙）』的境界，不再遭受邪想邪慮的侵犯。在這種圓滿定力的境界之中，會啟發智慧光明，進入『三摩地（禪定）』之中。這時候，心裡又生出一種貪愛的心，執著於窮究萬物變化始終的根本，他的心裡精益求精，貪求要辨別分析萬物變化的道理。

這時候，欲界第六天『他化自在天』的天魔，便趁這個有漏洞的方便時機，將魔靈飛附於這個人的身上，讓他有講經說法的能力。這個人沒有察覺到是被魔靈附身，才有這種講經說法的口才，反而自稱已經修得無上涅槃。他來到想要尋求了解萬物的『本元（古代有的學者認爲，創造天地萬物的是一團混沌的元氣，爲天地萬物之本。）』的這些修道人的地方，鋪坐來爲他們說法。這個人的形體，具有魔力神威，能夠以魔力『摧伏（折伏；制伏）』求學之人，使他們在他的座下面前，雖然沒有聽他說法，便已經自然而然的『心伏（心服）』於他。

這些著魔的人，以爲佛的『涅槃』、『菩提』、『法身』，就是在現在我這個肉身上。父親生兒子，兒子又做父親，父親又生兒子，這麼代代相傳，一代一代的生下來，這就是持續不斷，常住的法身。說現在就是佛國，再沒有其他的淨土世界可居住，以及金色的佛身相。這些人，聽他這樣一說，大家都相信接受了，把以前的正知正見都失去，都沒有正念了。身心性命都歸依於這種，從來沒有見過的景像。

●名相：涅槃

◎釋文：原來指「吹滅」，或表示「吹滅的狀態」；其後轉指燃燒煩惱之火滅盡，完成悟智（即菩提）的境地。此乃超越生死（迷界）的悟界，亦爲佛教終極的實踐目的，故表佛教的特徵而列爲法印之一，稱「涅槃寂靜」。

●名相：菩提

◎釋文：意譯覺、智、知、道。廣義而言，乃斷絕世間煩惱而成就涅槃的智慧。即佛、緣覺、聲聞各於其果所得的覺智。此三種菩提中，以佛的菩提爲無上究竟，故稱阿耨多羅三藐三菩提，譯作無上正等正覺、無上正遍智、無上正眞道、無上菩提。

●名相：法身

◎釋文：指佛所說的正法、佛所得的無漏法，及佛的自性眞如如來藏。

這些人一時愚知迷惑，自己的妄惑之心，以爲這個著魔的人就是一位菩薩。就跟著這個著魔的人，來推論研究，學習他的魔法，從而破壞佛的『律儀（僧侶遵守的戒律和立身的儀則）』，暗中施行各種貪欲。這個人喜歡說，眼耳鼻舌這四根，就是淨土。『男女二根』就是『菩提』、『涅槃』的眞正所在。使那些無知的人，相信這樣汙穢的言語。

●名相：男根

◎釋文：卽男子的生殖器，與「女根」合稱「二根」。諸有情分別爲男女二類，又有形相、言音、乳房等方面的差異，皆由「男根」、「女根」的不同所致。

●名相：女根

◎釋文：指女性生殖器及其生殖機能，與「男根」合稱「二根」；因其有使女、男成爲女、男之殊勝力量（增上之義），故稱「根」。據《俱舍論》卷二載，由二根之故，一切有情乃有男女形相、言音、乳房等之差別。《瑜伽師地論》亦謂，安立家族，使之相續不斷，而具有增上之勢用者，卽爲男女之二根。然三界之中，唯欲界之人具有此根，色界，無色界均無。

這種天魔叫做『蠱毒魘勝惡鬼』，『蠱毒魘勝惡鬼』年紀老了，就變成魔，來惱亂這個修道人。當魔心滿足以後，便離開這個人的身體，如此情形使這個人及其弟子都陷入『王難（觸犯國家的法律，司法機關也開始偵辦他不道德的行爲，最後被判刑而入獄。）』你對這種事情，應當要事先有所察覺，才不會墮入輪迴。如果你要是迷昧而不明白這種事情，將來就會墮入無間地獄。

■想陰十境的第⑤境「貪求冥感」：第⑤魔「癘鬼」

又有那些善男子在修行中，『受蘊』已經達到『虛妙（空寂玄妙）』的境界，不再遭受邪想邪慮的侵犯。在這種圓滿定力的境界之中，會啟發智慧光明，進入『三摩地（禪定）』之中。這時候，心裡又生出一種貪愛的心，心中愛戀執著於『懸應（遙遠感應）』，這是一種不論相距多遠，也可以感應知道的神通。他週而復始，不斷的仔細研究，貪求『冥感（深奧的感應）』。

這時候，欲界第六天『他化自在天』的天魔，便趁這個有漏洞的方便時機，將魔靈飛附於這個人的身上，讓他有講經說法的能力。這個人沒有察覺到是被魔靈附身，才有這種講經說法的口才，反而自稱已經修得無上涅槃。他來到想要尋求『感應』的這些修道人的地方，鋪坐來爲他們說法。這個人能夠讓這些聽衆，暫時間看到他具有千百歲高壽的身像，從而生出汙染的愛戀心，而捨不得離開。甘願做這個人的奴僕，服侍這個人，供養『四事（飲食、衣服、臥具、湯藥）』，不覺得疲勞。

這個人能夠使在他座下，聽他講法的人，各自以爲遇到的是先師，是『善知識（能引發他人向上、增善去惡乃至證悟成佛的人。）』，因而另外生出『法愛（貪愛執著善法）』的心，形影相隨，由此而獲得從未有過的驚喜。

●名相：善知識

◎釋文：指正直而有德行，能教導正道之人。又作知識、善友、親友、勝友、善親友。反之，教導邪道之人，稱爲「惡知識」。

●名相：法愛

◎釋文：謂自己由證悟而愛著善法。天台宗「十乘觀法」之第十，爲「無法愛（離法愛、除法愛、法愛不生）」，乃以此斥責未證眞實，而愛著相似之法者。

這些人一時愚知迷惑，自己的妄惑之心，以爲這個著魔的人就是一位菩薩。就親近這個著魔的人，從而破壞佛的『律儀（僧侶遵守的戒律和立身的儀則）』，暗中施行各種貪欲。這個人喜歡說，我在前世的時候，在某一生中，先度化某人。當時，這些人是我的妻妾或兄弟，我現在來度你了，與你常常在一起，形影不離，歸到某一個世界中，去供養某一尊佛；或者說另外有大光明天，佛住在那裡，一切的如來也都在那裡休息生活等等。那些無知的信徒，相信這些虛假欺騙的言說，便遺失了本心。

這種天魔叫做『癘鬼』，『癘鬼』年紀老了，就變成魔，來惱亂這個修道人。當魔心滿足以後，便離開這個人的身體，如此情形使這個人及其弟子都陷入『王難（觸犯國家的法律，司法機關也開始偵辦他不道德的行爲，最後被判刑而入獄。）』。你對這種事情，應當要事先有所察覺，才不會墮入輪迴。如果你要是迷昧而不明白這種事情，將來就會墮入無間地獄。

■想陰十境的第⑥境「貪求靜謐」：第⑥魔「大力鬼」

又有那些善男子在修行中，『受蘊』已經達到『虛妙（空寂玄妙）』的境界，不再遭受邪想邪慮的侵犯。在這種圓滿定力的境界之中，會啟發智慧光明，進入『三摩地（禪定）』之中。這時候，他的心裡又生出一種貪愛的心，他的心中愛戀執著於深靜入潛，便『克己（嚴格要求自己）』辛苦勤勞的用功，樂意處在陰暗幽寂之中，貪求『靜謐（ㄇㄧˋ，安靜）』氣氛。

這時候，欲界第六天『他化自在天』的天魔，便趁這個有漏洞的方便時機，將魔靈飛附於這個人的身上，讓他有講經說法的能力。這個人沒有察覺到是被魔靈附身，才有這種講經說法的口才，反而自稱已經修得無上涅槃。他來到想要尋求『陰寂靜謐』的這些修道人的地方，鋪坐來爲他們說法。讓那些聽法者，各別知道自己前世的業果造作。或者在某個地方，對某個人講，你現在雖然還沒有死，但是已經做了畜生，然後叫另一個人，在這個人身後做踏踩尾巴的動作，頓時便使這人不能起身，於是大家都傾心折伏於說法者。

如果有人生起懷疑心，這個說法者有『他心通』，早已經知道這個懷疑者心裡的想法，就說出這個懷疑者心裡的話。最後，連不相信的這個懷疑者也相信了。在佛的『律儀（僧侶遵守的戒律和立身的儀則）』以外，說法者說佛的戒律不夠，我現在給你們再立一個新戒律，你們要精進苦修。說法者還誹謗比丘，隨意責罵衆徒弟，肆無忌憚的攻訐揭露他人的私事，也不怕別人來譏諷和嫌惡。說法者的口中，喜好預言還沒成爲事實的禍福，等到那個時候，絲毫不差的應驗他的預言。

這種天魔叫做『大力鬼』，『大力鬼』年紀老了，就變成魔，來惱亂這個修道人。當魔心滿足以後，便離開這個人的身體，如此情形使這個人及其弟子都陷入『王難（觸犯國家的法律，司法機關也開始偵辦他不道德的行爲，最後被判刑而入獄。）』。你對這種事情，應當要事先有所察覺，才不會墮入輪迴。如果你要是迷昧而不明白這種事情，將來就會墮入無間地獄。

■想陰十境的第⑦境「貪求宿命」：第⑦魔「山川鬼神」

又有那些善男子在修行中，『受蘊』已經達到『虛妙（空寂玄妙）』的境界，不再遭受邪想邪慮的侵犯。在這種圓滿定力的境界之中，會啟發智慧光明，進入『三摩地（禪定）』之中。這時候，他的心裡又生出一種貪愛的心，他的心中愛戀執著於『知見』，便勤苦研究尋找，貪求能夠預知未來的『宿命神通

（能知曉過去世的生命、行事的超凡能力）』。

●名相：知見

◎釋文：指依自己之思慮分別而立的見解。與智慧有別，智慧乃般若的無分別智，爲離思慮分別的心識。惟作佛知見、知見波羅蜜時，則知見與智慧同義。

這時候，欲界第六天『他化自在天』的天魔，便趁這個有漏洞的方便時機，將魔靈飛附於這個人的身上，讓他有講經說法的能力。這個人沒有察覺到是被魔靈附身，才有這種講經說法的口才，反而自稱已經修得無上涅槃。他來到想要尋求『知見』的這些修道人的地方，鋪坐來爲他們說法。這個人可以無緣無故的，從講法的地方取得大寶珠。

這個天魔有時候，或許變化成畜生，口中叼著珠寶，或其他的珍寶、簡冊、符咒等異常之物，先將這些東西授予這個說法者，然後附體在他的身上。這個說法者，便誘惑聽他說法的人，說某地方的地下，藏有明月珠，照耀那個地方。使得這些聽法者，獲得從未有過的驚奇。

這個說法者，多半以藥草爲食，不吃精美的飯菜；或者，有時候一天只吃一餐，只吃一麻一麥，但是他的身體，依然壯碩，這是由於魔力加持的緣故。說法者還誹謗比丘，隨意責罵衆徒弟，不怕別人來譏諷和嫌惡。說法者的口中，喜好說哪裡有寶藏，哪裡又有十方來的聖賢，隱居在那裡，然後跟隨他的人一去，果然看見那裡有奇異之人。

這是山林、土地、城隍、川嶽等鬼神，年老成魔，宣說淫欲，破壞佛的戒律，和跟隨他的人，暗中行『五欲（指染著色、聲、香、味、觸等五境所起的五種情欲）』。或者迷戀功夫的精進，純粹只吃草木，過著沒有規律的生活，來惱亂這些修道人。

當魔心滿足以後，便離開這個人的身體，如此情形使這個人及其弟子都陷入『王難（觸犯國家的法律，司法機關也開始偵辦他不道德的行爲，最後被判刑而入獄。）』。你對這種事情，應當要事先有所覺，才不會墮入輪迴。如果你要是迷昧而不明白這種事情，將來就會墮入無間地獄。

■想陰十境的第⑧境「貪求神力」：第⑧魔「精魅魔」

又有那些善男子在修行中，『受蘊』已經達到『虛妙（空寂玄妙）』的境界，不再遭受邪想邪慮的侵犯。在這種圓滿定力的境界之中，會啟發智慧光明，進入『三摩地（禪定）』之中。這時候，他的心裡又生出一種貪愛的心，他的心中愛戀執著於『神通』的種種變化，便研究變化的『本元（古代有的學者認爲，創造天地萬物的是一團混沌的元氣，爲天地萬物之本。）』，貪求這種神通的力量。

這時候，欲界第六天『他化自在天』的天魔，便趁這個有漏洞的方便時機，將魔靈飛附於這個人的身上，讓他有講經說法的能力。這個人沒有察覺到是被魔靈附身，才有這種講經說法的口才，反而自稱已經修得無上涅槃。他來到想要尋求『神通』的這些修道人的地方，鋪坐來爲他們說法。

這個人手中拿著火光，用手指『撮（ㄘㄨㄛˋ，用手指捏取細碎的東西）』取火光，分布放到四周聽衆的頭上。這些聽衆的頭上火光，都升高起來數尺，但是卻感覺不到熱的性質，竟然也不會焚燒到身體。這個人也可以在水上行走，就好像在平地上走路一樣，或者他也可以騰空，安穩的在空中靜坐不動；或者他也可以把自己裝在瓶內；或者鑽到一個口袋中。他也可以越過窗、穿透牆，竟然進出也沒有障礙。但是，唯有在刀兵武器面前，不得自在，就怕刀鎗刺傷他，因爲他的身體，還是有形的物質。

這個人自稱是佛的化身，身上穿著『白衣（在家人的衣服）』，接受比丘們的禮拜，誹謗禪定和戒律，隨意責罵衆徒弟，肆無忌憚的攻訐揭露他人的私事，也不怕別人來譏諷和嫌惡。他的口中喜歡說，神通由我自定主宰；或者使他身邊的人，臨近眼見十方佛土的境象等等。

這些都是由於魔鬼的神力，而造成迷惑衆人的現象，並非是這個人，眞正具有神通的本領。這個人讚嘆行淫慾，他說這種粗鄙惡劣的行爲，是不要緊的，不用守戒律。他將種種猥褻汙穢的事情，做爲他傳法的工具。

這是天地之間，有大魔力的精靈，或者是山上的精靈；或者是海裡的精靈；或者是風裡頭的精靈；或者是河裡頭的精靈；或者是土裡頭的精靈，以及一切草木精怪，和累積著很多劫的妖精鬼怪；或者是龍的這種妖精鬼怪；或者是壽終的神仙，再活過來成爲一種魔魅；或者是這個仙人的期限終結，死期將臨，但是他的形體不化，其他的精怪又來附著到他的身上等等。

這些魔鬼精怪，年紀老了，就變成魔，來惱亂這個修道人。當魔心滿足以後，便離開這個人的身體，如此情形使這個人及其弟子都陷入『王難（觸犯國家的法律，司法機關也開始偵辦他不道德的行爲，最後被判刑而入獄。）』。你對這種事情，應當要事先有所察覺，才不會墮入輪迴。如果你要是迷昧而不明白這種事情，將來就會墮入無間地獄。

■想陰十境的第⑨境「貪求深空」：第⑨魔「精靈魔」

又有那些善男子在修行中，『受蘊』已經達到『虛妙（空寂玄妙）』的境界，不再遭受邪想邪慮的侵犯。在這種圓滿定力的境界之中，會啟發智慧光明，進入『三摩地（禪定）』之中。這時候，他的心裡又生出一種貪愛的心，他的心中愛戀執著於『入滅（寂滅世間的煩惱執著，入無漏解脫。）』的種種變化，便研究化滅之術，研究自有化無、自無化有，這種變化的情形，貪求深入於空無之中。

●名相：入滅

◎釋文：「入滅度、入寂滅」的略稱。為寂滅世間的煩惱執著，入無漏解脫；為入「無餘依涅槃界」，亦即「漏盡者」捨肉身而歿。此語不僅指佛陀的入滅，高僧、聖者之死亦稱「入滅」。

這時候，欲界第六天『他化自在天』的天魔，便趁這個有漏洞的方便時機，將魔靈飛附於這個人的身上，讓他有講經說法的能力。這個人沒有察覺到是被魔靈附身，才有這種講經說法的口才，反而自稱已經修得無上涅槃。他來到想要尋求『空滅』的這些修道人的地方，鋪坐來為他們說法。

這個人在衆人眼前，忽然間身體不見了，不見蹤影，大家都看不見他。然後，又從虛空中，突然現身而出，存在和消失，都是自在的，都是隨他自己的意願；或者顯現自己的身體，如同透明的琉璃；或者是舉手投足，都散發出檀香的氣味；或者排泄出的大小便，如同濃厚的石蜜那麼甜。這個人誹謗佛的戒律，輕視出家的比丘，口中常說沒有因果，不要信因果。人死亡即是永遠的空滅，沒有業報的來生，也沒有凡聖的分別。這個人雖然獲得了空寂，但是他暗中仍然施行貪欲，和他行過淫欲的這種人，接受了魔氣，也認為自己獲得空滅之心，而不會被因果業報所撥動。

這就是日月的精華，當日月有日蝕、月蝕、日月相交日月相薄蝕的時候，這種精氣就會墮落到地上。或者墮落到這個金子上、玉石上、靈芝草上、麒麟上、鳳凰上、烏龜上、白鶴上，經過了千百萬年，不死而成為精靈，出生到這個國土之中。

這些魔鬼精怪，年紀老了，就變成魔，來惱亂這個修道人。當魔心滿足以後，便離開這個人的身體，如此情形使這個人及其弟子都陷入『王難（觸犯國家的法律，司法機關也開始偵辦他不道德的行為，最後被判刑而入獄。）』。你對這種事情，應當要事先有所察覺，才不會墮入輪迴。如果你要是迷昧而不明白這種事情，將來就會墮入無間地獄。

■想陰十境的第⑩境「貪求永歲」：第⑩魔「自在天魔」

又有那些善男子在修行中，『受蘊』已經達到『虛妙（空寂玄妙）』的境界，不再遭受邪想邪慮的侵犯。在這種圓滿定力的境界之中，會啟發智慧光明，進入『三摩地（禪定）』之中。這時候，他的心裡又生出一種貪愛的心，他的心中愛戀執著於『長壽』的，便辛苦研究長壽的精微之理，貪求長生不老，捨棄『分段生死（指三界眾生的生死）』，立刻停止『變易生死（指阿羅漢、辟支佛及大力菩薩的念念遷流，念生念滅，這個念念是變異的生死。）』，那個『長壽相』微細『常住』，得到永生，得到長生不老。

●名相：分段生死

◎釋文：指三界眾生的生死，為「變易生死」的對稱。「分段」是指由於果報之異，而有形貌、壽量等的區別。蓋三界眾生所招感生死的果報，各有類別、形貌、壽量等的限度與差異，故稱「分段生死」。又稱作「分段死、有為生死」。依唯識家之說，「分段生死」是以有漏的善惡業為親因，以煩惱障為助緣所招感三界的粗異熟果。以身命有長短，隨因緣之力而定有齊限，故稱為「分段」，亦即三界、五趣的生死。

●名相：變易生死

◎釋文：又稱作「無為生死、不思議變易生死、不思議變易死、變易死」，為「分段生死」的對稱。即阿羅漢、辟支佛及大力的菩薩，以無漏的「有分別業」為因，以「無明住地」為緣，所招感三界外的殊勝細妙的果報身；此一果報之身，是由無漏的悲願力，改轉原先的「分段生死」的粗身，而變為細妙無有色形、壽命等定限之身，故稱為「變易身」；是由無漏的定力、願力所助感，妙用而難測，故又稱為「不思議身」；又以此身是隨大悲的意願所成者，故亦稱「意成身、無漏身、出過三界身」；又因為此身既由無漏的定力所轉成，已異於其前的分段粗身，猶如變化而得，故又稱「變化身」。

●名相：常住

◎釋文：意指綿亙過去、現在、未來三世，恆常存在，永不生滅變易。

這時候，欲界第六天『他化自在天』的天魔，便趁這個有漏洞的方便時機，將魔靈飛附於這個人的身上，讓他有講經說法的能力。這個人沒有察覺到是被魔靈附身，才有這種講經說法的口才，反而自稱已經修得無上涅槃。他來到想要尋求『長生不老』的這些修道人的地方，鋪坐來爲他們說法。這個人喜歡說，自己可以隨意來往於任何一個地方，去和回來，都很暢通順利。或者在瞬息之間，已經從萬里之外，取得某物回來。或者在某一個地方，在一個住宅中，只有數步遠的距離，讓人從東壁走到西壁，那人跑著走，卻長久都到不了西壁。於是衆人就相信這個人，以爲他是佛出現在眼前。

這個人口中還常說，十方的衆生都是我的兒子，諸佛是我生的，我是第一尊出世之佛，這個世界就是我造出來的。我不是靠修行而得到這個佛的，而是自然而然出世的佛等等。

這是住於世間的『自在天魔』，指使他的眷屬弟子，例如：『遮文荼』和『四天王』中，『持國天王』的部屬『毗舍童子』等等。這些天魔，對於未發心求無上道者，利用他們貪圖這種『虛明（指內心清澈明亮，淸虛純潔。）』的境界，來吸食這種人的精氣。

●名相：遮文荼

◎釋文：舊云「嫉妒女」，又曰「怒神」，卽「役使鬼」，做奴隸的鬼。這個鬼專門妒人的，你有什麼好事，他就妒忌你，擾亂你。

●名相：四天王

◎釋文：又作「護國四王、四大天王、四王」。即「持國（東方）、增長（南方）、廣目（西方）、多聞（北方）」四天王。此四天王居須彌山四方之半腹，常守護佛法，護持四天下，令諸惡鬼神不得侵害衆生，故稱「護世」，又稱「護國」。

●名相：毗（ㄆㄧˊ）舍童子

◎釋文：又作「毗舍遮、畢舍遮、毘舍闍、毗舍闍、辟舍柘、臂奢柘」等，是印度神話中以屍體和人的精氣為食的惡鬼，又稱「癲鬼（顛鬼）、癲狂鬼（顛狂鬼）、噉精鬼、食精氣鬼，或食屍者、食血肉鬼、餐屍者」等，女性的「畢舍遮」被稱為「畢舍質」。佛教一般認為「畢舍遮」是「餓鬼道」衆生之一，有學者認為「薜荔多鬼」和「餓鬼」的名稱都由它衍生而來。《大毗婆沙論》認為「毗舍遮」擁有畜生外相，故屬於「畜生道」。「毗舍遮」是四大天王「持國天王」的部屬。在藏傳佛教密宗理論中，「毗舍遮」位於現圖「胎藏曼荼羅」外院之南，形如餓鬼，手持人的殘肢、或「劫波羅（髑髏）」。

或者，沒有師父的教導，這個修道人就親自觀見『執金剛神』，這個天魔變現的『執金剛神』，就說他賜給這個修道人長壽。說完之後，又變成一個美女，讓修道人與『天魔美女』多次施行淫欲，使這個修道人還沒到衰老的年紀，便因為縱慾，而肝腦枯竭，他的精、氣、神都被吸乾了。

這個被天魔附身的修道人，還常常自言自語，聽起來盡是一些妖魅惑衆的話，聽者不知道這是妖言而信服，故而多有遭到『王難（觸犯國家的法律，司法機關也開始偵辦他不道德的行為，最後被判刑而入獄。）』。甚至在還沒有遭到刑罰災禍之前，信服者便已經在監獄裡，因為精、氣、神都被吸乾而乾死。天魔如此惱亂這個人的定力，甚至致使這個人早夭早損。你應當對此有所事先察覺，才不會墮入輪迴。如果你要是迷昧而不明白這種事情，將來就會墮入無間地獄。

●名相：執金剛神

◎釋文：又名「執金剛夜叉」，爲守護欲界天「帝釋天」宮門的夜叉神，是佛教擔當的護法之一，手執金剛杵，外貌兇惡，象徵以智慧擊破無明。他們發願成爲佛教的護法，這些神明被統稱爲「金剛力士、金剛神」，也被稱爲「密跡金剛」或「金剛手」。大乘佛教認爲「執金剛神」爲天界的神祇，主掌守護須彌山頂的四角峰，遇有佛出世時，卽下降至人間世界，衛護佛陀與菩薩，守衛佛寺道場。

阿難！你應當知道，『想陰』所發生的這十種陰魔的境界，在末法時期時，隱藏在我的佛法中，或者出家修道，或者這個天魔附到人的身上，或者這個天魔自己現出種種的形像。這個天魔說他已經修成『正遍知覺（佛）』，他讚嘆淫欲，破壞佛的戒律儀則。

●名相：正遍知

◎釋文：梵語 samyak-sa buddha，音譯作「三藐三佛陀」。佛十號之一。又作「三耶三佛檀、正遍智、正遍覺、正眞道、正等覺、正等正覺、正覺等、正等覺者」。「三藐」是正之意；「三」是遍之意；「佛陀」是知、覺之意。「正遍知」卽眞正遍知一切法。此外，梵語 samyak-sa bodhi，音譯作「三藐三菩提」，舊譯作「正遍知、正遍知道」，新譯爲「正等覺、正等正覺」。「菩提」是就法而言，「佛陀」則就人而名；故「三藐三菩提」宜謂「正遍知、正等覺」，「三藐三佛陀」則應指「正遍知者、正等覺者」。

前面講的那些惡魔法師，與天魔的弟子，互相公然做淫亂的事。像這一類的邪精，因爲有邪魔迷住他的心竅。往近來說，就是『九生（九百年）』，往多來說，就超過一百世（三千年），這個修道人，最後就會做天魔的眷屬，等他命終之後，必定成爲魔民。他失去『正遍知（正等正覺）』這個正知正見，將來他的魔福享盡，壽命終了的時候，還要墮入無間獄。

●名相：九生

◎釋文：「一生」是一百年，「九生」就是九百年。

●名相：百世

◎釋文：「一世」就是三十年，一百世就是三千年。

阿難！你現在先不要進入『寂滅（涅槃）』，縱然你現在得到『無學（阿羅漢果）』這個果位，你要保留你的慈悲願力，到將來正法時期』已過，『像法時期』已轉，『末法時期』的時候，發起大慈悲心，救度衆生，使衆生的心，歸向於正法。你要讓衆生深信你的教誨，使他們不被天魔所迷惑，得到『正知見（佛知見）』。現在我度化你，你已經證到『二果（一來果）』的果位，將來證四果『阿羅漢』，你就可以跳脫生死。你現在遵循佛所交代的話，就是報答佛的恩惠了。

●名相：寂滅

◎釋文：卽指度脫生死，進入寂靜無爲的境地。此境地遠離迷惑世界，含快樂之意，故稱寂滅爲樂。

●名相：無學

◎釋文：爲「有學」的對稱。雖然已經知道佛法的眞理，但是還未斷盡迷惑，尚有所學者，稱爲「有學」。相對於此，「無學」是指已經達到佛法眞理極致，無迷惑可斷，亦無可學者。「聲聞乘」四果之中的前三果爲「有學」，第四「阿羅漢果」爲「無學」。

●名相：正知見

◎釋文：「知見」是指依自己的思慮分別，而立之見解。與智慧有別，智慧乃般若之無分別智，爲離思慮分別之心識。惟作「佛知見、知見波羅蜜、正知見」時，則知見與智慧同義。

阿難！像這十種在『禪那（禪定）』中，所顯現的境象，都是『想蘊』在『心體（心的本體；本心；自性；第八識『阿賴耶識）』中，交互湧動而出現的這些魔幻事景。衆生頑固不化，愚癡迷惑，不能自己『忖量（ㄘㄨㄣˇ，思考）』，遭逢到這種因緣時，迷惑而不能自己察覺識破，還說是登上聖境。如此而造成大妄語，墮入無間地獄。

●名相：禪那

◎釋文：梵語，意譯爲「思惟修、靜慮」，在佛教經論中，專指四種「色界定」。修行進入四種「色界定」的「禪那」方法，爲「奢摩他」與「毘鉢舍那」卽「止觀」。「禪那」這個詞源出「婆羅門教」的《梨俱吠陀》。有「心一境性」含義的「禪那」出現於《奧義書》中，在後世的《瑜伽經》八支瑜伽中爲第七支。「禪那」廣泛用於沙門傳統各教派，在佛教中，爲「三無漏學」與六度之一。「禪那」與「定」，在日常用語中或被視爲同義詞，但是「禪那」的範圍窄，而「定」的範圍寬，「禪那」專指能依之見道證沙門果的四種「色界定」，而「欲界」及「無色界」諸定，不能兼具「斷結」及「正觀」，一般不稱爲「禪那」。「漢傳佛教」的「概念禪」，和「禪定」的「禪」，都源自於「禪那」的簡稱，但隨著發展，逐漸形成一個獨特的思想體系，並開創了「禪宗」。

阿難和所有在會的大菩薩、大阿羅漢、大比丘等人，你們必須在我滅度之後，將如來的聖言，傳示給末法的衆生，普遍使衆生開悟明白佛的法要，不要讓天魔，趁這個有漏洞的方便時機，毀壞修行的人們，要保持這個佛法，要擁護這個佛法，讓這些修行人，成就無上佛道。

《楞嚴經》卷十翻譯（部分經文）

《大佛頂首楞嚴經》卷十翻譯（部分）

（四）五十種陰魔的「行陰魔」

⑴五陰中的「行陰」

⑵五濁中的「衆生濁」

「衆生濁」謂人朝夕生滅不停，「知見（見解）」欲留於世間，業運每常遷於國土，於此而相織妄成，稱爲「衆生濁」。

⑶妄想之源：「幽隱妄想」

「幽隱妄想」卽行蘊。衆生一生之中，其身體之變化無片刻停息，而幽然無覺，故行蘊稱爲「幽隱妄想」。

⑷行陰十境（第①至第⑩境）：

①二無因論 ②四遍常論 ③四顚倒見 ④四有邊論 ⑤四種顚倒 ⑥死後有相 ⑦死後無相 ⑧死後俱非 ⑨死後斷滅 ⑩五涅槃論

⑸行陰十魔（第①至第⑩魔）：

①第一外道 ②第二外道 ③第三外道 ④第四外道 ⑤第五外道

⑥第六外道 ⑦第七外道 ⑧第八外道 ⑨第九外道 ⑩第十外道

阿難！那些善男子修行『三摩提（禪定）』，『想蘊』除盡了，這樣的人在日常生活中，消滅了夢想，不再做夢了。清醒時和睡覺時，都是一樣的清明，覺知明朗虛靜，就像萬里無雲，晴朗的天空一樣，不再有粗重的『前塵影事（往事）』。此時，觀見世界的大地山河，如同明鏡鑒照般的清晰明白，來去自由自在不執著，無所掛礙糾纏，不留痕跡。『心體（心的本體；本心；自性；第八識阿賴耶識）」）』虛心接受不分別對待，與外境互相對照呼應，了脫一切過去所造作的『宿業（前世的善惡因緣）』和『陳習（舊的習氣）』，唯一的『微妙精眞（前七識都沒有了，只剩下唯一的第八識阿賴耶識）』是生死的『根元（根源，第八識阿賴耶識。）』，從此顯露出來。（因爲前面的『想陰』破了，現在到這個『行陰』，所以說從此就顯露出來了。）

這時候，他可以無一遺漏的，觀見十方世界中，『十二眾生』的類別。

●名相：十二眾生（卽「十二類生」）

◎釋文：謂諸有情由「顚倒妄想」起惑造業，隨業感報，各各不同，故有十二種類型。卽：

⑴卵生：從「殼」而生。謂此類有情因「虛妄顚倒」之惑，生起「飛沉亂想」之業，惑業和合，故感此生之報，卽「魚、鳥、龜、蛇」之類。

⑵胎生：從「胞胎」而出生。謂此類有情因「愛欲雜染」之惑，生起「橫豎亂想」之業，惑業相滋，故感此生之報，卽「人、畜、龍、仙」之類。

⑶濕生：從「濕處」而受生。謂此類有情因「顚倒執著」之惑，生起「翻覆亂想」之業，惑業和合，故感此生之報，卽含「蠢蟲、蠕蟲」之類。

(4) 化生：即從「無」而忽有，又離此舊形易彼新質爲「化生」。謂此類有情因「顚倒變易」之惑，生起「捨故取新亂想」之業，惑業和合，故感此生之報。即轉蛻「飛行之類」，如「蠶蛻形爲蛾」，如「雀化蛤」等。「雀化蛤」是古人的一種錯覺，在中國古代，深秋天寒，雀鳥都不見了，古人看到海邊突然出現很多蛤蜊，並且貝殼的條紋及顏色與雀鳥很相似，所以便以爲是雀鳥變成的。

(5) 有色：謂有形礙明顯之色。謂此類有情因「顚倒障礙」之惑，生起「精耀亂想」之業，惑業顯著，故感此生之報。即「休、咎」精明之類，如星辰吉者爲「休」，凶者爲「咎」；「螢火蟲、蚌珠」，皆「精明」之類。

(6) 無色：即無有形色。謂此類有情因「顚倒銷散」之惑，生起「陰隱亂想」之業，惑業暗昧，故感此生之報。即「空散銷沉」之類，如「無色界的外道」。

(7) 有想：指從「憶想」所生。謂此類有情因「顚倒罔象」之惑，生起「潛結亂想」之業，惑業和合，故感此生之報。即「神、鬼、精靈」之類。

(8) 無想：指想心昏迷、無所覺了。謂此類有情因「頑鈍愚癡」之惑，生起「枯槁亂想」之業，惑業和合，故感此生之報。即「精神化爲土木金石」之類，如「黃頭外道」化爲石。心如枯木爲「枯想」，對事情沒有覺知爲「槁想」。於是，就在這個枯槁亂想中，就有了「無想」這樣一類的衆生，它們的精神化爲了土木金石。

(9) 非有色：謂雖有形色而假他所成。此類有情因「虛僞相待」之惑，生起「因依亂想」之業，惑業相染故感非有色相成色之報。即「水母」以蝦爲目之類。

(10) 非無色：謂因聲呼召而能成形。此類有情因「相引妄性顚倒」之惑，生起「呼召亂想」之業，惑業相附，故感「非無色相無色」之報。卽「咒詛、厭生」之類。「咒詛」就是詛咒，受咒力驅使的靈體；「厭生」是指隨厭禱而有生命的靈體，這類生命其實非常可憐。它們沒有智慧，完全迷失了自己；活在咒力之中，供持咒者驅使，根本就不知道好歹。佛念咒就歸佛用，魔念咒就歸魔用。

⑾非有想：謂借他之身以成自類。此類有情因誣罔顚倒之惑，生起回互亂想之業，惑業和合故感非有想相成想之報。卽「蒲盧（卽果蠃，一種細腰的蜂。）」等異質相成之類。

⑿非無想：謂雖親而成怨害。此類有情因「怨恨顚倒」之惑，生起「殺害妄想」之業，惑業和合，故感「非無想相無想」之報。卽「土梟（鳥綱鴟鴞科鳥類的總稱）」等附塊爲兒，及「破鏡鳥」以毒樹果抱爲其子，子成，父母皆遭其食之類。

雖然他還沒有通曉『十二類衆生』過去的業因，但是已經能夠看到第八識『阿賴耶識』，是這『十二類衆生』生死的共同『根元（根源，第八識阿賴耶識。）』。第七識『末那識』就如同『野馬（虛幻的水影）』一樣，『熠熠（一ˋ，閃爍的樣子）』又『清擾（隱約擾動）』第八識『阿賴耶識』，這是一種不眞實的『浮根塵（肉團所形成的五根外形器官）』假象。修行者必須把這個『浮根塵』滅除，以達到究竟清淨的主要『巢穴（指第八識『阿賴耶識』）』。未能滅除『浮根塵』時，此時就叫做『行陰區宇（行陰境地）』。

●名相：野馬

◎釋文：佛經常把「野馬」比喻做「水」，這是一種虛幻的自然現象。在日光下，大風吹起塵土時，所產生的一種錯覺，常被誤認爲是「水」。從遠處看，那個地方好像有水；到了近處，它又消失不見了。依據現代科學知識，它是由於空氣折射率，所產生的一種視覺「虛幻」現象。

《放光般若經》卷第十五原文：

云何菩薩行禪攝取羼波羅蜜。佛言。菩薩行禪觀色如聚沫。觀痛如泡。觀想如「野馬」。觀所作行如芭蕉。觀識如幻。作是觀已於五陰作無堅固不要想。

《大智度論》第六卷原文：

「如炎」者，炎以日光風動塵故，曠野中見如「野馬」，無智人初見謂之為「水」。男相、女相亦如是，結使煩惱日光熱諸「行塵」，邪「憶念風」，生死曠野中轉，無智慧者謂為一相，為男、為女。是名「如炎」。

●名相：浮根塵

◎釋文：即「扶塵根」，指「眼球、外耳、內耳穴、鼻柱」等肉團所形成的五根外形器官，是扶助「正根」認知「五塵」，其自身並無發識取境的作用，故稱爲「扶塵根」。又作「扶根、浮根、扶根塵」。五根具有「扶根」與「正根」，「正根（又作勝義根）」是以「扶塵根」爲所依處，以「四大（地、水、火、風）」種所造的淨色爲體，具有發識取境的作用，非生理機能，而是五根據以發生感覺認識作用的實體，乃依於「扶根」而立，取外界之境，發內界之識，其體清淨微妙，爲集合極微的四大而成，非肉眼可見，即指五官的神經。

如果這個被第七識『末那識』『清擾（隱約擾動）』又『熠熠（ㄧˋ，閃爍的樣子）』的『元性（自性，第八識阿賴耶識）』，進入『元澄（本來的清靜；原本的清澈寧靜）』的狀態。一旦原本汙染的習氣，被澄清而變爲清靜，那被第七識『末那識』覆蓋的『元性（自性，第八識阿賴耶識）』，就如同『波浪』被消滅一樣，便會化爲澄清寧靜的水，此時修行者已經沒有『微細妄想』，這種情形就稱爲『行陰盡

（行陰終止）』。

那麼，這樣的人就能夠超越『衆生濁』，觀察『行蘊』的緣由，是由於第八識『阿賴耶識』中，以『前七識種子』的『幽隱妄想』，做爲『行蘊』的根本。

●名相：衆生濁

◎釋文：謂人朝夕生滅不停，「知見（見解）」每欲留於世間，業運每常遷於國土，於此而相織妄成，稱爲「衆生濁」。

●名相：幽隱妄想

◎釋文：卽行蘊。衆生一生之中，其身體之變化無片刻停息，而幽然無覺，故行蘊稱爲「幽隱妄想」。

■行陰十境的第①境「二無因論」：第①魔「第一外道」

阿難！你應當知道，這個得到『正知（正確的佛法知識）』，在『奢摩他（禪定）』中修行的善男子，『凝明（集中心力，得到定力，由定力中，發出自性智慧光明。）』，『正心（使人心歸向於正道）』。

●名相：奢摩他

◎釋文：爲梵語，意譯「止、寂靜、能滅」，爲「禪定」七名之一，乃攝心而不被外境所動，遠離並止息一切之散亂，使心寂靜。

「受陰」十類的天魔（①悲魔 ②狂魔 ③憶魔 ④易知足魔 ⑤常憂愁魔 ⑥好喜樂魔 ⑦大我慢魔 ⑧好輕淸魔 ⑨空魔 ⑩欲魔），便不能在他身上得到便宜，沒辦法來擾亂這個修行人。這時候，他才能夠開始仔細研究妙明本體，深究十二類衆生的生死根源。

他觀察一切衆生，『行蘊』的『幽清（深幽靜寂）』，恆常擾動的特性。這時候，在他的第七識『末那識』裡面，生出一種微細的動相，擾動了『自性（第八識阿賴耶識）』。在這個圓滿的本來『自性（第八識阿賴耶識）』裡，就忽然生起了一種『計度（計算量度，估計料想。）』的念頭，這個人就墜入了『二無因論（兩種無因論）』的想法。

第一種是這個人『見本無因』，他看見人本來沒有『因』，什麼緣故呢？因爲這個人已經察破『行蘊』之機，就是生這個『妄想』的機會全破了，沒有妄想了。他利用清淨眼根獲得的八百功德，觀見八萬劫中，所有衆生的業行遷流，灣轉循環，在此死亡，在彼出生。他只能夠見到衆生，八萬劫之內的輪迴之處，而八萬劫之外的事情，卻觀看不到。於是他便做這樣的見解，這世間所有十方的衆生，在八萬劫以來，無因而自有，他們都是沒有什麼因緣，就自己生出來的，自己就有了。由於這樣的料想認爲，從而亡失了『正遍知（眞正遍知一切法）』，墮落到外道的理論去了，迷失了『菩提（覺智）』眞性。

●名相：正遍知

◎釋文：音譯作「三藐三佛陀」。佛十號之一。又作「三耶三佛檀、正遍智、正遍覺、正眞道、正等覺、正等正覺、正覺等、正等覺者」。「三藐」是正之意；「三」是遍之意；「佛陀」是知、覺之意。「正遍知」卽眞正遍知一切法。

●名相：菩提

◎釋文：梵語bodhi，意譯「覺、智、知、道」。廣義而言，乃斷絕世間煩惱而成就涅槃之智慧。卽佛、緣覺、聲聞各於其果所得之覺智。此三種菩提中，以佛的菩提爲無上究竟，故稱「阿耨多羅三藐三菩提」，譯作「無上正等正覺、無上正遍智、無上正眞道、無上菩提」。

第二種是這個人『見末無因』，這種是見『末（事物的最後階段）』沒有因，什麼緣故呢？這個人對於所有的衆生，已經觀見到他們的生滅根源，知道人生生世世都是做人，人總是轉世投胎做人。悟到鳥生生世世都是做鳥，鳥總是轉世投胎做鳥。烏鴉原本就是黑色的，鵠鳥從來就是白色的。人和天人本來就是站著走路的，畜生本來就是四條腿，趴著在地上走路的。白色不是洗了，才變成白色的。黑色不是用顏色染黑造成的，這些從八萬劫以來，並沒有改變。

同理可證，我死亡之後，也是一樣，我還是會轉世投胎，出生前世的我。而我本來就不曾見過『菩提（覺智）』，哪裡又會有成就『菩提（覺智）』的事情呢？應該知道今日的一切『物象（物體的形象；事物的現象）』，都是有始以來，本來是沒有因緣的。由這樣來估計料想，從而亡失了『正遍知（眞正遍知一切法）』的這種智慧，墮落在外道之中，迷失了『菩提（覺智）』眞性。這就叫做『第一種外道』，他所立的『無因論』，認爲什麼事情，都沒有一個因緣。

■行陰十境的第②境「四遍常論」：第②魔「第二外道」

阿難！在『奢摩他（禪定）』中修行的善男子，『凝明（集中心力，得到定力，由定力中，發出自性智慧光明。）』，『正心（使人心歸向於正道）』。天魔便不能在他身上得到便宜，沒辦法來擾亂這個修行人。這時候，他深究『十二類衆生』的生死根源。

他觀察一切衆生，『行蘊』的『幽淸（深幽靜寂）』，恆常擾動的特性。這時候，在他的第七識『末那識』裡面，生出一種微細的動相，擾動了『自性（第八識阿賴耶識）』。在這個圓滿的本來『自性（第八識阿賴耶識）』裡，就忽然生起了一種『計度（計算量度，估計料想。）』的念頭，這個人就墜入了

「四遍常論（四種遍常論）」的想法，四種遍常的『知見（見解）』、遍常的論議。

●名相：四遍常論

◎釋文：乃古代印度外道所執六十二種錯誤見解中的四種「常見」。又作「遍常論、四遍常見論」。此類外道依據過去及現在的事實，而執於「我爲常住」的見解。《成唯識論述記》卷六末記載「四遍常論」：

(1)以禪定之故，能憶念過去二十成壞劫之事，彼便執著我與世間皆爲常住不壞。

(2)以禪定之故，能憶念過去四十成壞劫之事，彼便執著我與世間皆爲常住不壞。

(3)以禪定之故，能憶念過去八十成壞劫之事，彼便執著我與世間皆爲常住不壞。

(4)由天眼之故，能見諸有情之死時、生時諸蘊之相續流轉，然不能如實了知諸行之刹那生滅，彼遂執著我與世間皆爲常住不壞。

●名相：知見

◎釋文：指依自己的思慮分別，而建立的見解。與「般若智慧」有別，「般若智慧」是無分別智，爲離思慮分別的心識。惟作「佛知見」、「知見波羅蜜」時，則「知見」與「般若智慧」同義。

第一種是，這個人深究『心性』與『境性』的根源，認爲這兩處都沒有根本，沒有什麼因緣。在修習此定力時，能夠知道在二萬劫中，十方衆生所有的生滅，都是生了又滅，滅了又生，都是循環不已，不會散失過。因此，他就以爲心、境二性，都是恆常的，都是不會改變的。

第二種是，這個人深究『四大（地、水、火、風）』的根源，認爲這『四大（地、水、火、風）』的性質，都是常住不壞的。在修習此定力時，能夠知道在四萬劫中，十方衆生所有生滅的『體性（本性）』，都是不會散失的。由此估計料想，認爲這是恆常不變的。

第三種是，這個人竭盡研究『六根』，『六根』就是第六識『意識』的根本，也就是第七識『末那識』，又稱爲『意根』。這個人竭盡研究第七識『末那識』，發現第七識『末那識』『執受（執著感受）』第八識『阿賴耶識』，在『心、意、識』之中，本來『元由（事情的起始和原因）』的那個處所，它的『本性』是恆常不變的。在修習此定力時，能夠知道在八萬劫中，十方衆生所有的生滅，都是生了又滅，滅了又生，都是循環不已，不會散失過，本來是常住不變的。他研究這個不失的本性，認爲是恆常不變的。

●名相：執受

◎釋文：以外在的對象爲有實性，由此而生感覺；執著外在對象爲有，對之而起感覺。

●名相：心意識

◎釋文：指「心、意、識」三者。「心」即集起之義。「意」即思量之義。「識」即了別之義。大略言之，「心」是主體，「意」與「識」是「心」作用的兩面。「唯識宗」主張第八識「阿賴耶識」能積集種子，故稱爲「心」；第七識「末那識」能思量起我執，故稱爲「意」；前六識能認識對象，故稱爲「識」。

第四種是，這個人的『想元（想蘊的根本）』已經除盡，沒有再生出妄想的這種情形了。在他這個『行陰』流動，停止運轉的時候，這個生滅的想心，現在已經滅除了，不再打妄想了。在這個理論裡，自然就形成了一個不生滅的想法。因爲用心來推測料想，他就認爲是恆常不變的。

由此推測料想這四種的『遍常論』，所以他就失去『正遍知（眞正遍知一切法）』的這種智慧，墮落到外道的理論去了，迷失了『菩提（覺智）』眞性。這就叫做『第二種外道』，這是他所立的『圓常論（圓滿常住不滅的理論）』。

■行陰十境的第③境「四顚倒見」：第③魔「第三外道」

又那些在『三摩地（禪定）』中修行的善男子，因爲他堅固他的定力，使心歸向於正道，所以天魔就沒有機會來障礙他，沒辦法來擾亂他。

這時候，他深究『十二類衆生』的生死根源。他觀察一切衆生，『行蘊』的『幽淸（深幽靜寂）』，恆常擾動的特性。於是在自己與他人之中，妄起一種推測料想，則這個人就會墮入『四顚倒見（四種顚倒見）』的想法，或者他說這是『無常』；又或者說是『有常』，這樣子來回顚倒，沒有一個定論，把人都搞亂了。

●名相：顚倒

◎釋文：謂違背常道、正理，如以「無常爲常」，以「苦爲樂」等，反於本眞事理的妄見。

第一種是，這個人觀『妙明心（眞妙的明心，卽自性）』，這個心遍滿十方界，他以爲這個『湛然（淸明瑩澈）』淸淨的境界，是『究竟（至極，最高境界）』的『神我（外道所執著的實我）』。從這個淸淨的境界裡，他就妄加揣測，我這個心遍滿十方界，『凝明（晶瑩明亮）』如如不動，一切十方的衆生，都在我的心中，自生自死，生了又死，死了又生。可是，我這個心性，是不生滅的，是『恆常』的，遍滿十方界。那些自生自死的十方衆生，又生又死，又死又生，這是『無常性』的。

●名相：神我

◎釋文：意卽「人」，指個人的精神本體。外道所執著的「實我」。我體常實而爲靈妙不思議，稱爲「神我」。印度「數論外道二十五諦」的第二十五諦，稱爲「神我諦」。以思爲體。遠離二十三諦而以「神我」獨尊爲「涅槃」。「數論學派」所立二十五諦的第二十五諦。卽執著「我」爲「常住獨存」，受用諸法的「實我」。

第二種是，這個人不向心內觀，他遍觀十方恆沙國土，見到那些歷經『成劫、住劫、壞劫、空劫』，這個劫到『壞劫』的時候，而這個壞的地方，稱之爲『究竟無常種性』，見到那些歷劫而不壞的地方，稱之爲『究竟常』。

第三種是，這個人用自己第六識『意識』的分析判斷功能，來分別來觀察自己的心，精密微細得如同微塵一樣，依此分析判斷，流轉到十方世界。這種流轉性，雖然沒有改變移動，卻能夠讓自己這個身體，又生又滅，又滅又生。這種流動性不壞，這個不壞的性，是我自性的『常性』。因此，一切的死生，從我這個『常性』流出，稱之爲『無常性』。

第四種是，這個人知道『想蘊』已經盡了，見到『行蘊』這個細流，『行蘊』常流不斷，所以妄加揣測爲『常性』。『色蘊、受蘊、想蘊』等，現在已經滅盡，所以妄加揣測爲『無常性』。

他由此估計料想，或者他說這是『無常』；又或者說是『有常』，這樣子來回顚倒，沒有一個定論。所以，就墮落變成外道的『知見（見解）』，迷失了『菩提（覺智）』眞性，這就叫做『第三種外道』，這是他所立的『一分常論（一分常論，一分無常論的理論）』。

■行陰十境的第④境「四有邊論」：第④魔「第四外道」

又那些在『三摩地（禪定）』中修行的善男子，因爲他堅固他的定力，使心歸向於正道，所以天魔就沒有機會來障礙他，沒辦法來擾亂他。

這時候，他深究十二類衆生的生死根源。他觀察一切衆生，『行蘊』的『幽清（深幽靜寂）』，恆常擾動的特性。於是在『分位（時分和地位）』中，妄起一種推測料想，則這個人就會墮入『四有邊論（四種有邊論）』的想法。

●名相：分位

◎釋文：「分」指時分；「位」指地位。謂於事物或生變化的時分與地位。爲顯假立法之詞。如「波」爲「水」的鼓動分位，故「波」爲假立於「水」的分位者，離「水」則「波」無實法。百法中的「二十四不相應法」，爲假立於「色」與「心」，或「心所」三法，或生變化的分位者，故爲「無別體性」。

第一種是，這個人在行蘊上，他算計著這『十二類衆生』的生滅『本元（根源）』，這個『本元（根源）』遷流（流動；移動不定）不止，不會停息。他認爲『過去』和『未來』沒有相續的關係，『過去』有邊際（盡頭），『未來』也有邊際（盡頭），稱之爲『有邊』。而『現在』的這個心，相續不斷，便稱之爲『無邊』。

（第一種是『三世分位』，他以爲『過去心』已滅，『未來心』未至，就是『有邊』。『現在心』則相續不斷，便是『無邊』。）

第二種是，這個人在禪定中，觀察八萬大劫的時間，他就看見這『十二類的衆生』。在八萬大劫以內，這『十二類衆生』的生滅輪迴，他看得清清楚楚的。可是超過八萬大劫，他就看不見，就不見不聞了。在不見不聞的時候，在這個看不見的地方，便稱之爲『無邊』。在能看見有衆生的這個地方，便稱之爲『有邊』。

（第二種是『見聞分位』，他妄執『無見聞處』爲『無邊』，『有衆生處』爲『有邊』。）

第三種是這個人生起了一種妄計、妄執，他認爲自己有『遍知（無所不知）』的智慧，稱自己得到『無邊性（廣大無邊）』的智慧。那一切的衆生，都包括在我這個智慧裡頭。我竟然不知道，那一切衆生的『知性（悟性）』，這個就稱爲『無邊之心』，衆生沒有得到這個『無邊的心』，沒有這個無邊的智慧。只是在有邊的那一個地方，不斷的生死輪迴，叫做『有邊性』。

●名相：遍知

◎釋文：完全盡知之謂。原意是指周遍了知四諦道理的無漏智；吾人如能透徹了解周圍之一切現象，則可得無漏智。

（第三種是『自他分位』，他妄執自己的行陰爲眞我，以爲我能周遍了知，於一切法之中，得到無邊之性。而那些衆生，雖然顯現在我所知性之中，但是我竟然不知道，那一切衆生的『知性（悟性）』，就認爲那些衆生不能得到無邊之性，只可叫做有邊的心性。）

第四種是，這個人研究『行蘊』，研究到極點，研究空了。他以他所研究的這種見解，『心路籌度（心中的思路謀劃）』，他又生出一種妄計、妄執。他認爲所有『十二類的衆生』，在一個身體裡面，全部都是半生半滅，有一半是生，有一半是滅。他認爲他通曉所有『十二類衆生』的世界，一切所有衆生，都是『一半有邊，一半無邊』，一半就在『有邊』，一半就在『無邊』。那個『生』，就是在『有邊』，那個『滅』，就是在『無邊』。

（第四種是『生滅分位』，他在禪定時，覺得行陰已滅，而出定之後，覺得行陰又生。就用妄心來籌度，以爲一切衆生，於一身中，都是『半生半滅』，衆生既然如此，則世界所有的一切，亦皆是『一半有邊，一半無邊。』。『生時』執爲『有邊』，『滅時』執爲『無邊』。）

由前面這四種的估計料想，不是『有邊』，就是『無邊』；不是『無邊』，就是『有邊』，所以就墮落到外道裡邊，迷惑了菩提眞性，這就叫做『第四種外道』，這是他所立的『有邊論』。

■行陰十境的第⑤境「四種顚倒」：第⑤魔「第五外道」

又那些在『三摩地（禪定）』中修行的善男子，因爲他堅固他的定力，使心歸向於正道，所以天魔就沒有機會來障礙他，沒辦法來擾亂他。

這時候，他深究『十二類衆生』的生死根源。他觀察一切衆生，『行蘊』的『幽淸（深幽靜寂）』，恆常擾動的特性。於是在『知見（見解）』中，妄起一種推測料想，則這個人就會墮入『四種顚倒』不死矯亂的『遍計（遍計所執性）』虛論。

●名相：知見

◎釋文：指依自己的思慮分別，而建立的見解。與「般若智慧」有別，「般若智慧」是無分別智，爲離思慮分別的心識。惟作「佛知見」、「知見波羅蜜」時，則「知見」與「般若智慧」同義。

●名相：顚倒

◎釋文：略作「倒」。謂違背常道、正理，如以「無常」爲「常」，以「苦」爲「樂」等，反於本眞事理的妄見。

●名相：不死矯亂論

◎釋文：爲印度古代外道所執六十二見之一；屬於計執過去而起的分別見解。卽針對「不死」的問題，自己並非如實了知卻矯亂回答他人者。此類外道共有四種，故又稱四種「不死矯亂論、四不死矯亂論」。即：

(1)就善惡業報的問題，隨一己所理解者，而答覆他人。

(2)就他世有無的問題，隨問者之所見，而答以如是如是。

(3)就善不善法的問題，答以非善非惡。

(4)取他人的見解，而作爲問題的答案。此類主張相當於外道十六宗中的「不死矯亂宗」。

●名相：不死矯亂宗

◎釋文：外道十六宗之一。卽印度古代外道中的「不死無亂外道」。彼外道執天的長壽爲常住不死，自說不死不亂。以所言矯亂，故有此稱。

●名相：遍計所執性

◎釋文：乃「唯識宗」所立「三性」之一。又稱「遍計所執相、分別性、分別相、妄計自性、妄分別性」。略稱「遍計所執、計所執、所執性」。凡夫於妄情上，「遍計依他起性」之法，乃產生「實有我、實有法」的妄執性。由此一妄執性所現的相，僅能存於妄情中，而不存於實理之中，故稱「情有理無」之法、「體性都無」之法。此種分別計度的妄執性，乃周遍於一切境者，故以「遍計」稱之。「遍計所執性」就是一種妄執，根本不是這麼一回事，他就執著是這麼一回事。

第一種是，這個人觀『行蘊』爲變化的根源，見到『行蘊』『遷流（流動）』的那個地方，所以他就說那是『變』。他看見『行蘊』相續不斷的這個地方，他就說是『恆（恆常不變）』。他又在這個『行蘊』，看見八萬大劫以內的事情，他就說是『生』。他看不見八萬大劫以外的事情，他就說這是『滅』。

他認爲前一個『行蘊』與後一個『行蘊』之間，必定有『相續（前後連接）』的『因性（原因）』。

由於不知『行蘊』之外，還有『識蘊』的存在，他只看到這個『因性』不斷之處，他就說這是『增』。他認爲在『相續（前後連接）』之間，會有一個『離』的處所，他說這就是『滅』。

他看見『行蘊』的每一個生處，他就說這是『有』。他看見『行蘊』互相又有『亡（消滅）』的地方，他就說這是『無』。

你若用這個『理』來觀察，他的這種論議，都是不對的，他用心都用錯了。

在這個時候，有想求佛法修行的人，來問他所證的義理。他就回答這個人說，我現在也生，我也滅；我也有，我也無；我也增，我也減。在任何時候，他的說話內容，都是混亂不清楚的，使得來求佛法修行的人，不知道他到底在說什麼？那個人想問什麼，都忘了，遺失了。

第二種是，這個人仔細審視觀察自己的心，在這『十二類衆生』之中，他覺得『行蘊』這個心，互相都沒有，在他看見這個沒有的地方，他覺得因爲這個『無』字，他得到智慧了，他開悟了。當有人來問法時，他只回答一個『無』字，除此字外，不再說其他。無論你問他什麼道理，他就回答『無』。一般人不明白他所說的『無』字，是什麼意思，所以就把『無』字取名爲『一字禪』。

第三種是，這個人仔細審視觀察自己的心，在這『十二類衆生』之中，他覺得『行蘊』這個心，互相都『有生有死』的這個『有』處，因爲這個『有』，他就認爲他證果了。當有人來問法時，他只回答一個『是』字，除此字外，不再說其他。無論你問他什麼道理，他就回答『是』。一般人不明白他所說的『是』字，是什麼意思，所以就把『是』字取名爲『一字禪』。

第四種是，這個人『有無俱見』，他在這個『行蘊』裡，見到『有』，又見到。他見到這個『行蘊』，像水波浪似的這麼運行，遷流不息，他說是『有』。在這個遷流不息的時候，有斷的地方，他又說是『無』。他的這個境界，生出來一個叉枝，就好像樹木生出一個分枝來。所以，他說這是『有』，也是『無』，他的心裡也亂了。當有人來問法時，他回答也有，也就是沒有。可是沒有的，就不能是有。一切『矯亂（違背混淆）』，無理可據，無義可憑。因此，他無法應付別人的深入追問。

由此料想揣測，因爲上述這四種『矯亂（違背混淆）』虛無飄渺，沒有眞實的道理，所以就墮落到外道之中，迷惑了菩提眞性。這個就叫做『第五種外道』，這四種的顚倒性，他講得『矯亂（違背混淆）』、不清楚，他就生出一種『遍計所執』的虛論。

什麼是『遍計所執』的虛論呢？例如在沒有月光的晚上，地上有一條繩子，你看見這一條繩子，誤以爲是一條蛇，這就叫做『遍計所執性』。根本不是蛇，它是一條繩子，你就妄加揣測，說它是一條蛇。

■行陰十境的第⑥境「死後有相」：第⑥魔「第六外道」

又那些在『三摩地（禪定）』中修行的善男子，因爲他堅固他的定力，使心歸向於正道，所以天魔就沒有機會來障礙他，沒辦法來擾亂他。

這時候，他深究『十二類衆生』的生死根源。他觀察一切衆生，『行蘊』的『幽淸（深幽靜寂）』，恆常擾動的特性。這『行蘊』微細的動相，就像水波浪一般，源源而來，這種微細的動相流，是無窮無盡的。他在這個時候，就生出來一種料想揣測。那麼，這個人便墜入『死後有相』，他認爲死後也有相，所以又生出一種顚倒的心思。

這個人或者自己就執著，要堅固自己的身體，他說這個『四大（地、水、火、風）』的色身都是我；或者看見自己的『自性』圓融無礙，十方的國土，都包括在我這圓融『自性』裡邊他就說我有這個色身；或者他說這是一種『前緣（過去所結下的緣分）』，隨著我這麼『迴復（反覆；來回週而復始）』，他說這『四大（地、水、火、風）』的色身，都屬於我的；又或者是我所依靠的，在這個『行蘊』中『相續（前後連接）』，他說我在這個色身的裡邊。

這些都是料想揣測說，死後是有相的。像這樣循環，在『色、受、想、行』這四［蘊裡頭，每一個都有『四大（地、水、火、風）』，所以四四一十六，總共有十六種的相。從這十六種相，他或者就料想揣測，認爲『煩惱』永遠是『煩惱』，『菩提』也永遠是『菩提』。『煩惱』和『菩提』這兩種性質是並行，各不互相抵觸的。

由於這樣料想揣測，而且死後是有形相的緣故，所以他就墮落到外道裡頭了，迷惑了菩提眞性，這就叫做『第六種外道』。在這『五蘊』裡頭，這裡說是『五蘊』，實際上只有『四蘊（色、受、想、行）』，沒有『識蘊』。這裡只是舉出『五蘊』的名字。他說人死後還有形相，這個心顚倒不正常，這是他所立的『心顚倒論』。

■行陰十境的第⑦境「死後無相」：第⑦魔「第七外道」

又那些在『三摩地（禪定）』中修行的善男子，因爲他堅固他的定力，使心歸向於正道，所以天魔就沒有機會來障礙他，沒辦法來擾亂他。

這時候，他深究『十二類衆生』的生死根源。他觀察一切衆生，『行蘊』的『幽清（深幽靜寂）』，恆常擾動的特性。在先前滅除的『色、受、想』三蘊中，他又生出料想揣測的心思，這個人會墮入『死後無相』，他認爲死後沒有形相，發表這種『心顚倒』的論議。

他見到這個『色蘊』滅了，這個『身形（身材體形）』無所寄託。他觀這個『想蘊』滅了，這個心也無所繫靠，妄想也都沒有了。知道這個『受蘊』滅了，和外面就不再有『連綴（互相接續而不中斷）』了。當『色、受、想』這三種的蘊性都消散時，縱然有『行蘊』能生之理，而沒有『受、想』二蘊，那麼就和草木相同。他說像草木一樣沒有知覺，有『形質（軀體、身體）』的這種物質現前，現在也不可得，也沒有了。那麼，生前求這個實在的形相，都不可得，死後又怎麼可能有衆多的形相呢？因此，他『勘校（審核校對）』料想揣測死後也沒有相。

像這樣來回循環深入研究，他得到一個結論，認爲共有八種無相。『色、受、想、行』四蘊，在生前有四種無相，死後也有四種無相，都是沒有的。從此他就料想揣測，認爲沒有涅槃，也沒有因果，一切都是虛無的，空有名字，事實上只是絕滅而已，都是沒有的。由於他這樣的料想揣測，死後無相，死後什麼都沒有了，一切都空了的緣故，所以就墮落到外道之中，迷惑了菩提眞性。這個就叫做『第七種外道』。在這個五蘊中，他說死後無相，他的心非常顚倒，就立出這麼一種顚倒的論議。

■行陰十境的第⑧境「死後俱非」：第⑧魔「第八外道」

又那些在『三摩地（禪定）』中修行的善男子，因爲他堅固他的定力，使心歸向於正道，所以天魔就沒有機會來障礙他，沒辦法來擾亂他。

這時候，他深究『十二類衆生』的生死根源。他觀察一切衆生，『行蘊』的『幽清（深幽靜寂）』，恆常擾動的特性。在『行蘊』存在的這個地方，『受、想』這兩蘊都滅了，這時候他又說是有，又說是無；又說是無，又說是有。他有時候說有，有時候又說無，自己破壞自己的這種理論。他死後便墜入『死後俱非（都沒有）』，他死後也沒有『有』，也沒有『無』，生起顚倒的論理。

他在『色、受、想』這三蘊都破了之中，見到這個『有』，又不是『有』。在『行蘊』流動裡，有微細的動相，他看見『沒有』，又好像『有』。所以這也不是『有』，也不是『無』。他來回循環深入研究這個道理，把『色、受、想、行』這四種蘊界，從『生前』到『死後』，『生前』四蘊，已有四個『俱非（都沒有）』，『死後』四蘊，還有四個『俱非（都沒有）』都探究到盡頭。他說這八種『俱非（都沒有）』，都是沒有形相。隨後，他就認爲他找到原因，得到一個答案。他說死後，『色、受、想、行』四蘊，也不是『有相』，也不是『無相』。

他又研究『行蘊』的這種性質，因爲『行蘊』有一種微細的動相流動的緣故。他誤認爲『相』的有、無，是由於『行蘊』的性質改變、轉移的緣故，就產生不同的『行相（相狀）』。在他心裡發出一種的邪通邪悟，他以爲他通達證悟了。他認爲『有相』和『無相』都沒有，也不是虛的，也不是實的。他這種非實非虛，非虛非實的理論，都是言不及義，令人不知所措。

由上面這種種的料想揣測，所以他說『死後俱非（都沒有）』，也有相、也沒有相。他不知道這個『行蘊』的『後際（指未來）』，所以也就沒有什麼可以說出來的。於是他就墮落到外道中，迷惑菩提的本性，這個就叫做『第八種外道』。在這個五蘊中，他說死後也有相、也沒有相，他的心非常顛倒，就立出這麼一種顛倒的論議。

■行陰十境的第⑨境「死後斷滅」：第⑨魔「第九外道」

又那些在『三摩地（禪定）』中修行的善男子，因爲他堅固他的定力，使心歸向於正道，所以天魔就沒有機會來障礙他，沒辦法來擾亂他。

這時候，他深究『十二類眾生』的生死根源。他觀察一切眾生，『行蘊』的『幽淸（深幽靜寂）』，恆常擾動的特性。在『行蘊』的後面，他觀察不到有什麼境界，所以就生出了一種料想揣測。這個人就會墮入這七種的『斷滅論』。

或者他料想揣測，所有在『欲界』，有身體的這些眾生，他觀察這個身體，將來是毀滅的；或者，在四禪天中的『初禪天』，他的欲念盡滅；或者，在『二禪天』，他的苦盡滅；或者，在『三禪天』這種極樂的境界，也會毀滅的；或者，在『四禪天』這個『捨念清淨地』，也會毀滅的。

如此循環，探究『七趣』到盡頭，現報已經消滅，不再有此果報，這樣此報則成斷滅。由上面這種種的料想揣測，所以他說『死後斷滅』，於是他就墮落到外道中，迷惑菩提的本性，這個就叫做『第九種外道』。在這個五蘊中，他說死後斷滅，他的心非常顛倒，就立出這麼一種顛倒的論議。

●名相：七趣

◎釋文：謂七種所往。卽：地獄趣、餓鬼趣、畜生趣、人趣、神仙趣、天趣、阿修羅趣等。

■行陰十境的第⑩境「五現涅槃」：第⑩魔「第十外道」

又那些在『三摩地（禪定）』中修行的善男子，因為他堅固他的定力，使心歸向於正道，所以天魔就沒有機會來障礙他，沒辦法來擾亂他。

這時候，他深究『十二類眾生』的生死根源。他觀察一切眾生，『行蘊』的『幽清（深幽靜寂）』，恆常擾動的特性。在『行蘊』以後，他又觀見『有』了。他因為這個『行蘊』念念遷流不停，他就認為是『有』，所以生出一種妄執的料想揣測，這個人就墮入『五種涅槃論』裡。

或者，他以『欲界天』做為一個正當的『轉依』，他因為看見『欲界天』有一種『圓明（指圓鏡明亮光潔，謂徹底領悟。）』的體相，就生出一種愛慕心的緣故。他生出愛慕心，執著了，所以他就要到那個地方，以『欲界天』做為他的一個歸宿，做為他涅槃的處所。

●名相：轉依

◎釋文：「轉所依」之意。又作「所依已轉、變住」。「轉」，轉捨、轉得之義；「依」指使染淨迷悟等諸法得以成立之所依。「轉依」即轉捨劣法之所依，而證得勝淨法之所依。如「唯識宗」所說，由修聖道，斷滅煩惱障、所知障，而證得涅槃、菩提之果，此二果即稱為「二轉依果」，或「二轉依妙果」，此乃修習最殊勝境界。

或者，他覺得『初禪天』是『離生喜樂地』的境界，即離開眾生的煩惱，生出一種歡喜心。所以，他說『性無憂故』，因此他歡喜投生到這個地方，做為他涅槃的皈依處。

或者，他覺得『二禪天』是『定生喜樂地』的境界，此定生時，與喜俱發。所以，他說『心無苦故』，因此他歡喜投生到這個地方，做為他涅槃的皈依處。

或者，他覺得『三禪天』是『離喜妙樂地』的境界，非常快樂，遂心滿願。入此定時，離於前地之喜，而得勝妙之樂，身諸毛孔，悉皆欣悅。所以，他說『極悅隨故』，因此他歡喜投生到這個地方，做為他涅槃的皈依處。

或者，他覺得『四禪天』是『捨念清淨地』的境界。此定發時，體無苦樂，與微妙捨受俱發，樂受暫滅。所以，他說『苦樂二亡』，苦也沒有了，樂也沒有了，不受輪迴生滅的緣故，因此他歡喜投生到這個地方，做為他涅槃的皈依處。

他迷惑這『有漏（煩惱）』的天，把它當做『無為（無造作）』來解釋。他覺得這『五處（欲界、初禪天、二禪天、三禪天、四禪天）』都非常安穩，為一種特別殊勝清淨的所依處。如此週而復始的循環，由欲界天以至於四禪天，各自算計最勝處。他認為這五個地方，都是究竟處，都是可以涅槃的。

●名相：有漏

◎釋文：「漏」是流失、漏泄之意；爲「煩惱」的異名。人類由於煩惱所產生的過失、苦果，使人在迷妄的世界中流轉不停，難以脫離生死苦海，故稱爲「有漏」；若達到斷滅煩惱之境界，則稱爲「無漏」。

●名相：無爲

◎釋文：「無造作」之意。爲「有爲」之對稱。即非由因緣所造作，離生滅變化而絕對常住之法。

由以上這五種的料想揣測，他現出五種現在涅槃，於是他就墮落到外道中，迷惑菩提的本性，這個就叫做『第十種外道』。在這個五蘊中，他立出五種現在涅槃，這種顛倒不正確的論議。

阿難！像前邊所說的這十種『禪那（靜慮）』的『狂解（傲慢自大的誤解）』，這些都是在『行蘊』還沒有破的時候，你在修行禪定，這『定力』和『行蘊』互相交戰，如果你得正知正見勝了，那麼就可以打破這種『行蘊』關頭；『行蘊』如果勝了，你就著魔了，所以現出來這種狂解狂悟。

眾生頑迷不悟，他也不想想自己是個什麼根性？遇到這種的境界現前，以『迷』爲『悟』，以『迷』來做爲他的解釋。自己說自己證聖果了，這眞是打大妄語，那麼一定會墮入無間地獄的。

你們在這法會的大眾，必須把如來我所說的話，等我將來滅了之後，傳示給末法時代的眾生。普遍令所有的眾生，明白這個道理。不要讓自己的心魔，自己生起這種非常深的『罪孽（罪業）』。你們要保護維持佛法，消滅止息邪見。你們教末法時期的眾生，身心都『開覺（開悟）』這眞正的正道，對於這無上的道果，不遭受『枝末（不是根本的正法）』。不要讓這些心裡祈求無上覺道的人，得到一點點禪定的成就，就滿足了。應該要做大覺之王，清淨的模範榜樣。

（五）五十種陰魔的「識陰魔」

(1) 五陰中的「識陰」

(2) 五濁中的「命濁」

「命濁」謂人之見聞原無異性，以衆塵隔越，故無狀異生，雖性中相知，然用中相背，同異失準而相織妄成，稱爲「命濁」。

(3) 妄想之源：「顛倒妄想」

「顛倒妄想」又作微細精想。指識蘊。衆生之識（心）爲虛妄顛倒，如急流之水望似恬靜，其實流急微細而不可見，故識蘊稱爲「顛倒妄想」。

(4) 識陰十境（第①至第⑩境）：

①因所因執 ②能非能執 ③常非常執 ④知無知執 ⑤生無生執 ⑥歸無歸執 ⑦貪非貪執 ⑧眞無眞執 ⑨定性聲聞 ⑩定性辟支

(5) 識陰十魔（第①至第⑩魔）：

①第一立所得心 ②第二立能爲心 ③第三立因依心 ④第四計圓知心 ⑤第五計著崇事 ⑥第六圓虛無心 ⑦第七執著命元 ⑧第八發邪思因 ⑨第九圓精應心 ⑩第十圓覺曶心

阿難！那些在『三摩地（禪定）』中修行的善男子，在『行蘊』滅盡的時候，所有世間一切十二類衆生的這個性，『幽淸（深幽靜寂）』，恆常擾動的特性。在十二類衆生『同分（共同作用）』的『生機（生理的機能）』，忽然破壞深沉微細的『綱紐（綱紀，法度）』。（指『行蘊』滅盡的時候，會破壞因果業力的法則。）

『補特伽羅（衆生）』之間的業果交流，『酬業（互相報應）』，茂盛業力的脈絡條理分明，因果報應互相感應，忽然間就沒有了。（因為『行蘊』滅盡了，這個生死已經清理，所以這些『因果報應』也就斷絕了。在這個時候，是『行蘊』終了，『識蘊』開始運作的時機。）

●名相：同分

◎釋文：又作「有分、等分」。「分」是「自己的作用」之義。卽根（感官的機能）、境（對象）、識（認識的主體）三者相互交涉，各別實現其自業的作用，各別完成其任務，稱為「同分」。例如，「眼根」的自業為「取色境」，「眼識」的自業為緣色境，而「色境」的自業，則為「眼根」及「眼識」所取；如此，根、境、識三者相互交涉，各別實現其自業。

●名相：補特伽羅

◎釋文：又作「富特伽羅、弗伽羅、福伽羅」。譯為「人、衆生、數取趣、衆數者」。指輪迴轉生的主體而言。「數取趣」意為數度往返五趣輪迴者。乃外道十六知見之一。卽「我」的異名。或單指「人的意」而言。佛教主張「無我說」，故不承認有生死主體的眞實「補特伽羅」，但為解說權便之故，而將「人」假名為「補特伽羅」（世俗的「補特伽羅」）。

於是自性的『涅槃天』，卽將要開悟了，妙性將現。此刻的情景，就好像公雞在昏夜中，第一次雞鳴報曉的時候，仰望觀看東方還沒有白，天還沒有亮的時候。但是已經有『精色（鮮明的色澤）』，就是天將要光亮的時候了。

●名相：涅槃

◎釋文：意譯作「滅、寂滅、滅度、寂、無生」，與「擇滅、離繫、解脫」等詞同義，或作「般涅槃（意譯作圓寂）、大般涅槃」。原來指「吹滅」，或表「吹滅之狀態」；其後轉指燃燒煩惱的火滅盡，完成悟智（卽菩提）的境地。此乃超越生死（迷界）的悟界，亦爲佛教終極的實踐目的，故表佛教的特徵而列爲法印之一，稱爲「涅槃寂靜」。佛教教義認爲，「涅槃」是將世間所有一切法的自體性都滅盡的狀態，所以「涅槃」中永遠沒有生命中的種種煩惱、痛苦，上座部佛教的見解是，從此不再受「後有（未來的果報）」，也就是不再有下一世的六道輪迴。

『受蘊』滅盡的時候，『六根（眼、耳、鼻、舌、身、意）』沒有領受的作用；『想蘊』滅盡了，沒有妄想的生起，所以就『虛靜（內心恬淡寂靜）』了，『虛靜』就是使人的精神進入一種無慾、無得失、無功利的極端平靜狀態。

『六根』既然『虛靜』了，於『行蘊』滅盡時，就不再『馳逸（疾行；奔逸）』。『內六根』和『外六境』，同樣『湛明（清瀅明亮）』，都斷滅了。『內六根』和『外六境』合而爲一，不再分別相對，所以就『入無所入』，『入流』也沒有所進入了。

●名相：六入

◎釋文：又作「六處」。指「眼、耳、鼻、舌、身、意」等六根，或「色、聲、香、味、觸、法」等六境。六根爲「內之六入」，六境爲「外之六入」，總稱「十二入」，亦作「十二處」。「入」者是涉入、趨入之義；「處」者是所依之義。此「六根」和「六境」互相涉入而生「六識」，故稱「入」；「六根」和「六境」爲生「六識」之所依，故稱「處」。

●名相：入流

◎釋文：「入」是表示人的『六根（眼、耳、鼻、舌、身、意）』與外界接觸的現象，「流」是「流進來」。例如：「耳入流」，是外界聲音的音波，震動著耳膜，使人發生有聲音的感覺現象。

這個時候，他通達十方，深入這『十二類衆生』，它們生命最初的『原由（事情的起始和原因）』，觀察它們的原由，『執持（握持）』它們的『本元（根本的元由）』。這時候，『行蘊』已經滅盡，果報不再牽引，他也不再受這十二類衆生的業力所招引。此刻無行無業，於這個十方世界，已獲得同一體，和十方世界虛空都同體了。這種識性的『精色（鮮明的色澤）』不再沉墜，這種智慧不再沉沒了。發現最幽隱的、最祕密的這種境界，這就叫做『識陰區宇（識陰境地）』，就是『識蘊』的一個區宇，在『識蘊』的範圍領域之內。

如果被『十二類衆生』的群類果報召牽，因爲他已經沒有業報的緣故，已經獲得同一體的識性，和它們斷絕輪迴。這個時候，六根互用，六根都沒有用了，都銷耗磨滅了。六根合而爲一，一根能開起出六種的作用，這個見聞都是相通的，就好像鄰居一樣，可以互相幫助，守望相助，六根清淨，互相靈通。

這個時候，十方世界以及身心，猶如『吠琉璃』一樣，內外都是明亮而清澈的，這叫做『識陰盡（識陰終止）』。就是『識蘊』也滅盡了，五蘊完全都盡了，沒有了。

●名相：吠琉璃

◎釋文：舊作「毘琉璃」寶珠之名青色的寶石，屬於青玉類。

這個人就可以超越『命濁』。觀察這個原因，卽是眞如本體上，一念無明妄動，故爲『罔象（虛無）』，有、無這種『分別對待』的情形，都是虛無飄渺，眞妄和合，這個人以『顚倒妄想』做爲這種境界的根本。

●名相：命濁

◎釋文：謂人之見聞原無異性，以衆塵隔越，故無狀異生，雖性中相知，然用中相背，同異失準而相織妄成，稱爲「命濁」。

●名相：顛倒妄想

◎釋文：又作微細精想。指識蘊。衆生之識（心）爲虛妄顛倒，如急流之水望似恬靜，其實流急微細而不可見，故識蘊稱爲「顛倒妄想」。

■識陰十境的第①境「因所因執」：第①魔「第一立所得心」

阿難！你應該知道這個修定的善男子，滅盡了『行蘊』，性入澄空，這『行蘊』已經空了。現在處在『識蘊』，返本還元，生滅之心到此盡滅。而於寂滅的這種性，這種精妙處，他還沒有得到圓滿。

他在『識蘊』生出一種妄想，說在前邊精妙未圓，這個境界上，他能夠讓自己的『六根（眼、耳、鼻、舌、身、意）』互相都可以通用，每一根都可以有六根的能力。他和十方的一切衆生，也都有這種互相通覺，彼此相知的能力。這種覺知性，能夠知道十方一切衆生的根性，能夠證入圓滿識性，而爲諸類的根源本性。

假如他於所歸的這個地方，就是還在八識這個生滅的心識上，生出一種妄執，他說這一個就是眞常了。他既然認爲它是眞常，就生出一種『勝解（殊勝解釋）』知見。那麼，這個人便墮入『因所因執』，本來不是這個因，但是他立這個因，就生出一種執著。

●名相：勝解

◎釋文：又作「信解」。心所之名。爲「俱舍七十五法」中「十大地法」之一，「唯識百法」中「五別境」之一。殊勝之了解之義。卽於所緣之境，起印可之精神作用（卽作出確定之判斷）。

『娑毗迦羅』這個黃髮外道，他說一切萬物都從『冥諦（自性）』上生出來的。跟隨『娑毗迦羅』學習修道的人，就成爲『娑毗迦羅』的伴侶，從而迷惑了佛菩提眞性，亡失了佛菩提知見。這叫做『第一立所得心』，『第一』種執著，他『立』這個有『所得』的『心』的妄想執著，來做爲他所歸的一個果。遠遠違背『圓通（由智慧所悟的眞如）』，背離『涅槃城（極樂世界）』，就變成執著的外道了。

●名相：娑毗迦羅

◎釋文：梵名Kapila，譯爲「黃髮、金頭」。印度古仙人名，爲「數論派」之祖。因其鬍鬚、頭髮、臉色皆是黃赤色，故號爲「黃赤色仙人」。

●名相：冥諦

◎釋文：爲古代印度六派哲學中的「數論哲學派」，所立二十五諦之第一諦。又作「冥性、冥初」。通常多稱「自性諦、自性」。「數論學派」將宇宙萬有，區別爲二十五種諦理，而以「冥諦」爲第一諦，爲萬物的本源、諸法之始，故亦稱「冥初」。又爲諸法生滅變異之根本原因，卽爲諸法之實性，故又稱「冥性、自性」。

●名相：圓通

◎釋文：謂遍滿一切，融通無礙；卽指聖者妙智所證的實相之理。由智慧所悟的眞如，其存在之本質圓滿周遍，其作用自在，且周行於一切，故稱爲「圓通」。

●名相：涅槃城

◎釋文：「涅槃」是梵語，指相對於迷界的悟界。「涅槃城」一語，指「極樂世界」，蓋「極樂」

是「無爲」的「涅槃界」，故爲證涅槃寂靜妙果之都城。如教內所習稱之「畢命直入涅槃城」，即指命終後，往生「極樂世界」。

■識陰十境的第②境「能非能執」：第②魔「第二立能爲心」

阿難！你應該知道這個修定的善男子，滅盡了『行蘊』，性入澄空，這『行蘊』已經空了。生滅之心到此盡滅，而於寂滅的這種性，這種精妙處，他還沒有得到圓滿。

假如這個修道人，在他這個所歸宿處，就是還在八識這個生滅的心識上，把本來不屬於他自己的東西，拿來認爲是他自己『自體（自性）』的一部分。他就會生出一種妄執，他覺得在虛空界裡，所有的『十二類眾生』，都是從我自己這個身體，同一種類流出去的，是我生出來的，生起了這麼大的我執。他生出一種邪知邪見的『勝解（殊勝解釋）』，這個人就墮落到『能非能執』。他說他『能』生出一切的眾生，『非能執』是說，本來他不能，但是他有這種妄想執著的揣測。

色界天的『摩醯首羅（大自在天王）』，他可以變現出『無邊身』，他說一切眾生都是他變現出來的。現在這個人，也是修這個法門，也有這種妄想執著，他也說一切眾生，都是他變現出來的。他成爲『摩醯首羅（大自在天王）』的伴侶，從而迷惑了佛菩提眞性，亡失了佛菩提知見。這叫做『第二立能爲心』，『第二』種執著，他『立』這個『能』生眾生的妄想執著，來做『爲』他的『心』，成就他這種遍圓的果。遠遠違背『圓通（由智慧所悟的眞如）』，背離『涅槃城（極樂世界）』，他將來要投生到『大慢天（大自在天）』，就生起『貢高我慢心』，說我能遍圓一切，能成就一切。

●名相：摩醯（ㄒㄧˋ）首羅

◎釋文：「大自在天」梵名，音譯作「摩醯首羅、莫醯伊濕伐羅」。又作「自在天、自在天王、天主」。傳說爲「嚕捺羅天」的忿怒身，因其居住地之不同，又有「商羯羅、伊舍那」等的異名。此天原爲「婆羅門教」的主神「濕婆」，信奉此天者，被稱爲「大自在天外道」，此派以「天」爲世界的本體，謂此天乃一切萬物的主宰者，又司暴風雷電，凡人間所受的苦樂悲喜，悉與此天的苦樂悲喜相一致。故此天喜時，一切衆生均得安樂；此天瞋時，則衆魔現，國土荒亂，一切衆生均隨其受苦；若世界毀滅時，一切萬物將歸入「大自在天」中。此蓋爲「大自在天」神格的表現；然除殺傷、暴惡等性格之外，此天亦具有救護、治療的性格，而以吉祥神的面貌出現。初時，此天與「那羅延天」同列於「梵天」之下，其後，其神位漸次升高，而成爲最高神格，於「婆羅門教」中，被視爲「其體常住，遍滿宇宙。」，而有「以虛空爲頭，以地爲身。」的泛神論的神格。然「濕婆神」進入「佛教」後，即成爲佛教的守護神，稱爲「大自在天」，住在「第四禪天」。其像爲「三目、八臂，騎白牛，執白拂」的天人形，有大威力，能知大千世界雨滴之數，獨尊於色界。

■識陰十境的第③境「常非常執」：第③魔「第三立因依心」

又這個修定的善男子，滅盡了『行蘊』，性入澄空，這『行蘊』已經空了。生滅之心到此盡滅，而於寂滅的這種性，這種精妙處，他還沒有得到圓滿。

假如這個修道人，在他這個所歸宿處，就是還在八識這個生滅的心識上，做爲他的歸依處，他自己就生出一種懷疑心，懷疑他這個身心，是從那個歸依處流出來的。所有的十方虛空，也都是從他的所歸依處生出來的。所有的一切萬物，都是從他生出來的那個處所生出來的，他認爲這個地方，就是他的『眞常身』。

●名相：眞常

◎釋文：謂如來所得之法眞實常住。

他生出一個解釋，說這個地方，就是『無生滅』了。在生滅的這個心識裡，他過早盤算，認爲這是『常住』的境界，這是不變的。他既不明白這個『不生』的道理，那個『生滅』的道理也不明白。他執著守著這個境界，就沉迷在這個境界裡修行用功。他生出一種邪知邪見的『勝解（殊勝解釋）』，這個人就墮落到『常非常執』，他執著那個『常』，但是那並不是『眞常』。

他料想揣測這個『大自在天』是他的歸處，就成爲『大自在天王』的伴侶。從而迷惑了佛菩提眞性，亡失了佛菩提知見。這叫做『第三立因依心』，『第三』種執著，他『立』這個『因依心（相親相倚）』，做爲他所歸的一個妄想算計果。遠遠違背『圓通（由智慧所悟的眞如）』，背離『涅槃城（極樂世界）』，生出一種顚倒圓滿眞心的知見種。

■識陰十境的第④境「知無知執」：第④魔「第四計圓知心」

又這個修定的善男子，滅盡了『行蘊』，性入澄空，這『行蘊』已經空了。生滅之心到此盡滅，而於寂滅的這種性，這種精妙處，他還沒有得到圓滿。

假如這個修道人所知道的，他說這個『知』就是『遍圓（普遍圓滿）』。因爲這個『知』，他就立了一個見解。他認爲十方的草木，都是『有情（衆生）』，和人沒有兩樣，草木也有生命。草木也可以做人，人死了又變成十方的草木。他沒有智慧，來選擇這個『遍知（完全盡知）』。他生出一種邪知邪見的『勝解（殊勝解釋）』，這個人就墮落到『知無知執』。他說他『知』道這個道理，其實他是『無知』，他是不知道的，但是他『執』著說他知道。

●名相：有情

◎釋文：舊譯為「衆生」，卽生存者之意。關於「有情」與「衆生」二語間之關係，諸說不一，或謂「有情」是指「人類、諸天、餓鬼、畜生、阿修羅」等有情識的生物。依此，則草木金石、山河大地等為「無情」。而「衆生」則包括「有情」及「無情」二者。然另一說則認為「有情」卽是「衆生」之異名，二者乃體一而名異，皆包括「有情的生物」及「無情的草木」等。

●名相：遍知

◎釋文：完全盡知之謂。原意是指周遍了知「四諦」道理的「無漏智」；吾人如能透徹了解周圍的一切現象，則可得「無漏智」。後稱如是周遍了知之智為「智遍知」，另又別立一「斷遍知」，謂「斷遍知」是以「智遍知」為因，而斷除煩惱，以擇滅為體。此乃遍知的果，是藉其因為名，故稱為「遍知」。亦卽以周遍了知之智，來斷除煩惱的過程，稱之為「遍知」，通常特稱為「遍知所緣斷」，意謂執著於所緣之境，原本是人之常情，然若能徹底解脫此種執著，卽是「遍知」的眞義。

『婆吒（ㄓㄚˋ）』和『霰（ㄒㄧㄢˋ）尼』二個外道，他們自以為什麼都知道，這個修行人就成為他們的伴侶，從而迷惑了佛菩提眞性，亡失了佛菩提知見。這叫做『第四計圓知心』，『第四』種執著，他『計（推測）』他擁有普遍『圓』滿，『知』道世間所有一切的『心』。他認為他無所不知，其實他對於一切都不知道，成為不眞實的，錯誤的果。遠遠違背『圓通（由智慧所悟的眞如）』，背離『涅槃城（極樂世界）』，生出一種倒知的種，顚倒這個知。

●名相：婆吒（ㄓㄚˋ）

◎釋文：梵志名，譯曰「最勝」。為邪見外道，執涅槃之無常，且計草木有命。

●名相：霰（ㄒㄧㄢˋ）尼

◎釋文：梵語，又作「先尼、西尼」，意譯「有軍、勝軍」。指篤信神我，崇奉「心常相滅」的外道。

■識陰十境的第⑤境「生無生執」：第⑤魔「第五計著崇事」

又這個修定的善男子，滅盡了『行蘊』，性入澄空，這『行蘊』已經空了。生滅之心到此盡滅，而於寂滅的這種性，這種精妙處，他還沒有得到圓滿。

假如這個修道人在『圓融（圓滿融通，無所障礙。）』這種境界上，能夠『六根互用』，已經得到『隨順（隨從他人之意而不拂逆）』。

●名相：圓融

◎釋文：謂「圓滿融通，無所障礙。」，卽各事各物皆能保持其原有立場，圓滿無缺，而又爲完整一體，且能交互融攝，毫無矛盾、衝突。相互隔離，各自成一單元者稱「隔歷」；「圓融」卽與「隔歷」互爲一種絕對，而又相對的對立關係。

●名相：六根互用

◎釋文：謂眼、耳、鼻、舌、身、意等六根遠離染汙而得清淨，則六根一一具有他根之用。根據《北本涅槃經》卷二十三記載，如來一根則能見色、聞聲、嗅香、別味、覺觸、知法，一根如此，其餘諸根亦然。此係眞六根互用。又法華經卷六法師功德品說菩薩在六根淸淨之位，亦有六根互用之德。此係相似之六根互用。

●名相：隨順

◎釋文：謂隨從他人之意而不拂逆。《法華經》卷一序品有供養諸佛、隨順行大道、具六波羅密之說。同經卷四「五百弟子受記品」亦說，世尊甚奇特，所爲極希有，隨順世間若干之種性，以方便知見而爲說法，拔出衆生處處之貪著。

他就執著在這個圓融變化，一切發生之際。他非常崇拜火有光明，他也非常崇拜水性清淨，他又喜愛風的周遍流動這種性質，他觀想衆塵成就土地。他崇拜這『四大（地、水、火、風）』，又供養『四大』，供養『火神、水神、風神、地神』，他以『地、水、火、風』這四大的塵象，發作他自己的本因。他說這『四大』都是常住的，這個人就墮落到『生無生執』。他想要了脫『生』死，而實際上，『無』法能了脫『生』死，就生出這種妄『執』。

大龜氏『迦葉波』，和梵志『婆羅門』，修『清淨行』這一類的人，他們勤苦其心而役使其身，就是修種種無益的苦行，供養水、火，來求得了脫生死。這個修定的人，就和這一類的人做伴侶了。從而迷惑了佛菩提眞性，亡失了佛菩提知見。這叫做『第五計著崇事』，『第五』種執著，他『計著（料想揣測這個執著）』，來『崇事（尊奉敬事）』地、水、火、風這『四大』。

他把自己的『自性』眞心迷了，跟著外物跑了。他立一個妄想的知見，求出脫生死的這種因，他妄執追求這種不正確的，了脫生死的這種果。遠遠違背『圓通（由智慧所悟的眞如）』，背離『涅槃城（極樂世界）』，生出一種顚倒造化的知見種。

●名相：迦葉波

◎釋文：字面意思爲「龜」，印度神話中一位極爲重要的仙人。按照傳統說法，「迦葉波」是參與創造世界的神，同時也是衆生之父。一切天神、阿修羅、天女、龍蛇、鳥、妖魔（羅刹和畢舍遮）、小鬼（夜叉和緊那羅）以及人類本身都是他的後代，後來的神話把他列爲生主之一。

■識陰十境的第⑥境「歸無歸執」：第⑥魔「第六圓虛無心」

又這個修定的善男子，滅盡了『行蘊』，性入澄空，這『行蘊』已經空了。生滅之心到此盡滅，而於寂滅的這種性，這種精妙處，他還沒有得到圓滿。

假如這個修道人在『圓融（圓滿融通）』這種境界上，將要大明悟之前，他料想揣測，妄想執著『識蘊』是虛無之境，把一切的造化都滅了，所以也不是永遠的歸依處。他生出一種邪知邪見的『勝解（殊勝解釋）』，這個人就墮落到『歸無歸執』。他本來想『歸』依，但是『無』所『歸』依，這是一種妄想『執』著。這個不是永遠的生滅，所以他不能拿它來做所歸依處，可是他以這個做所歸依處，這是『無所歸依』。

在『無想天』中，有衆多『舜若多（虛空之神）』，這個修定的人，就做他們的伴侶。從而迷惑了佛菩提眞性，亡失了佛菩提知見。這叫做『第六圓虛無心』，『第六』種執著，『圓』滿『虛無心』，他這種的果也是『空亡（所求不應）』，沒有的。遠遠違背『圓通（由智慧所悟的眞如）』，背離『涅槃城（極樂世界）』，生出一種斷滅種。

●名相：無想天

◎釋文：又作「無想有情天、無想衆生天、少廣天、福德天」。「色界天」之一。即修無想定所感之異熟果報。生此天者，念想滅盡，僅存色身及不相應行蘊，故稱「無想天」。此天爲外道婆羅門之最高涅槃處，亦爲異生凡夫以「出離想」作意，修無想定，所感得的異熟之果報，稱爲「無想果」，或「無想異熟、無想事、無想報」。

●名相：舜若多

◎釋文：「舜若多」是梵名，意譯爲「空性」，乃虛空之神。

■識陰十境的第⑦境「貪非貪執」：第⑦魔「第七執著命元」

又這個修定的善男子，滅盡了『行蘊』，性入澄空，這『行蘊』已經空了。生滅之心到此盡滅，而於寂滅的這種性，這種精妙處，他還沒有得到圓滿。

假如這個修道人在『圓常（圓滿常住）』這種境界上，他堅固其身，願意常住在世。在精微而圓滿的這個壽命裡，長久而不會『傾逝（逝世；死亡）』。他生出一種邪知邪見的『勝解（殊勝解釋）』，這個人就墮落到『貪非貪執』，他『貪』戀長生，而『非（不得）』長生，這是一種『貪』戀長生的妄想『執』著。

衆『阿斯陀（這是在天上的一種外道）』，是祈求長命的仙人。這個修定的人，就成爲他們的伴侶。從而迷惑了佛菩提眞性，亡失了佛菩提知見。這叫做『第七執著命元』，『第七』種執著，他『執著』他這個『命』的『元』由，他立一個堅固的妄因，他想要得到長生不老的這種果。遠遠違背『圓通（由智慧所悟的眞如）』，背離『涅槃城（極樂世界）』，生出一種妄想延長壽命的知見種。

●名相：阿斯陀

◎釋文：梵名Asita，又作「阿私陀、阿私多、阿私哆、阿私阤、阿斯陀、阿私或阿夷」。爲中印度「迦毘羅衛國」的仙人。釋尊降誕時，此仙爲之占相，並預言其將成佛。依《佛本行集經》卷七乃至卷十等記載，此仙人具足五神通，常自在出入三十三天集會之所，曾於南印度「增長林」觀「菩薩托胎之瑞相」，後聞太子降誕，遂與其侍者「那羅陀」至「淨飯王」宮，爲太子占相，見有大丈夫之相好，預言其出家必成「正覺」，可得菩提，轉無上最妙法輪。又自顧已老，知不及待太子成，受其教化，而悲歎號泣，後令侍者「那羅陀」出家，以待太子成道。

■識陰十境的第⑧境「眞無眞執」：第⑧魔「第八發邪思因」

又這個修定的善男子，滅盡了『行蘊』，性入澄空，這『行蘊』已經空了。生滅之心到此盡滅，而於寂滅的這種性，這種精妙處，他還沒有得到圓滿。

這個人觀他自己的生命，和一切衆生的生命互相連通。他卻想要留住『塵勞（煩惱）』，恐怕『塵勞（煩惱）』耗盡、毀壞。就在這個時候，他坐在一個蓮華宮裡，他廣泛的變化出七種珍寶，又多增加『寶媛（美女）』。他放任他的愛欲心，生出一種邪知邪見的『勝解（殊勝解釋）』，這個人就墮落到『眞無眞執』，他想他是得到『眞（自性；本原）』了，但『無（不是）』眞的『眞（自性；本原）』，而是一種『執』著。

●名相：塵勞

◎釋文：爲「煩惱」的異稱。因煩惱能染汙心，猶如塵垢之使身心勞憊。

因爲有這樣的思想，這個修定的人，就做天魔『吒枳（ㄓㄚˋ ㄓˇ）迦羅』的伴侶。從而迷惑了佛菩提眞性，亡失了佛菩提知見。這叫做『第八發邪思因』，『第八』種執著，他『發』起一種『邪思』的『因』，立出來這種『熾塵（強盛的欲念）』果。遠遠違背『圓通（由智慧所悟的眞如）』，背離『涅槃城（極樂世界）』，投生到天魔的種族裡頭。

●名相：吒枳迦羅

◎釋文：「吒枳（ㄓㄚˋ ㄓˇ）」是梵文taki，愛染之義。「迦羅」是能作、所作之義，合稱「愛染所作」，爲「天魔」的異名。義謂天魔以一切世間皆愛染之作，而「愛染」本身卽是能作、能生一切法，此人以此知見，是故放恣自己於五欲之境，而無所忌憚。

■識陰十境的第⑨境「定性聲聞」：第⑨魔「第九圓精應心」

又這個修定的善男子，滅盡了『行蘊』，性入澄空，這『行蘊』已經空了。生滅之心到此盡滅，而於寂滅的這種性，這種精妙處，他還沒有得到圓滿。

一切凡聖，都是依『命根』發明，於『命根』發明中，他分別哪個是細的，哪個是『麤（粗）』的，選擇眞的和假的。這個因果互相『酬報（應對報答）』，他只追求因果的感應，違背清淨的道。所謂見到『苦諦（八苦）』，斷滅『集諦（一切的煩惱）』，修道得到證滅。他在這個『滅諦』的時候，就不再往前進了，他生出一種邪知邪見的『勝解（殊勝解釋）』，這個人就墮落到『定性聲聞』，就是他不迴小向大，就裹足不前，不往前走了，就在那個地方停止住了。

他和衆『無聞比丘』，以『四禪』爲『四果』的那種無知一樣，生起『增上慢』的心念，他做爲衆『無聞比丘』的伴侶。從而迷惑了佛菩提眞性，亡失了佛菩提知見。這叫做『第九圓精應心』，『第九』種執著，『圓』滿其『粗（分段生死）』爲『精』，唯求感『應』的『心』。亦卽滅盡煩惱，而得改『分段生死（粗）』爲『變易生死（細）』，以求感應爲因心，造成一種趣寂的果。遠遠違背『圓通（由智慧所悟的眞如）』，背離『涅槃城（極樂世界）』，生出一種『纏空』的知見種。他就在這個地方，和這個『空』纏在一起。『空』本來什麼也沒有，他又在這個『空』上，又加出一個『空』來，這也是一種執著。

●名相：圓精應心

◎釋文：「圓」是圓滿，「精」是易粗，亦卽滅盡煩惱，而得改「分段生死」爲「變易生死」。「應心」是以求感應爲因心。

●名相：分段生死

◎釋文：二種生死之一。指三界衆生的生死。爲「變異生死」之對稱。「分段」是指由於果報之異而有形貌、壽量等之區別。蓋三界衆生所感生死之果報各有類別、形貌、壽量等之限度與差異，故稱「分段生死」。又作「分段死、有爲生死」。依「唯識家」之說，「分段生死」是以有漏之善惡業爲「親因」，以煩惱障爲助緣所感三界之「粗異熟果」。以身命有長短，隨因緣之力而定有齊限，故稱爲「分段」，亦卽「三界、五趣之生死」。

●名相：變易生死

◎釋文：又作「無爲生死、不思議變易生死、不思議變易死、變易死」。二種生死之一。爲「分段生死」之對稱。卽阿羅漢、辟支佛及大力之菩薩，以無漏的「有分別業」爲因，以「無明住地」爲緣，所招感三界外之殊勝細妙的果報身；此一果報之身，是由無漏之悲願力改轉原先的「分段生死」之「粗身」，而變爲細妙無有色形、壽命等定限之身，故稱「變易身」；是由無漏之定力、願力所助感，妙用而難測，故又稱「不思議身」；又以此身乃隨大悲之意願所成者，故亦稱「意成身、無漏身、出過三界身」；復以此身既由無漏之定力所轉成，已異於其前的「分段粗身」，猶如變化而得，故又稱「變化身」。蓋阿羅漢、辟支佛及大力之菩薩已斷盡四住地之煩惱惑障，不復再受生爲三界內之「分段身」，故受生爲三界外之「變易身」，然彼等又以此變易身迴入三界中，長時修菩薩行，以期達於無上菩提。

●名相：增上慢

◎釋文：卽對於教理或修行境地尚未有所得、有所悟，卻起高傲自大之心。如經論中常舉示的未得謂得、未獲謂獲、未觸謂觸、未證謂證等，均屬修行人生起增上慢之例。

●名相：無聞比丘

◎釋文：缺乏智慧經驗的凡夫比丘。彼自我臆斷佛的說法，而修行結果又不符自己所信，遂謗佛難法。無聞比丘卽指持此邪見的比丘。

■識陰十境的第⑩境「定性辟支」：第⑩魔「第十圓覺㫚心」

又這個修定的善男子，滅盡了『行蘊』，性入澄空，這『行蘊』已經空了。生滅之心到此盡滅，而於寂滅的這種性，這種精妙處，他還沒有得到圓滿。

假如這個修道人在『圓融（圓滿融通）』這種境界上，淸淨又領悟明白，發心研究以領悟深妙的義理，在『識蘊』還沒有破的地方，他就成就涅槃了，也不再向前去修行。他生出一種邪知邪見的『勝解（殊勝解釋）』，這個人就墮落到『定性辟支』，不『迴小向大（迴轉小乘成大乘）』的這種定性『辟支佛』。衆『緣覺』都是不『迴心（迴轉小乘成大乘）』的修行人，這個人就成爲他的伴侶，從而亡失了佛菩提知見。這叫做『第十圓覺㫚（古通『忽』字，但應該是『吻』字的錯別字）心』。『第十』種執著，他這個『圓覺（圓滿的覺性）心』，與十方諸類衆生的常住眞心將要『㫚（吻）』合，成就很淸淨光明的果。雖然是這樣子，但是卻遠遠違背『圓通（由智慧所悟的眞如）』，背離『涅槃城（極樂世界）』，他生出一種覺圓明的執著，叫做『不化圓種』。

●名相：辟支佛

◎釋文：梵語 pratyeka-buddha 之音譯。意譯作「緣覺、獨覺」。爲二乘之一，亦爲三乘之一。乃指無師而能自覺自悟之聖者。根據《大智度論》卷十八、《大乘義章》卷十七本記載，有二義：⑴出生於無佛之世，當時佛法已滅，但因前世修行之因緣（先世因緣），自以智慧得道。⑵自覺不從他聞，觀悟十二因緣之理而得道。

●名相：迴心

◎釋文：又作回心。本意謂「迴轉心意」。卽改變對世俗慾望的追求與邪惡的心，轉向善道，並從此皈依佛教，成虔誠的佛教徒。又將邪惡之心，改爲向佛之心，卽稱爲「迴心懺悔」；反自利的小乘而趨向大乘，稱爲「迴心向大」；反自力而信仰他力（佛、菩薩），則稱「捨自歸他」；自始卽能直入大乘者，稱爲「直入之根機」；必須靠迴心轉意者，卽稱「迴心之根機」。

●名相：圓覺

◎釋文：圓滿的覺性。謂如來所證的理性具足萬德，圓滿周備，靈明朗然。又以一切有情皆有本覺、眞心，自無始已來常住清淨，昭昭不昧，了了常知，就體而言，稱「一心」；就因而言，稱「如來藏」；就果而言，則稱「圓覺」。與「眞如、佛性、法界、涅槃、菩提」等畢竟同一。

這是在『識蘊』沒有破以前，他還是有這麼一點不明白。一旦『識蘊』破了，不執著這個狂解，那就是把『五蘊』都破了。『五蘊』破了，就可以證到十信、十住、十行、十回向、十地的『菩薩果位』，就可以成佛了。

（以上就是「五十種陰魔」的論述，以下經文略過。）

《楞嚴經》卷九原文（部分經文）

《大佛頂首楞嚴經》卷九原文（部分）

（上文省略）

即時如來。將罷法座。於師子床。攬七寶几。迴紫金山。再來憑倚。普告大眾。及阿難言。汝等有學。緣覺聲聞。今日迴心。趣大菩提。無上妙覺。吾今已說。真修行法。汝猶未識。修奢摩他。毗婆舍那。微細魔事。魔境現前。汝不能識。洗心非正。落於邪見。或汝陰魔。或復天魔。或著鬼神。或遭魑魅。心中不明。認賊為子。

又復於中。得少為足。如第四禪。無聞比丘。妄言證聖。天報已畢。衰相現前。謗阿羅漢。身遭後有。墮阿鼻獄。汝應諦聽。吾今為汝。仔細分別。阿難起立。并其會中。同有學者。歡喜頂禮。伏聽慈誨。

佛告阿難。及諸大眾。汝等當知。有漏世界。十二類生。本覺妙明。覺圓心體。與十方佛。無二無別。

由汝妄想。迷理為咎。癡愛發生。生發遍迷。故有空性。化迷不息。有世界生。則此十方。微塵國土。非無漏者。皆是迷頑。妄想安立。

當知虛空。生汝心內。猶如片雲。點太清裡。況諸世界。在虛空耶。汝等一人。發真歸元。此十方空。皆悉銷殞。云何空中。所有國土。而不振裂。

汝輩修禪。飾三摩地。十方菩薩。及諸無漏。大阿羅漢。心精通吻。當處湛然。一切魔王。及與鬼神。諸凡夫天。見其宮殿。無故崩裂。大地振坼。水陸飛騰。無不驚慴。凡夫昏暗。不覺遷訛。

彼等咸得。五種神通。唯除漏盡。戀此塵勞。如何令汝。摧裂其處。是故鬼神。及諸天魔。魍魎妖精。於三昧時。僉來惱汝。

然彼諸魔。雖有大怒。彼塵勞內。汝妙覺中。如風吹光。如刀斷水。了不相觸。汝如沸湯。彼如堅冰。煖氣漸鄰。不日銷殞。徒恃神力。但為其客。成就破亂。由汝心中。五陰主人。主人若迷。客得其便。

當處禪那。覺悟無惑。則彼魔事。無奈汝何。陰銷入明。則彼群邪。咸受幽氣。明能破暗。近自銷殞。如何取留。擾亂禪定。

若不明悟。被陰所迷。則汝阿難。必為魔子。成就魔人。如摩登伽。殊為眇劣。彼唯咒汝。破佛律儀。八萬行中。祇毀一戒。心清淨故。尚未淪溺。此乃隳汝。寶覺全身。如宰臣家。忽逢籍沒。宛轉零落。無可哀救。

（下面就要講到這「五陰魔」了，「五陰魔」是什麼呢？是「色陰魔、受陰魔、想陰魔、行陰魔、識陰魔」。「色陰魔」有十種魔，「受陰魔」有十種魔，「想陰魔」有十種魔，「行陰魔」有十種魔，「識陰魔」有十種魔，合起來就是「五十種陰魔」。修習靜坐禪定的人，必須對這「五十種陰魔」認識得清清楚楚，如果不清楚這「五十種陰魔」，很容易就做了魔王的眷屬，所以這要特別的注意。）

（一）五十種陰魔的「色陰魔」

⑴五陰中的「色陰」

⑵五濁中的「劫濁」

「劫濁」謂見虛空遍於十方界而空見不分；有空無體，有見無覺而相織妄成，稱爲「劫濁」。

⑶妄想之源：「堅固妄想」

「堅固妄想」卽色蘊。衆生之體、心、命等皆爲妄想相之結合，諸想交固而成色身，故色身稱爲「堅固妄想」。

⑷色陰十境（第①至第⑩境）：

①身能出礙 ②內徹拾蟲 ③空中聞法 ④千佛普現 ⑤空成寶色
⑥暗中見物 ⑦身同草木 ⑧遍見無礙 ⑨遙見遙聞 ⑩妄見妄說

⑸色陰十魔（第①至第⑩魔）：

①精明 ②精明 ③精魄 ④心魂 ⑤抑按
⑥心細 ⑦塵併 ⑧欣厭 ⑨迫心 ⑩邪心

阿難當知。汝坐道場。銷落諸念。其念若盡。則諸離念。一切精明。動靜不移。憶忘如一。當住此處。入三摩提。如明目人。處大幽暗。精性妙淨。心未發光。此則名爲『色陰區宇』。若目明朗。十方洞開。無復幽黯。名『色陰盡』。是人則能。超越『劫濁』。觀其所由。『堅固妄想』。以爲其本。

■色陰十境的第①境「身能出礙」：第①魔「精明」

阿難。當在此中。精研妙明。四大不織。少選之間。身能出礙。此名『精明』。流溢前境。斯但功用。暫得如是。非爲聖證。不作聖心。名善境界。若作聖解。卽受群邪。

■色陰十境的第②境「內徹拾蟲」：第②魔「精明」

阿難。復以此心。精研妙明。其身內徹。是人忽然。於其身內。拾出蟯蛔。身相宛然。亦無傷毀。此名『精明』。流溢形體。斯但精行。暫得如是。非爲聖證。不作聖心。名善境界。若作聖解。卽受群邪。

■色陰十境的第③境「空中聞法」：第③魔「精魄」

又以此心。內外精研。其時魂魄。意志精神。除執受身。餘皆涉入。互爲賓主。忽於空中。聞說法聲。或聞十方。同敷密義。此名『精魄』。遞相離合。成就善種。暫得如是。非爲聖證。不作聖心。名善境界。若作聖解。卽受群邪。

■色陰十境的第④境「千佛普現」：第④魔「心魂」

又以此心。澄露皎徹。內光發明。十方遍作。閻浮檀色。一切種類。化爲如來。於時忽見。毗盧遮那。踞天光臺。千佛圍繞。百億國土。及與蓮華。俱時出現。此名『心魂』。靈悟所染。心光研明。照諸世界。暫得如是。非爲聖證。不作聖心。名善境界。若作聖解。卽受群邪。

■色陰十境的第⑤境「空成寶色」：第⑤魔「抑按」

又以此心。精研妙明。觀察不停。抑按降伏。制止超越。於時忽然。十方虛空。成七寶色。或百寶色。同時遍滿。不相留礙。青黃赤白。各各純現。此名『抑按』。功力逾分。暫得如是。非爲聖證。不作聖心。名善境界。若作聖解。卽受群邪。

■色陰十境的第⑥境「暗中見物」：第⑥魔「心細」

又以此心。研究澄徹。精光不亂。忽於夜半。在暗室內。見種種物。不殊白晝。而暗室物。亦不除滅。此名『心細』。密澄其見。所視洞幽。暫得如是。非爲聖證。不作聖心。名善境界。若作聖解。卽受群邪。

■色陰十境的第⑦境「身同草木」：第⑦魔「塵併」

又以此心。圓入虛融。四體忽然。同於草木。火燒刀斫。曾無所覺。又則火光。不能燒爇。縱割其肉。猶如削木。此名『塵併』。排四大性。一向入純。暫得如是。非爲聖證。不作聖心。名善境界。若作聖解。卽受群邪。

■色陰十境的第⑧境「遍見無礙」：第⑧魔「欣厭」

又以此心。成就清淨。淨心功極。忽見大地。十方山河。皆成佛國。具足七寶。光明遍滿。又見恒沙。諸佛如來。遍滿空界。樓殿華麗。下見地獄。上觀天宮。得無障礙。此名『欣厭』。凝想日深。想久化成。非爲聖證。不作聖心。名善境界。若作聖解。卽受群邪。

■色陰十境的第⑨境「遙見遙聞」：第⑨魔「迫心」

又以此心。研究深遠。忽於中夜。遙見遠方。市井街巷。親族眷屬。或聞其語。此名『迫心』。逼極飛出。故多隔見。非爲聖證。不作聖心。名善境界。若作聖解。卽受群邪。

■色陰十境的第⑩境「妄見妄說」：第⑩魔「邪心」

又以此心。研究精極。見善知識。形體變移。少選無端。種種遷改。此名『邪心』。含受魑魅。或遭天魔。入其心腹。無端說法。通達妙義。非爲聖證。不作聖心。魔事銷歇。若作聖解。卽受群邪。

阿難。如是十種。禪那現境。皆是『色陰』。用心交互。故現斯事。衆生頑迷。不自忖量。逢此因緣。迷不自識。謂言登聖。大妄語成。墮無間獄。汝等當依。如來滅後。於末法中。宣示斯義。無令天魔。得其方便。保持覆護。成無上道。

（二）五十種陰魔的「受陰魔」

(1) 五陰中的「受陰」

(2) 五濁中的「見濁」

「見濁」謂身以四大爲體，見聞覺知壅令留礙，以地、水、火、風四大旋令覺知，相織妄成，稱爲「見濁」。

(3) 妄想之源：「虛明妄想」

「虛明妄想」卽受蘊。衆生由欲想，而好惡之二相損益現馳，此卽受蘊無實體，本爲虛妄，故受蘊稱爲虛明妄想。「虛明」是指內心清澈明亮，淸虛純潔。「虛明妄想」是「妄想虛明」的倒裝句，妄想「虛明」的境界。

(4) 受陰十境（第①至第⑩境）：

①抑己悲生 ②揚己齊佛 ③定偏多憶 ④慧偏多狂 ⑤歷險生憂 ⑥覺安生喜 ⑦見勝成慢 ⑧慧安自足 ⑨著空毀戒 ⑩著有恣淫

(5) 受陰十魔（第①至第⑩魔）：

①悲魔 ②狂魔 ③憶魔 ④易知足魔 ⑤常憂愁魔 ⑥好喜樂魔 ⑦大我慢魔 ⑧好輕淸魔 ⑨空魔 ⑩欲魔

阿難。彼善男子。修三摩提。奢摩他中。色陰盡者。見諸佛心。如明鏡中。顯現其像。若有所得。而未能用。猶如魘人。手足宛然。見聞不惑。心觸客邪。而不能動。此則名爲。『受陰區宇』。若魘咎歇。其心離身。返觀其面。去住自由。無復留礙。名『受陰盡』。是人則能。超越『見濁』。觀其所由。『虛明妄想』。以爲其本。

■受陰十境的第①境「抑己悲生」：第①魔「悲魔」

阿難。彼善男子。當在此中。得大光耀。其心發明。內抑過分。忽於其處。發無窮悲。如是乃至。觀見蚊蟲。猶如赤子。心生憐愍。不覺流淚。此名『功用』。抑摧過越。悟則無咎。非爲聖證。覺了不迷。久自銷歇。若作聖解。則有『悲魔』。入其心腑。見人則悲。啼泣無限。失於正受。當從淪墜。

■受陰十境的第②境「揚己齊佛」：第②魔「狂魔」

阿難。又彼定中。諸善男子。見色陰銷。受陰明白。勝相現前。感激過分。忽於其中。生無限勇。其心猛利。志齊諸佛。謂三僧祇。一念能越。此名『功用』。陵率過越。悟則無咎。非爲聖證。覺了不迷。久自銷歇。若作聖解。則有『狂魔』。入其心腑。見人則誇。我慢無比。其心乃至。上不見佛。下不見人。失於正受。當從淪墜。

■受陰十境的第③境「定偏多憶」：第③魔「憶魔」

又彼定中。諸善男子。見色陰銷。受陰明白。前無新證。歸失故居。智力衰微。入中隳地。迴無所見。心中忽然。生大枯渴。於一切時。沈憶不散。將此以爲。勤精進相。此名『修心』。無慧自失。悟則無咎。非爲聖證。若作聖解。則有『憶魔』。入其心腑。旦夕撮心。懸在一處。失於正受。當從淪墜。

■受陰十境的第④境「慧偏多狂」：第④魔「易知足魔」

又彼定中。諸善男子。見色陰銷。受陰明白。慧力過定。失於猛利。以諸勝性。懷於心中。自心已疑。是盧舍那。得少爲足。此名『用心』。亡失恒審。溺於知見。悟則無咎。非爲聖證。若作聖解。則有下劣。『易知足魔』。入其心腑。見人自言。我得無上。第一義諦。失於正受。當從淪墜。

■受陰十境的第⑤境「歷險生憂」：第⑤魔「常憂愁魔」
又彼定中。諸善男子。見色陰銷。受陰明白。新證未獲。故心已亡。歷覽二際。自生艱險。於心忽然。生無盡憂。如坐鐵床。如飲毒藥。心不欲活。常求於人。令害其命。早取解脫。此名『修行』。失於方便。悟則無咎。非為聖證。若作聖解。則有一分。『常憂愁魔』。入其心腑。手執刀劍。自割其肉。欣其捨壽。或常憂愁。走入山林。不耐見人。失於正受。當從淪墜。

■受陰十境的第⑥境「覺安生喜」：第⑥魔「好喜樂魔」
又彼定中。諸善男子。見色陰銷。受陰明白。處清淨中。心安隱後。忽然自有。無限喜生。心中歡悅。不能自止。此名『輕安』。無慧自禁。悟則無咎。非為聖證。若作聖解。則有一分。『好喜樂魔』。入其心腑。見人則笑。於衢路傍。自歌自舞。自謂已得。無礙解脫。失於正受。當從淪墜。

■受陰十境的第⑦境「見勝成慢」：第⑦魔「大我慢魔」
又彼定中。諸善男子。見色陰銷。受陰明白。自謂已足。忽有無端。大我慢起。如是乃至。慢與過慢。及慢過慢。或增上慢。或卑劣慢。一時俱發。心中尚輕。十方如來。何況下位。聲聞緣覺。此名『見勝』。無慧自救。悟則無咎。非為聖證。若作聖解。則有一分。『大我慢魔』。入其心腑。不禮塔廟。摧毀經像。謂檀越言。此是金銅。或是土木。經是樹葉。或是氈華。肉身真常。不自恭敬。卻崇土木。實為顛倒。其深信者。從其毀碎。埋棄地中。疑誤眾生。入無間獄。失於正受。當從淪墜。

■受陰十境的第⑧境「慧安自足」：第⑧魔「好輕清魔」
又彼定中。諸善男子。見色陰銷。受陰明白。於精明中。圓悟精理。得大隨順。其心忽生。無量輕安。已言成聖。得大自在。此名『因慧』。獲諸輕清。悟則無咎。非為聖證。若作聖解。則有一分。『好輕清魔』。入其心腑。自謂滿足。更不求進。此等多作。無聞比丘。疑誤衆生。墮阿鼻獄。失於正受。當從淪墜。

■受陰十境的第⑨境「著空毀戒」：第⑨魔「空魔」

又彼定中。諸善男子。見色陰銷。受陰明白。於明悟中。得虛明性。其中忽然。歸向永滅。撥無因果。一向入空。空心現前。乃至心生。長斷滅解。悟則無咎。非爲聖證。若作聖解。則有『空魔』。入其心腑。乃謗持戒。名爲小乘。菩薩悟空。有何持犯。其人常於。信心檀越。飲酒噉肉。廣行婬穢。因魔力故。攝其前人。不生疑謗。鬼心久入。或食屎尿。與酒肉等。一種俱空。破佛律儀。誤入人罪。失於正受。當從淪墜。

■受陰十境的第⑩境「著有恣淫」：第⑩魔「欲魔」

又彼定中。諸善男子。見色陰銷。受陰明白。味其虛明。深入心骨。其心忽有。無限愛生。愛極發狂。便爲貪欲。此名『定境』。安順入心。無慧自持。誤入諸欲。悟則無咎。非爲聖證。若作聖解。則有『欲魔』。入其心腑。一向說欲。爲菩提道。化諸白衣。平等行欲。其行婬者。名持法子。神鬼力故。於末世中。攝其凡愚。其數至百。如是乃至。一百二百。或五六百。多滿千萬。魔心生厭。離其身體。威德既無。陷於王難。疑誤衆生。入無間獄。失於正受。當從淪墜。

阿難。如是十種。禪那現境。皆是受陰。用心交互。故現斯事。衆生頑迷。不自忖量。逢此因緣。迷不自識。謂言登聖。大妄語成。墮無間獄。汝等亦當。將如來語。於我滅後。傳示末法。遍令衆生。開悟斯義。無令天魔。得其方便。保持覆護。成無上道。

（三）五十種陰魔的「想陰魔」

(1) 五陰中的「想陰」

(2) 五濁中的「煩惱濁」

「煩惱濁」謂心中憶識誦習，性發知見而容現六塵；離塵無相，離覺無性而相織妄成，稱爲「煩惱濁」。

(3) 妄想之源：「融通妄想」

「融通妄想」即想蘊。心爲虛妄，而能使動實有之身體，此心形二者由「想」融通，故想蘊稱爲「融通妄想」。

(4) 想陰十境（第①至第⑩境）：

①貪求善巧 ②貪求經歷 ③貪求契合 ④貪求辨析 ⑤貪求冥感

⑥貪求靜謐 ⑦貪求宿命 ⑧貪求神力 ⑨貪求深空 ⑩貪求永歲

(5) 想陰十魔（第①至第⑩魔）：

①怪鬼 ②魃鬼 ③魅鬼 ④蠱毒魘勝惡鬼 ⑤癘鬼

⑥大力鬼 ⑦山川鬼神 ⑧精魅魔 ⑨精靈魔 ⑩自在天魔

阿難。彼善男子。修三摩提。受陰盡者。雖未漏盡。心離其形。如鳥出籠。已能成就。從是凡身。上歷菩薩。六十聖位。得意生身。隨往無礙。譬如有人。熟寐寱言。是人雖則。無別所知。其言已成。音韻倫次。令不寐者。咸悟其語。此則名爲。『想陰區宇』。若動念盡。浮想銷除。於覺明心。如去塵垢。一倫生死。首尾圓照。名『想陰盡』。是人則能。超『煩惱濁』。觀其所由。『融通妄想』。以爲其本。

■想陰十境的第①境「貪求善巧」：第①魔「怪鬼」

阿難。彼善男子。受陰虛妙。不遭邪慮。圓定發明。三摩地中。心愛圓明。銳其精思。『貪求善巧』。爾時『天魔』。候得其便。飛精附人。口說經法。其人不覺。是其魔著。自言謂得。無上涅槃。來彼求巧。善男子處。敷座說法。其形斯須。或作比丘。令彼人見。或爲帝釋。或爲婦女。或比丘尼。或寢暗室。身有光明。是人愚迷。惑爲菩薩。信其教化。搖蕩其心。破佛律儀。潛行貪欲。口中好言。災祥變異。或言如來。某處出世。或言劫火。或說刀兵。恐怖於人。令其家資。無故耗散。此名『怪鬼』。年老成魔。惱亂是人。厭足心生。去彼人體。弟子與師。俱陷王難。汝當先覺。不入輪迴。迷惑不知。墮無間獄。

■想陰十境的第②境「貪求經歷」：第②魔「魅鬼」

阿難。又善男子。受陰虛妙。不遭邪慮。圓定發明。三摩地中。心愛遊蕩。飛其精思。『貪求經歷』。爾時『天魔』。候得其便。飛精附人。口說經法。其人亦不。覺知魔著。亦言自得。無上涅槃。來彼求遊。善男子處。敷座說法。自形無變。其聽法者。忽自見身。坐寶蓮華。全體化成。紫金光聚。一衆聽人。各各如是。得未曾有。是人愚迷。惑爲菩薩。婬逸其心。破佛律儀。潛行貪欲。口中好言。諸佛應世。某處某人。當是某佛。化身來此。某人卽是。某菩薩等。來化人間。其人見故。心生傾渴。邪見密興。種智銷滅。此名『魅鬼』。年老成魔。惱亂是人。厭足心生。去彼人體。弟子與師。俱陷王難。汝當先覺。不入輪迴。迷惑不知。墮無間獄。

■想陰十境的第③境「貪求契合」：第③魔「魅鬼」

又善男子。受陰虛妙。不遭邪慮。圓定發明。三摩地中。心愛綿合。澄其精思。『貪求契合』。爾時『天魔』。候得其便。飛精附人。口說經法。其人實不。覺知魔著。亦言自得。無上涅槃。來彼求合。善男子處。敷座說法。其形及彼。聽法之人。外無遷變。令其聽者。未聞法前。心自開悟。念念移易。或得宿命。或有他心。或見地獄。或知人間。好惡諸事。或口說偈。或自誦經。各各歡娛。得未曾有。是人愚迷。惑為菩薩。綿愛其心。破佛律儀。潛行貪欲。口中好言。佛有大小。某佛先佛。某佛後佛。其中亦有。眞佛假佛。男佛女佛。菩薩亦然。其人見故。洗滌本心。易入邪悟。此名『魅鬼』。年老成魔。惱亂是人。厭足心生。去彼人體。弟子與師。俱陷王難。汝當先覺。不入輪迴。迷惑不知。墮無間獄。

■想陰十境的第④境「貪求辨析」：第④魔「蠱毒魘勝惡鬼」

又善男子。受陰虛妙。不遭邪慮。圓定發明。三摩地中。心愛根本。窮覽物化。性之終始。精爽其心。『貪求辨析』。爾時『天魔』。候得其便。飛精附人。口說經法。其人先不。覺知魔著。亦言自得。無上涅槃。來彼求元。善男子處。敷座說法。身有威神。摧伏求者。令其座下。雖未聞法。自然心伏。是諸人等。將佛涅槃。菩提法身。卽是現前。我肉身上。父父子子。遞代相生。卽是法身。常住不絕。都指現在。卽為佛國。無別淨居。及金色相。其人信受。亡失先心。身命歸依。得未曾有。是等愚迷。惑為菩薩。推究其心。破佛律儀。潛行貪欲。口中好言。眼耳鼻舌。皆為淨土。男女二根。卽是菩提。涅槃眞處。彼無知者。信是穢言。此名『蠱毒魘勝惡鬼』。年老成魔。惱亂是人。厭足心生。去彼人體。弟子與師。俱陷王難。汝當先覺。不入輪迴。迷惑不知。墮無間獄。

■想陰十境的第⑤境「貪求冥感」：第⑤魔「癘鬼」

又善男子。受陰虛妙。不遭邪慮。圓定發明。三摩地中。心愛懸應。周流精研。『貪求冥感』。爾時『天魔』。候得其便。飛精附人。口說經法。其人元不。覺知魔著。亦言自得。無上涅槃。來彼求應。

善男子處。敷座說法。能令聽衆。暫見其身。如百千歲。心生愛染。不能捨離。身爲奴僕。四事供養。不覺疲勞。各各令其。座下人心。知是先師。本善知識。別生法愛。黏如膠漆。得未曾有。是人愚迷。惑爲菩薩。親近其心。破佛律儀。潛行貪欲。口中好言。我於前世。於某生中。先度某人。當時是我。妻妾兄弟。今來相度。與汝相隨。歸某世界。供養某佛。或言別有。大光明天。佛於中住。一切如來。所休居地。彼無知者。信是虛誑。遺失本心。此名『癘鬼』。年老成魔。惱亂是人。厭足心生。去彼人體。弟子與師。俱陷王難。汝當先覺。不入輪迴。迷惑不知。墮無間獄。

■想陰十境的第⑥境「貪求靜謐」：第⑥魔「大力鬼」

又善男子。受陰虛妙。不遭邪慮。圓定發明。三摩地中。心愛深入。克己辛勤。樂處陰寂。『貪求靜謐』。爾時『天魔』。候得其便。飛精附人。口說經法。其人本不。覺知魔著。亦言自得。無上涅槃。來彼求陰。善男子處。敷座說法。令其聽人。各知本業。或於其處。語一人言。汝今未死。已作畜生。敕使一人。於後蹋尾。頓令其人。起不能得。於是一衆。傾心斂伏。有人起心。已知其肇。佛律儀外。重加精苦。誹謗比丘。罵詈徒衆。訐露人事。不避譏嫌。口中好言。未然禍福。及至其時。毫髮無失。此『大力鬼』。年老成魔。惱亂是人。厭足心生。去彼人體。弟子與師。俱陷王難。汝當先覺。不入輪迴。迷惑不知。墮無間獄。

■想陰十境的第⑦境「貪求宿命」：第⑦魔「山川鬼神」

又善男子。受陰虛妙。不遭邪慮。圓定發明。三摩地中。心愛知見。勤苦研尋。『貪求宿命』。爾時『天魔』。候得其便。飛精附人。口說經法。其人殊不。覺知魔著。亦言自得。無上涅槃。來彼求知。善男子處。敷座說法。是人無端。於說法處。得大寶珠。其魔或時。化爲畜生。口銜其珠。及雜珍寶。簡冊符牘。諸奇異物。先授彼人。後著其體。或誘聽人。藏於地下。有明月珠。照耀其處。是諸聽者。得未曾有。多食藥草。不餐嘉饌。或時日餐。一麻一麥。其形肥充。魔力持故。誹謗比丘。罵詈徒衆。不避譏嫌。口中好言。他方寶藏。十方聖賢。潛匿之處。隨其後者。往往見有。奇異之人。此名『山林。土地城隍。川嶽鬼神』。年老成魔。或有宣婬。破佛戒律。與承事者。潛行五欲。或有精進。純食草木。無定行事。惱亂是人。厭足心生。去彼人體。弟子與師。俱陷王難。汝當先覺。不入輪迴。迷惑不知。墮無間獄。

■想陰十境的第⑧境「貪求神力」：第⑧魔「精魅魔」

又善男子。受陰虛妙。不遭邪慮。圓定發明。三摩地中。心愛神通。種種變化。研究化元。『貪取神力』。爾時『天魔』。候得其便。飛精附人。口說經法。其人誠不。覺知魔著。亦言自得。無上涅槃。來彼求通。善男子處。敷座說法。是人或復。手執火光。手撮其光。分於所聽。四衆頭上。是諸聽人。頂上火光。皆長數尺。亦無熱性。曾不焚燒。或水上行。如履平地。或於空中。安坐不動。或入缾內。或處囊中。越牖透垣。曾無障礙。唯於刀兵。不得自在。自言是佛。身著白衣。受比丘禮。誹謗禪律。罵詈徒衆。訐露人事。不避譏嫌。口中常說。神通自在。或復令人。傍見佛土。鬼力惑人。非有眞實。讚歎行婬。不毀麤行。將諸猥媟。以爲傳法。此名『天地大力山精。海精風精。河精土精。一切草木。積劫精魅。或復龍魅。或壽終仙。再活爲魅。或仙期終。計年應死。其形不化。他怪所附』。年老成魔。惱亂是人。厭足心生。去彼人體。弟子與師。多陷王難。汝當先覺。不入輪迴。迷惑不知。墮無間獄。

■想陰十境的第⑨境「貪求深空」：第⑨魔「精靈魔」

又善男子。受陰虛妙。不遭邪慮。圓定發明。三摩地中。心愛入滅。研究化性。『貪求深空』。爾時『天魔』。候得其便。飛精附人。口說經法。其人終不。覺知魔著。亦言自得。無上涅槃。來彼求空。善男子處。敷座說法。於大衆內。其形忽空。衆無所見。還從虛空。突然而出。存沒自在。或現其身。洞如琉璃。或垂手足。作旃檀氣。或大小便。如厚石蜜。誹毀戒律。輕賤出家。口中常說。無因無果。一死永滅。無復後身。及諸凡聖。雖得空寂。潛行貪欲。受其欲者。亦得空心。撥無因果。此名『日月薄蝕精氣。金玉芝草。麟鳳龜鶴。經千萬年。不死爲靈。出生國土』。年老成魔。惱亂是人。厭足心生。去彼人體。弟子與師。多陷王難。汝當先覺。不入輪迴。迷惑不知。墮無間獄。

■想陰十境的第⑩境「貪求永歲」：第⑩魔「住世。自在天魔」

又善男子。受陰虛妙。不遭邪慮。圓定發明。三摩地中。心愛長壽。辛苦研幾。『貪求永歲』。棄分段生。頓希變易。細相常住。爾時『天魔』。候得其便。飛精附人。口說經法。其人竟不。覺知魔著。亦言自得。無上涅槃。來彼求生。善男子處。敷座說法。好言他方。往還無滯。或經萬里。瞬息再來。皆於彼方。取得其物。或於一處。在一宅中。數步之間。令其從東。詣至西壁。是人急行。累年不到。因此心信。疑佛現前。口中常說。十方衆生。皆是吾子。我生諸佛。我出世界。我是元佛。出世自然。不因修得。此名『住世自在天魔』。使其眷屬。如遮文茶。及四天王。毗舍童子。未發心者。利其虛明。食彼精氣。或不因師。其修行人。親自觀見。稱執金剛。與汝長命。現美女身。盛行貪欲。未逾年歲。肝腦枯竭。口兼獨言。聽若妖魅。前人未詳。多陷王難。未及遇刑。先已乾死。惱亂彼人。以至殂殞。汝當先覺。不入輪迴。迷惑不知。墮無間獄。

阿難當知。是十種魔。於末世時。在我法中。出家修道。或附人體。或自現形。皆言已成。正遍知覺。讚歎婬欲。破佛律儀。先惡魔師。與魔弟子。婬婬相傳。如是邪精。魅其心腑。近則九生。多踰百世。令眞修行。總爲魔眷。命終之後。必爲魔民。失正遍知。墮無間獄。汝今未須。先取寂滅。縱得無學。留願入彼。末法之中。起大慈悲。救度正心。深信衆生。令不著魔。得正知見。我今度汝。已出生死。汝遵佛語。名報佛恩。

阿難。如是十種。禪那現境。皆是想陰。用心交互。故現斯事。衆生頑迷。不自忖量。逢此因緣。迷不自識。謂言登聖。大妄語成。墮無間獄。汝等必須。將如來語。於我滅後。傳示末法。遍令衆生。開悟斯義。無令天魔。得其方便。保持覆護。成無上道。

《楞嚴經》卷十原文（部分經文）

《大佛頂首楞嚴經》卷十原文

（四）五十種陰魔的「行陰魔」

(1) 五陰中的「行陰」

(2) 五濁中的「衆生濁」

「衆生濁」謂人朝夕生滅不停，知見每欲留於世間，業運每常遷於國土，於此而相織妄成，稱爲「衆生濁」。

(3) 妄想之源：「幽隱妄想」

「幽隱妄想」即行蘊。衆生一生之中，其身體之變化無片刻停息，而幽然無覺，故行蘊稱爲「幽隱妄想」。

(4) 行陰十境（第①至第⑩境）：

①二無因論 ②四遍常論 ③四顛倒見 ④四有邊論 ⑤四種顛倒 ⑥死後有相 ⑦死後無相 ⑧死後俱非 ⑨死後斷滅 ⑩五涅槃論

(5) 行陰十魔（第①至第⑩魔）：

①第一外道 ②第二外道 ③第三外道 ④第四外道 ⑤第五外道

⑥第六外道 ⑦第七外道 ⑧第八外道 ⑨第九外道 ⑩第十外道

阿難。彼善男子。修三摩提。想陰盡者。是人平常。夢想銷滅。寤寐恒一。覺明虛靜。猶如晴空。無復麤重。前塵影事。觀諸世間。大地山河。如鏡鑑明。來無所黏。過無蹤跡。虛受照應。了罔陳習。唯一精眞。生滅根元。從此披露。見諸十方。十二衆生。畢殫其類。雖未通其。各命由緒。見同生基。猶如野馬。熠熠清擾。爲浮根塵。究竟樞穴。此則名爲。『行陰區宇』。若此清擾。熠熠元性。性入元澄。一澄元習。如波瀾滅。化爲澄水。名『行陰盡』。是人則能超『衆生濁』。觀其所由。『幽隱妄想』。以爲其本。

■行陰十境的第①境「二無因論」：第①魔「第一外道」

阿難當知。是得正知。奢摩他中。諸善男子。凝明正心。『十類天魔』。不得其便。方得精研。窮生類本。於本類中。生元露者。觀彼幽清。圓擾動元。於圓元中。起計度者。是人墜入。『二無因論』。『一者是人。見本無因』。何以故。是人既得。生機全破。乘於眼根。八百功德。見八萬劫。所有衆生。業流灣環。死此生彼。祇見衆生。輪迴其處。八萬劫外。冥無所觀。便作是解。此等世間。十方衆生。八萬劫來。無因自有。由此計度。亡正遍知。墮落外道。惑菩提性。『二者是人。見末無因』。何以故。是人於生。既見其根。知人生人。悟鳥生鳥。烏從來黑。鵠從來白。人天本豎。畜生本橫。白非洗成。黑非染造。從八萬劫。無復改移。今盡此形。亦復如是。而我本來。不見菩提。云何更有。成菩提事。當知今日。一切物象。皆本無因。由此計度。亡正遍知。墮落外道。惑菩提性。是則名爲。『第一外道』。立『無因論』。

■行陰十境的第②境「四遍常論」：第②魔「第二外道」

阿難。是三摩中。諸善男子。凝明正心。魔不得便。窮生類本。觀彼幽淸。常擾動元。於圓常中。起計度者。是人墜入。『四遍常論』。『一者是人。窮心境性。二處無因』。修習能知。二萬劫中。十方衆生。所有生滅。咸皆循環。不曾散失。計以爲常。『二者是人。窮四大元。四性常住』。修習能知。四萬劫中。十方衆生。所有生滅。咸皆體恒。不曾散失。計以爲常。『三者是人。窮盡六根。末那執受。心意識中。本元由處。性常恒故』。修習能知。八萬劫中。一切衆生。循環不失。本來常住。窮不失性。計以爲常。『四者是人。旣盡想元。生理更無。流止運轉。生滅想心。今已永滅。理中自然。成不生滅』。因心所度。計以爲常。由此計常。亡正遍知。墮落外道。惑菩提性。是則名爲。『第二外道』。立『圓常論』。

■行陰十境的第③境「四顚倒見」：第③魔「第三外道」

又三摩中。諸善男子。堅凝正心。魔不得便。窮生類本。觀彼幽淸。常擾動元。於自他中。起計度者。是人墜入。『四顚倒見』。一分無常。一分常論。『一者是人。觀妙明心。遍十方界。湛然以爲。究竟神我』。從是則計。我遍十方。凝明不動。一切衆生。於我心中。自生自死。則我心性。名之爲常。彼生滅者。眞無常性。『二者是人。不觀其心。遍觀十方。恒沙國土。見劫壞處。名爲究竟』。無常種性。劫不壞處。名究竟常。『三者是人。別觀我心。精細微密。猶如微塵。流轉十方。性無移改。能令此身。卽生卽滅。其不壞性。名我性常』。一切死生。從我流出。名無常性。『四者是人。知想陰盡。見行陰流。行陰常流。計爲常性。色受想等。今已滅盡。名爲無常』。由此計度。一分無常。一分常故。墮落外道。惑菩提性。是則名爲。『第三外道』。『一分常論』。

■行陰十境的第④境「四有邊論」：第④魔「第四外道」

又三摩中。諸善男子。堅凝正心。魔不得便。窮生類本。觀彼幽淸。常擾動元。於分位中。生計度者。是人墜入『四有邊論』。『一者是人。心計生元。流用不息』。計過未者。名爲有邊。計相續心。名爲無邊。『二者是人。觀八萬劫。則見衆生。八萬劫前。寂無聞見』。無聞見處。名爲無邊。有衆生處。名爲有邊。『三者是人。計我遍知。得無邊性』。彼一切人。現我知中。我曾不知。彼之知性。名彼不得。無邊之心。但有邊性。『四者是人。窮行陰空。以其所見。心路籌度。一切衆生。一身之中』。計其咸皆。半生半滅。明其世界。一切所有。一半有邊。一半無邊。由此計度。有邊無邊。墮落外道。惑菩提性。是則名爲。『第四外道』。立『有邊論』。

■行陰十境的第⑤境「四種顛倒」：第⑤魔「第五外道」

又三摩中。諸善男子。堅凝正心。魔不得便。窮生類本。觀彼幽淸。常擾動元。於知見中。生計度者。是人墜入『四種顛倒』。不死矯亂。遍計虛論。『一者是人。觀變化元。見遷流處。名之爲變。見相續處。名之爲恒。見所見處。名之爲生。不見見處。名之爲滅。相續之因。性不斷處。名之爲增。正相續中。中所離處。名之爲減。各各生處。名之爲有。互互亡處。名之爲無』。以理都觀。用心別見。有求法人。來問其義。答言我今。亦生亦滅。亦有亦無。亦增亦減。於一切時。皆亂其語。令彼前人。遺失章句。『二者是人。諦觀其心。互互無處』。因無得證。有人來問。唯答一字。但言其無。除無之餘。無所言說。『三者是人。諦觀其心。各各有處。因有得證。有人來問。唯答一字。但言其是。除是之餘。無所言說』。『四者是人。有無俱見。其境枝故。其心亦亂』。有人來問。答言亦有。卽是亦無。亦無之中。不是亦有。一切矯亂。無容窮詰。由此計度。矯亂虛無。墮落外道。惑菩提性。是則名爲。『第五外道』。『四顛倒性』。不死矯亂。遍計虛論。

■行陰十境的第⑥境「死後有相」：第⑥魔「第六外道」

又三摩中。諸善男子。堅凝正心。魔不得便。窮生類本。觀彼幽淸。常擾動元。於無盡流。生計度者。是人墜入。『死後有相』。發心顚倒。或自固身。云色是我。或見我圓。含遍國土。云我有色。或彼前緣。隨我迴復。云色屬我。或復我依。行中相續。云我在色。皆計度言。死後有相。如是循環。有十六相。從此或計。畢竟煩惱。畢竟菩提。兩性並驅。各不相觸。由此計度。死後有故。墮落外道。惑菩提性。是則名爲。『第六外道』。立五陰中。『死後有相』。心顚倒論。

■行陰十境的第⑦境「死後無相」：第⑦魔「第七外道」

又三摩中。諸善男子。堅凝正心。魔不得便。窮生類本。觀彼幽淸。常擾動元。於先除滅。色受想中。生計度者。是人墜入。『死後無相』。發心顚倒。見其色滅。形無所因。觀其想滅。心無所繫。知其受滅。無復連綴。陰性銷散。縱有生理。而無受想。與草木同。此質現前。猶不可得。死後云何。更有諸相。因之勘校。死後相無。如是循環。有八無相。從此或計。涅槃因果。一切皆空。徒有名字。究竟斷滅。由此計度。死後無故。墮落外道。惑菩提性。是則名爲。『第七外道』。立五陰中。『死後無相』。心顚倒論。

■行陰十境的第⑧境「死後俱非」：第⑧魔「第八外道」

又三摩中。諸善男子。堅凝正心。魔不得便。窮生類本。觀彼幽淸。常擾動元。於行存中。兼受想滅。雙計有無。自體相破。是人墜入。『死後俱非』。起顚倒論。色受想中。見有非有。行遷流內。觀無不無。如是循環。窮盡陰界。八俱非相。隨得一緣。皆言死後。有相無相。又計諸行。性遷訛故。心發通悟。有無俱非。虛實失措。由此計度。死後俱非。後際昏瞢。無可道故。墮落外道。惑菩提性。是則名爲。『第八外道』。立五陰中。『死後俱非』。心顚倒論。

■行陰十境的第⑨境「死後斷滅」：第⑨魔「第九外道」

又三摩中。諸善男子。堅凝正心。魔不得便。窮生類本。觀彼幽清。常擾動元。於後後無。生計度者。是人墜入。『七斷滅論』。或計身滅。或欲盡滅。或苦盡滅。或極樂滅。或極捨滅。如是循環。窮盡七際。現前銷滅。滅已無復。由此計度。『死後斷滅』。墮落外道。惑菩提性。是則名爲。『第九外道』。立五陰中。『死後斷滅』。心顚倒論。

■行陰十境的第⑩境「五現涅槃」：第⑩魔「第十外道」

又三摩中。諸善男子。堅凝正心。魔不得便。窮生類本。觀彼幽清。常擾動元。於後後有。生計度者。是人墜入。『五涅槃論』。或以欲界。爲正轉依。觀見圓明。生愛慕故。或以初禪。性無憂故。或以二禪。心無苦故。或以三禪。極悅隨故。或以四禪。苦樂二亡。不受輪迴。生滅性故。迷有漏天。作無爲解。五處安隱。爲勝淨依。如是循環。五處究竟。由此計度。『五現涅槃』。墮落外道。惑菩提性。是則名爲。『第十外道』。立五陰中。『五現涅槃』。心顚倒論。

阿難。如是十種。禪那狂解。皆是行陰。用心交互。故現斯悟。衆生頑迷。不自忖量。逢此現前。以迷爲解。自言登聖。大妄語成。墮無間獄。汝等必須。將如來語。於我滅後。傳示末法。遍令衆生。覺了斯義。無令心魔。自起深孽。保持覆護。銷息邪見。教其身心。開覺眞義。於無上道。不遭枝歧。勿令心祈。得少爲足。作大覺王。淸淨標指。

（五）五十種陰魔的「識陰魔」

(1) 五陰中的「識陰」

(2) 五濁中的「命濁」

「命濁」謂人之見聞原無異性，以衆塵隔越，故無狀異生，雖性中相知，然用中相背，同異失準而相織妄成，稱爲「命濁」。

(3) 妄想之源：「顚倒妄想」

「顚倒妄想」又作微細精想。指識蘊。衆生之識（心）爲虛妄顚倒，如急流之水望似恬靜，其實流急微細而不可見，故識蘊稱爲「顚倒妄想」。

(4) 識陰十境（第①至第⑩境）：

①因所因執 ②能非能執 ③常非常執 ④知無知執 ⑤生無生執
⑥歸無歸執 ⑦貪非貪執 ⑧眞無眞執 ⑨定性聲聞 ⑩定性辟支

(5) 識陰十魔（第①至第⑩魔）：

①第一立所得心 ②第二立能爲心 ③第三立因依心 ④四計圓知心
⑤第五計著崇事 ⑥第六圓虛無心 ⑦第七執著命元 ⑧第八發邪思因
⑨第九圓精應心 ⑩第十圓覺習心

阿難。彼善男子。修三摩提。行陰盡者。諸世間性。幽清擾動。同分生機。倐然隳裂。沈細綱紐。補特伽羅。酬業深脈。感應懸絕。於涅槃天。將大明悟。如雞後鳴。瞻顧東方。已有精色。六根虛靜。無復馳逸。內外湛明。入無所入。深達十方。十二種類。受命元由。觀由執元。諸類不召。於十方界。已獲其同。精色不沈。發現幽秘。此則名爲。『識陰區宇』。若於群召。已獲同中。銷磨六門。合開成就。見聞通鄰。互用清淨。十方世界。及與身心。如吠琉璃。內外明徹。名『識陰盡』。是人則能。超越『命濁』。觀其所由。罔象虛無。顚倒妄想。以爲其本。

■識陰十境的第①境「因所因執」：第①魔「第一立所得心」

阿難當知。是善男子。窮諸行空。於識還元。已滅生滅。而於寂滅。精妙未圓。能令己身。根隔合開。亦與十方。諸類通覺。覺知通㳷。能入圓元。若於所歸。立眞常因。生勝解者。是人則墮。『因所因執』。娑毗迦羅。所歸冥諦。成其伴侶。迷佛菩提。亡失知見。是名『第一立所得心』。成所歸果。違遠圓通。背涅槃城。生外道種。

■識陰十境的第②境「能非能執」：第②魔「第二立能爲心」

阿難。又善男子。窮諸行空。已滅生滅。而於寂滅。精妙未圓。若於所歸。覽爲自體。盡虛空界。十二類內。所有衆生。皆我身中。一類流出。生勝解者。是人則墮。『能非能執』。摩醯首羅。現無邊身。成其伴侶。迷佛菩提。亡失知見。是名『第二立能爲心』。成能事果。違遠圓通。背涅槃城。生大慢天。我遍圓種。

■識陰十境的第③境「常非常執」：第③魔「第三立因依心」

又善男子。窮諸行空。已滅生滅。而於寂滅。精妙未圓。若於所歸。有所歸依。自疑身心。從彼流出。十方虛空。咸其生起。卽於都起。所宣流地。作眞常身。無生滅解。在生滅中。早計常住。旣惑不生。亦迷生滅。安住沈迷。生勝解者。是人則墮。『常非常執』。計自在天。成其伴侶。迷佛菩提。亡失知見。是名『第三立因依心』。成妄計果。違遠圓通。背涅槃城。生倒圓種。

■識陰十境的第④境「知無知執」：第④魔「第四計圓知心」

又善男子。窮諸行空。已滅生滅。而於寂滅。精妙未圓。若於所知。知遍圓故。因知立解。十方草木。皆稱有情。與人無異。草木爲人。人死還成。十方草樹。無擇遍知。生勝解者。是人則墮。『知無知執』。婆吒霰尼。執一切覺。成其伴侶。迷佛菩提。亡失知見。是名『第四計圓知心』。成虛謬果。違遠圓通。背涅槃城。生倒知種。

■識陰十境的第⑤境「生無生執」：第⑤魔「第五計著崇事」

又善男子。窮諸行空。已滅生滅。而於寂滅。精妙未圓。若於圓融。根互用中。已得隨順。便於圓化。一切發生。求火光明。樂水清淨。愛風周流。觀塵成就。各各崇事。以此群塵。發作本因。立常住解。是人則墮。『生無生執』。諸迦葉波。并婆羅門。勤心役身。事火崇水。求出生死。成其伴侶。迷佛菩提。亡失知見。是名『第五計著崇事』。迷心從物。立妄求因。求妄冀果。違遠圓通。背涅槃城。生顛化種。

■識陰十境的第⑥境「歸無歸執」：第⑥魔「第六圓虛無心」

又善男子。窮諸行空。已滅生滅。而於寂滅。精妙未圓。若於圓明。計明中虛。非滅群化。以永滅依。爲所歸依。生勝解者。是人則墮。『歸無歸執』。無想天中。諸舜若多。成其伴侶。迷佛菩提。亡失知見。是名『第六圓虛無心』。成空亡果。違遠圓通。背涅槃城。生斷滅種。

■識陰十境的第⑦境「貪非貪執」：第⑦魔「第七執著命元」

又善男子。窮諸行空。已滅生滅。而於寂滅。精妙未圓。若於圓常。固身常住。同於精圓。長不傾逝。生勝解者。是人則墮。『貪非貪執』。諸阿斯陀。求長命者。成其伴侶。迷佛菩提。亡失知見。是名

『第七執著命元』。立固妄因。趣長勞果。違遠圓通。背涅槃城。生妄延種。

■識陰十境的第⑧境「眞無眞執」：第⑧魔「第八發邪思因」

又善男子。窮諸行空。已滅生滅。而於寂滅。精妙未圓。觀命互通。卻留塵勞。恐其銷盡。便於此際。坐蓮華宮。廣化七珍。多增寶媛。恣縱其心。生勝解者。是人則墮。『眞無眞執』。吒枳迦羅。成其伴侶。迷佛菩提。亡失知見。是名『第八發邪思因』。立熾塵果。違遠圓通。背涅槃城。生天魔種。

■識陰十境的第⑨境「定性聲聞」：第⑨魔「第九圓精應心」

又善男子。窮諸行空。已滅生滅。而於寂滅。精妙未圓。於命明中。分別精麤。疏決眞僞。因果相酬。唯求感應。背清淨道。所謂見苦斷集。證滅修道。居滅已休。更不前進。生勝解者。是人則墮。『定性聲聞』。諸無聞僧。增上慢者。成其伴侶。迷佛菩提。亡失知見。是名『第九圓精應心』。成趣寂果。違遠圓通。背涅槃城。生纏空種。

■識陰十境的第⑩境「定性辟支」：第⑩魔「第十圓覺㽬心」

又善男子。窮諸行空。已滅生滅。而於寂滅。精妙未圓。若於圓融。清淨覺明。發研深妙。卽立涅槃。而不前進。生勝解者。是人則墮。『定性辟支』。諸緣獨倫。不迴心者。成其伴侶。迷佛菩提。亡失知見。是名『第十圓覺㽬心』。成湛明果。違遠圓通。背涅槃城。生覺圓明。不化圓種。

（以上就是「五十種陰魔」的論述，以下經文略過。）

第三篇

高級篇：推薦八部修習禪定的經典

《治禪病祕要法》

《治禪病祕要法》二卷，「北涼」安陽侯「沮渠京聲」譯，又名《治禪病祕要經》、《禪要祕密治病經》、《治禪病祕要法經》、《治禪病祕要》。「北涼」是兩晉和隋朝之間，十六國之一，歷經二主。「沮渠」是複姓，原爲匈奴官名，後遂以爲姓氏。

本經主要在說明修行者於「阿練若」處修禪時，身心發生種種問題時的對治法。

●名相：阿練若

◎釋文：梵語的音譯。又作「阿蘭若、阿練茹、阿練若、阿蘭那、阿蘭攘、阿蘭拏」。略稱「練若、蘭若」。譯爲「山林、荒野」。指適合於出家人修行與居住之僻靜場所。又譯爲「遠離處、寂靜處、最閑處、無諍處」。卽距離聚落一俱盧舍而適於修行的空閒處，後引申指出家人修行與居住的林野。

《治禪病祕要法》所列舉的禪病，共有五種：⑴亂聲⑵惡名⑶利養⑷外風⑸內風。任何一種原因，都會使人心亂，而產生種種的禪病。

修行者修禪時，對治病魔的方法，共有十八種：

《治禪病祕要法》卷上

(1) 治於阿練若亂心病之七十二種法

(2) 治亂倒心法

(3)治四大內風法
(4)治火大三昧法
(5)治地大法
(6)治水大法
(7)治內風大法
(8)治噎法
(9)治行者貪婬患法
(10)治利養瘡法
(11)治犯戒藥

《治禪病祕要法》卷下

(12)治樂音樂法
(13)治好歌唄偈讚法
(14)治水大猛盛因是得下
(15)治因火大頭痛眼痛耳聾法
(16)治入地三昧見不祥事驚怖失心法。
(17)治風大法
(18)初學坐者鬼魅所著種種不安不能得定治之法

另外，在《治禪病祕要法》卷下，釋迦牟尼佛有傳下二句咒語。

（一）過去無量諸佛，所傳下來的神咒，可治諸病。原文如下：

爾時世尊。而說呪曰。

「南無佛陀　南無達摩　南無僧伽　南無摩訶梨師毘闍羅闍　藹咄陀達陀　娑滿馱　跋闍羅翅（矢馳反）　陀邏崛荼誓荼　遮利遮利　摩訶遮利吁摩利吁摩勒翅（矢馳反）悉耽鞞閻鞞　阿閻鞞利究匊匊翅（矢馳反）薩婆陀羅尼翅（矢馳反）阿扇（叔看反）提摩俱梨應詣吁彌吁彌吁摩吁摩婆禍呵」

爾時世尊。說此呪已。告舍利弗。如此神呪。過去無量諸佛所說。我今現在。亦說此呪。未來彌勒。賢劫菩薩。亦當宣說。如此神呪功德。如自在天。能令後世五百歲中。諸惡比丘。得淨心意。調和善「治四大增損」。亦「治心內四百四病。四百四脈所起境界。九十八使性欲種子」。亦「治業障犯戒諸惡」。永盡無餘。此名「善治七十二種病憂惱陀羅尼」。亦名「拔五種陰無明根本『陀羅尼』」。亦名「現前見一切佛及諸聲聞爲說眞法破諸『結使』。」。

●名相：陀羅尼

◎釋文：梵語的音譯。又作「陀憐尼」。意譯「總持、能持、能遮」。卽能總攝憶持無量佛法而不忘失之念慧力。換言之，「陀羅尼」卽爲一種「記憶術」。《大智度論》卷五、佛地經論卷五載，「陀羅尼」爲一種「記憶術」，卽於一法之中，持一切法；於一文之中，持一切文；於一義之中，持一切義；故由記憶此一法一文一義，而能聯想一切之法，總持無量佛法而不散失。「陀羅尼」能持各種善法，能遮除各種惡法。蓋菩薩以利他爲主，爲教化他人，故必須得「陀羅尼」，得此則能不忘失無量之佛法，而在衆中無所畏，同時亦能自由自在的說教。有關菩薩所得之陀羅尼，諸經論所說頗多。及至後世，因陀羅尼之形式，類同誦咒，因此後人將其與「咒」混同，遂統稱「咒」爲「陀羅尼」。然一般仍以字句長短加以區分，長句者爲「陀羅尼」，短句者爲「眞言」，一字二字者爲「種子」。

●名相：結使

◎釋文：「煩惱」的異稱。諸煩惱纏縛衆生，不使出離生死，故稱「結」；驅役而惱亂衆生，故稱「使」。「結」有九種，「使」有十種，稱爲「九結十使」。大智度論卷一：「一切衆生爲結使病所煩惱，無始生死已來，無人能治此病者。」

（二）初學坐者鬼魅所著種種不安不能得定治之法，也有一句咒語，可以調伏諸惡鬼。原文如下：

鬼爲亂時。應當數息。極令閑靜。應當至心念過去七佛。稱彼佛名。南無毘婆尸佛。尸棄佛。提舍佛。鳩樓孫佛。迦那含牟尼佛。迦葉佛。釋迦牟尼佛。稱彼佛名已。應當憶持一切音聲陀羅尼。卽說呪曰。

「阿彌阿彌迦梨奢酸地利腹棄翅偷涕他偷涕他摩訶迦樓尼迦彌多羅菩提薩埵」

若有亂心爲埠惕鬼所惑亂者。或作種種諸幻境界。應當誦持此陀羅尼七佛名字。彌勒菩薩。一心數息。誦波羅提木叉。經一百遍。此諸惡鬼。各各調伏。終不惱亂行道四衆。

佛告阿難。汝好持是淨身口意調伏威儀擯惡鬼法。爲得增長四部弟子。使不起亂念。得入三昧。當好受持。愼莫忘失。

在經文的最後一段，釋迦牟尼佛交代佛滅度後，四部弟子欲坐禪的方法。原文如下：

佛告阿難。佛滅度後。四部弟子。若欲坐禪。先當寂靜端坐七日。然後修心數息七日。復當服此除病等藥。除聲去肶定心守意。修心修身。調和諸大。令不失時。一心一意。不犯輕戒及與威儀。於所持戒。

如護眼目。如重病人隨良醫教。行者亦爾。隨數數增。不令退失。如救頭燃。順賢聖語。是名治病服煖身藥。佛告阿難。汝好受持。慎莫忘失。

根據本書〈後序〉所描述，本經是「沮渠京聲」於「于闐國」衢摩帝大寺金剛「阿練若」住處，由「佛陀斯那」所授，而憶誦於心中者。宋．孝建二年九月，於揚都「竹園精舍」書出此經。依此，《出三藏記集》卷二等諸錄皆說此經於孝建二年譯出。

但是，依《出三藏記集》卷十四〈京聲傳〉所記載，彼由「于闐國」歸河西時，已譯出此經。及至「北涼」滅亡，元嘉十六年，「沮渠京聲」南奔入宋。宋．孝建二年，因竹園寺比丘「慧璿」之請而傳寫。全書共有五卷。由此可知，本經在孝建以前卽已譯出。

又，在本經起始處的「治阿練若亂心病之七十二種法」題下，附記有「尊者舍利弗所玄問，出雜阿含阿練若雜事中」之句。可是現有《雜阿含經》中，缺乏相當於此部分的記載。

第二單元

《佛說大安般守意經》

《佛說大安般守意經》凡二卷。又稱《安般經》、《安般守意經》、《大安般經》，雖題爲「經」，其形式體裁則屬「論」，是佛教小乘專講禪數的經典，爲後漢「安世高」所翻譯。

《佛說大安般守意經》論述以「觀察呼吸」作爲修習「禪定」的方法。此「安那般那念」與「不淨觀」合稱「二甘露門」，爲後漢到東晉時期所流行的禪法。

「安般」是梵語的音譯，全稱「安那般那」，即指「出入息念」，即「呼吸」。梵語「安那」即「入息（吸氣，吸氣到呼氣之間，短暫休息的身心狀態。）」，「般那」即「出息（呼氣，呼氣到吸氣之間，短暫休息的身心狀態。）」。

《佛說大安般守意經》敍述坐禪時，進行「數息觀（默數出入息，令心隨息而定）」以之收斂散心。「安般守意」即是用「數息（呼吸）」的方法，令浮躁不安和思慮過多的心情平定下來以期望能達到佛的境界。此經所論，首在透過控制數「出入息」以達到「守意」的目的。「守意」的意思是，掃除各種思想障礙，以使內心不亂。

《佛說大安般守意經》主張「坐禪數息」是修習禪定的重要法門，是中國禪學史上最早提到「坐禪」的經典。在「南禪」興起之前，「坐禪」是修禪的不二法門。

《佛說大安般守意經》的內容，主要是講「四禪」和「六事」。「四禪」是指修行「安般守意」過程中的四個階段；「六事」是指「數息、相隨、止、觀、還、淨」，是「安般守意」過程中的六種不同要求，「四禪」與「六事」必須緊密配合。

所謂「四禪」，概述如下：

⑴「一禪」是指「數息」的要求，「是以行寂。繫意著息數一至十。十數不誤意定在之。小定三日。大定七日。寂無他念怕然若死。」。

⑵「二禪」是指「相隨」的要求，「禪棄也。棄十三億穢念之意。已獲數定轉念著隨蠲除其八。正有二意。意定在隨。由在數矣。垢濁消滅心稍清淨。」，「相隨」就是要求意識從數數，而轉向隨順呼吸的氣息，使注意力集中到一呼一吸的運行上。

⑶「三禪」是指「止」，「又除其一注意鼻頭。謂之止也。得止之行。三毒四走五陰六冥諸穢滅矣。」這是說，注意力從呼吸轉向鼻頭，使意識停止於一點而不動，即可排除心裡一切殺念。

⑷「四禪」是指「觀」，「還觀其身。自頭至足反覆微察內體汙露。森楚毛竪猶覩膿涕。於斯具照天地人物。其盛若衰無存不亡。信佛三寶。衆冥皆明。」然後，「攝心還念諸陰皆滅。謂之還也。穢欲寂盡其心無想。謂之淨也。」至此，卽達到「神通」的境界。

所謂「六事」，概述如下：

「六事」是「守意」的法門，分別爲：「數息、相隨、止、觀、還、淨」。又稱爲「六妙門」，爲達到涅槃之法。

⑴數息：呼吸時，反覆的從一數至十。

⑵相隨：隨順呼吸出入，注意力集中在呼吸運行之上。

⑶止：注意力轉向止於鼻頭，使人不受一切外物的干擾。

(4)觀：觀五陰而悟「非常、苦、空、無我」。
(5)還：棄身七惡、還五陰，以斷除人生的貪與愛。「七惡」是「殺、盜、淫、妄言、兩舌（搬弄是非）、惡口（新譯粗惡語，以口傷人）、綺語（淫意不正之言詞）」。
(6)淨：卽無爲，無欲無想，不受五陰之境。

●名相：六妙門

◎釋文：爲「天台宗」所立。「妙」指「涅槃」，入於「涅槃」之法門有六，故稱「六妙門」。此處特指六種禪觀，卽：
(1)數息門：數息（從一至十）攝心，爲入定之要法，故爲「第一妙門」。
(2)隨息門：隨息之出入而不計其數，如此則禪定自易引發，故爲「第二妙門」。
(3)止門：心止而諸禪自發，故爲「第三妙門」。
(4)觀門：觀五陰之虛妄，破種種顚倒妄見，則無漏之方便智可因此開發，故爲「第四妙門」。
(5)還門：收心還照，知能觀之心非實，則我執自亡，無漏之方便智自然而朗，故爲「第五妙門」。
(6)淨門：心無住著，泯然淸淨，則眞明之無漏智因此而發，自然斷惑證眞，故爲「第六妙門」。
「六妙門」中，前三門屬「定」，後三門屬「慧」，依此「定、慧」，卽可獲得眞正之菩提。

第三單元

《修行道地經》

《修行道地經》又稱作《修行經》，是纂集諸經所說「瑜伽觀行」之要義而成，爲印度「僧伽羅剎（又稱爲「衆護」）」所著作，由西晉佛教譯經師「竺法護」所譯出。「僧伽羅剎」是印度「說一切有部」著名的「譬喻師、大禪師」，於佛滅後七百年，生於印度「須賴國」。後入「乾陀羅國」，「迦尼色迦王」曾以師禮待之。

《修行道地經》經文的內容，主要說明「禪觀的次第進展」，可歸納爲：

(1)入門階段的「五停心觀」：不淨觀、慈心觀、數息觀、十二因緣觀、白骨觀等五種禪觀。

(2)說明「寂（止）」與「觀」二者的必要性。

(3)說明「觀四諦、十六行相，斷除煩惱，得解脫」的次第。尤其是「數息品」中，有「凡夫禪」與「佛弟子禪」的區別，說明外道與佛教的差異在於內觀的不同所致。

(4)本經對卵子受精後，及胚胎在母體內發育的過程，有詳細精確的描述，可說是歷史上第一本，有關「人類胚胎學」的經典之作。

●名相：五停心觀

◎釋文：爲「息止惑障」所修的五種觀法。又作「五觀、五念、五停心、五度觀門、五度門、五門禪」。即：

(1)不淨觀：又作「惡露觀」，指身上所出不潔之津液。如膿、血、尿、屎等。「惡」爲憎厭之義；

「露」即津液。乃多貪之衆生觀想自他色身之不淨而息止貪欲之心。如觀想死屍青瘀等相以對治顯色貪，觀想鳥獸噉食死屍以對治形色貪，觀想死屍腐爛生蟲蛆之相以對治妙觸貪，觀想死屍之不動以對治供奉貪，及觀想白骨之骨鎖觀以對治以上之四貪。

(2)慈悲觀：又作「慈心觀、慈愍觀」。乃多瞋之衆生觀想由與樂拔苦而得之眞正快樂，以對治瞋恚煩惱。

(3)緣起觀：又作「因緣觀、觀緣觀」。乃觀想順逆之「十二緣起」，以對治愚癡煩惱。

(4)界分別觀：又作「界方便觀、析界觀、分析觀、無我觀」。乃觀想十八界之諸法悉由地、水、火、風、空、識所和合，以對治我執之障。外道於身心常執爲我而起我執，故於地、水、火、風、空、識六界起因緣假和合之分別，若觀無我，則能對治我執。此觀爲聖道之方便，故稱「界方便觀」。

(5)數息觀：又作「安那般那觀、持息念」。即計數自己之出息、入息，以對治散亂之尋伺，而令心念止持於一境，爲散亂之衆生所修者。

《修行道地經》現行本共七卷，計分三十品，七萬餘字，品目依次如下：

(1)卷第一：①集散品第一②五陰本品第二③五陰相品第三④分別五陰品第四⑤五陰成敗品第五

(2)卷第二：①慈品第六②除恐怖品第七③分別相品第八

(3)卷第三：①勸意品第九②離顚倒品第十③曉了食品第十一④伏勝諸根品第十二⑤忍辱品第十三⑥棄加惡品第十四⑦天眼見終始品第十五⑧天耳品第十六⑨念往世品第十七⑩知人心念品第十八⑪地獄品第十九

(4)卷第四：①勸悅品第二十②行空品第二十一

(5)卷第五：①神足品第二十二②數息品第二十三

(6)卷第六：①觀品第二十四②學地品第二十五③無學地品第二十六④修無學品第二十七

(7)卷第七：①弟子三品修行品第二十八②緣覺品第二十九③菩薩品第三十

對於禪修者而言，《修行道地經》卷第五，是學習「禪定」很重要的經文。卷第五有「神足品第二十二」和「數息品第二十三」共二品，略述如下：

「神足品第二十二」，說明禪修者，或「先得寂而後入觀」，或「先得觀然後入寂」。說明其心正住，不動不亂，而不放逸，是爲「寂相」。尋因其行心觀正法，省察所作而見本無，因其形相是謂爲「觀」。禪修者以「惡露（不淨）觀、數息守出入息」，而入寂從諸禪定進而成就神足，故禪修者「念惡露、數息思定」。

重要原文如下：

(1)其修行者，或先得寂而後入觀，或先得觀然後入寂；習行寂寞適至於觀便得解脫，設先入觀若至寂寞亦得解脫。何謂爲寂？其心正住，不動不亂而不放逸，是爲寂相；尋因其行心觀正法，省察所作而見本無，因其形相是謂爲觀。

(2)其修行者，何因專精求入寂然？無數方便而逮於寂，今取要言而解說之。因二事致：一惡露觀；二曰數息，守出入息。

(3)何謂爲不淨觀？初當發心慈念一切皆令安隱，發是心已，便到塚間坐觀死人，計從一日乃至七日，或身膖脹其色青黑，爛壞臭處爲蟲見食，無復肌肉，膿血見洿，視其骨節筋所纏裹，白骨星散甚爲可惡，或見久遠若干歲骨，微碎在地色如縹碧；存心熟思，隨其所觀行步進止，臥起經行懷之不忘，若詣閑居寂無人處，結跏趺坐，省彼塚間所見屍形，一心思惟。

「數息品第二十三」說明禪修者應當自念，雖得諸禪定，但尚未及解脫。思惟所用察心，無常古空脫吾我，其心之本皆從因緣轉相接引從，進而證得果。

接著說明，由「數息守意」求定，即出息爲安入息爲般，隨息出入而無他念，是謂「數息出入」。

「數息守意」的方法有三種：

⑴「四事（數息、相隨、止觀、還淨）」

⑵「二瑕（行數息或長或短）」

⑶「數息十六特勝」，即：數息長則知、息短亦知、息動身則知、息和釋即知、遭喜悅則知、遇安則知、心所趣即知心、柔順則知、心所覺即知、心歡喜則知心、伏即知、心解脫即知、見無常則知、若無欲則知、觀寂然即知、見道趣即知。並說明「三十七道品」及斷諸煩惱而成就聖道，這一切都是可從「數息」中得成就。

重要原文如下：

⑴何謂修行數息守意求於寂然？今當解說數息之法。何謂數息？何謂爲安？何謂爲般？出息爲安，入息爲般；隨息出入而無他念，是謂數息出入。何謂修行數息守意能致寂然？數息守意有四事行，無二瑕穢，十六特勝。

⑵何謂四事？一謂數息，二謂相隨，三謂止觀，四謂還淨。於是頌曰：

⑶何謂二瑕？數息或長或短是爲二瑕。捐是二事。

⑷何謂十六特勝？數息長則知，息短亦知，息動身則知，息和釋即知，遭喜悅則知，遇安則知，心所

趣卽知，心柔順則知，心所覺卽知，心歡喜則知，心伏卽知，心解脫卽知，見無常則知，若無欲則知，觀寂然卽知，見道趣卽知。是爲數息十六特勝。

(5) 何謂數息？若修行者坐於閑居無人之處，秉志不亂數出入息，而使至十從一至二，設心亂者當復更數一二至九，設心亂者當復更數，是謂數息。行者如是晝夜習數息，一月一年至得十息心不中亂。

(6) 其修行者已得相隨，爾時當觀。如牧牛者住在一面遙視牛食；行者若茲，從初數息至後究竟，悉當觀察。於是頌曰：

(7) 其修行者已成於觀，當復還淨。如守門者坐於門上，觀出入人皆識知之；行者如是，係心鼻頭，當觀數息，知其出入。

(8) 何謂佛弟子數出入息而得寂然？其修行者坐於寂靜無人之處，斂心不散，閉口專精觀出入息，息從鼻還轉至咽喉，遂到臍中，從臍還鼻。當省察之，出息有異、入息不同，令意隨息，順而出入，使心不亂，因是數息志定獲寂。於是中間永無他想，唯念佛、法、聖衆之德，苦、習、盡、道四諦之義，便獲欣悅，是謂溫和。如人吹火熱來向面，火不著面但熱氣耳！其火之熱不可吹作，當作是知溫和如斯。

《坐禪三昧經》

《坐禪三昧經》共二卷，姚秦弘始四年，由「鳩摩羅什」於長安譯出。弘始九年復校。又稱爲《坐禪三昧法門經》、《菩薩禪法經》、《阿蘭若習禪法》、《禪法要》，略稱《禪經》。《坐禪三昧經》與《達摩多羅禪經》並稱，《坐禪三昧經》稱爲「關中禪經」，《達摩多羅禪經》則被稱爲「廬山禪經」。

還未翻譯出《坐禪三昧經》之前，中國佛教初期的禪觀，都是根據後漢「安世高」所譯出的禪經。後來，由於「道安」的倡導，北方前秦與後秦的禪觀，才逐漸興隆，並盛行實修方法，可是都不出「小乘禪」的領域。一直到「鳩摩羅什」翻譯出《坐禪三昧經》後，大乘佛教與小乘佛教，乃至大乘禪與小乘禪的關係，才告明確。因而促成「天台止觀」的成立，中國「禪宗」的誕生，本經促成的功勞，實在不可磨滅。

《坐禪三昧經》是諸家禪要的纂集，內容闡明「五門禪法」，述說大小二乘綜合的禪觀。《坐禪三昧經》禪法的來源，見於《出三藏記集．關中出禪經序》。《出三藏記集》是南朝梁代「僧祐」所撰，是現存最早的完整佛教經錄。

根據《出三藏記集》卷九記載，「僧祐」在〈關中出禪經序〉所述，《坐禪三昧經》初四十三偈，是研究「摩羅羅陀」法師所造。後二十偈，是「馬鳴菩薩」所造。其中的「五門禪法」是抄自「鳩摩羅羅陀、馬鳴菩薩、婆須蜜、僧伽羅叉、漚波崛、僧伽斯那、勒比丘」等諸師的禪要。六覺中偈，是「馬鳴菩薩」修習之，以釋「六覺」也。初觀婬、恚、癡相及其三門，皆是「僧伽羅叉」所撰。

《坐禪三昧經》共二卷：

上卷初列四十三偈，說明欲度脫生死輪迴，須修禪法。次分治貪欲、治嗔恚、治愚癡、治思覺、治等分法門，主張應分別修行不淨觀、慈心觀、因緣觀、數息觀、念佛觀。

下卷載四禪、五通、四念處、四善根及入見道的次第，闡明菩薩的習禪法。

《坐禪三昧經》經文的重點，略述如下：

一、治貪欲法門

《坐禪三昧經》所言治貪欲法門，著重在「婬欲」方面，以觀身體的種種不淨來對治此貪欲。除了三十六種不淨外，經文中針對婬人對身體不同部位的執著，以七種「不淨觀」來對治。

重要原文如下：

婬欲多人習不淨觀。從足至髮不淨充滿。髮毛爪齒薄皮厚皮血肉筋脈骨髓肝肺心脾腎胃大腸小腸屎尿洟唾汗淚垢坋膿腦胞膽水微膚脂肪腦膜。身中如是種種不淨。復次不淨漸者。觀青瘀膖脹破爛血流塗漫臭膿噉食不盡骨散燒焦。是謂不淨觀。

復次多婬人有七種愛。或著好色。或著端正。或著儀容。或著音聲。或著細滑。或著衆生。或都愛著。

若著好色當習青瘀觀法。黃赤不淨色等亦復如是。

若著端正。當習膖脹身散觀法。

若著儀容。當觀新死血流塗骨觀法。

若著音聲。當習咽塞命斷觀法

若著細滑。當習骨見及乾枯病觀法。

若愛衆生。當習六種觀。

若都愛著。一切遍觀。或時作種種更作異觀是名不淨觀。

二、治瞋恚法門

第二治瞋恚法門，有三個修習慈心的階段，慈愛的對象由「至親好友」至「普通人」再至「厭惡、仇恨之人」，最後遍及「法界衆生」。此法門的論述，著重爲修習「慈心法門」者。

有人問「論師」問題：爲什麼要讓討厭的人也得到快樂？「論師」不只回答原因，還進一步剖析心理建設的步驟

重要原文如下：

問曰。親愛中人願令得樂。怨憎惡人云何憐愍復願與樂。

答曰。應與彼樂。所以者何。其人更有種種好清淨法因。我今云何豈可以一怨故而沒其善。

復次思惟。是人過去世時或是我親善。豈以今瞋更生怨惡。我當忍彼是我善利。又念行法仁德含弘慈力無量此不可失。復思惟言。若無怨憎何因生忍。生忍由怨怨則我之親善。復次瞋報最重衆惡中上無有過是。以瞋加物其毒難制。雖欲燒他實是自害。復自念言。外被法服內習忍行。是謂沙門豈可惡聲縱此變色愍心。復次五受陰者。衆苦林藪受惡之的。苦惱惡來何由可免。如刺刺身苦刺無量。衆怨甚多不可得除。當自守護著忍革屣。

三、治愚癡法門

「治愚癡法門」是以觀「十二因緣」來對治。「十二因緣」即十二種因緣生起的條件，分別是：無明、行、識、名色、六入、觸、受、愛、取、有、生、老死。前者是後者生起之因：前者產生，後者必相應而生；前者消失，後者亦不存在。既然「十二因緣」生是煩惱的來源，滅則能滅除苦惱，只要斷除源頭的「無明」，煩惱便不復存在。

重要原文如下：

問曰。佛法中因緣甚深。云何癡多人能觀因緣。

答曰。二種癡人。一如牛羊。二種種邪見。癡惑闇蔽邪見癡人。佛為此說當觀因緣以習三昧。

四、治思覺法門

「思覺」指「煩惱、妄念」。以「阿那般那」對治思覺多者。阿那般那即「數息觀」。若欲入正道，要除三種「粗思覺」和三種「細思覺」。

重要原文如下：

問曰。何以故數。

答曰。無常觀易得故。亦斷諸思覺故。得一心故。身心生滅無常相似相續難見。入息出息生滅無常易知易見故。復次心繫在數。斷諸思覺。思覺者。欲思覺。恚思覺。惱思覺。親里思覺。國土思覺。不死思覺。欲求淨心入正道者。先當除卻三種麁思覺。次除三種細思覺。除六覺已。當得一切清淨法。譬如採金人先除麁石砂。然後除細石砂。次第得細金砂。問曰。云何為麁病。云何為細病。答曰。欲瞋惱覺是三名庵病。親里國土及不死覺是三名細病。除此覺已。得一切清淨法。

五、治等分法門

第五治等分法門，首先要明白「等分」的涵義，方能得知其對治的對象爲何。《坐禪三昧經》中沒有明確定義「等分」之義。但是，《華嚴經》明確指出「三毒等分」，故「第五治等分法門」，卽在對治「貪、瞋、癡」三毒兼具的衆生。

對治「三毒等分」，欲修行的衆生，要教他們「一心念佛」，而此「念佛三昧」有三個進程，經中以「初習行、已習行、久習行」來說明：

重要原文如下：

第五法門治等分行。及重罪人求索佛。如是人等當教一心念佛三昧。念佛三昧有三種人或初習行。或已習行。或久習行。若初習行人。將至佛像所。或教令自往諦觀佛像相好。相相明了。一心取持還至靜處。心眼觀佛像。令意不轉繫念在像不令他念。他念攝之令常在像。

《五門禪經要用法》

《五門禪經要用法》，共一卷，又作《五門禪要法》、《禪經要用法》。「佛陀蜜多羅（覺親）」撰。宋罽賓三藏「曇摩蜜多（法秀）」譯。經中列舉五大坐禪觀法（數息觀、不淨觀、慈心觀、因緣觀、念佛觀），並詳述每一種觀法的理論及其對治之病，尤其力說「觀佛之法」。

《五門禪經要用法》中，以「念佛觀」取代「界分別觀」，稱爲「五門禪」。「念佛觀」卽全心全意觀想佛陀如來，對治昏沈暗塞、惡念思惟、境界逼迫等三障。

「五門禪法」的形成，與釋迦牟尼佛的教法有關。釋迦牟尼佛成佛之前，曾經跟隨「阿羅邏」等外道修學禪法。後來，釋迦牟尼佛認爲外道的禪法不究竟，他吸收和改造外道的禪法，再結合自己的證悟，最終創立「佛教禪學體系」，其中以「五門禪」最著稱。

「五門禪」又稱爲「五停心觀、五觀、五念、五禪、五門禪、五淨行、五度觀門、五度門」，是五種修行禪定方法的合稱，是爲了斷除人們內心的根本無明，消除散亂、貪慾和暴戾，創建和諧與曠達的人生觀而設立的五種禪法。例如對治「慾望」，用「不淨觀」；對治「嗔毒」，用「慈悲觀」；對治「愚痴」，用「因緣觀」；對治「散亂」，用「數息觀」；對治「多罪和煩惱多的衆生」，用「念佛觀」。

釋迦牟尼佛發現，障礙我們完成人格的因素，是不識佛法的「無明（愚痴）」、無盡的「貪婪（多欲）」、惱害自他的「瞋恨（瞋）」、心浮氣噪的「散亂」，克服這些因素的相應方法，卽是「五門禪法」。

在釋迦牟尼佛的時代，對於不同根性和習氣煩惱的弟子，教授了許多種不同的對治煩惱的方法，例如「五門禪」的修行，以便能順利進入「四禪八定」的禪定。

「五門禪」最早興起於印度「部派佛教時期」，在印度「部派佛教」經典記載之中，釋迦牟尼佛早期先教授弟子修習「不淨觀」，但是後來因爲僧團有人修行「不淨觀」，而有厭世情形。後來衍生外道因受天魔的影響產生邪見，殺害不少比丘。爲使弟子能勤修智慧，樂受樂住正法，因此釋迦牟尼佛又教授了「安那般那念」，令佛弟子能依次第修行，不會受惡法的影響。「數息觀」與「不淨觀」在「部派佛教」論典中，合稱「二甘露門」。

後來，佛法傳到中國，在姚秦時代，由「鳩摩羅什」傳入中國的「五門禪法」，以「念佛觀」來取代「界分別觀」。稍後天台宗「智顗」在解說「五停心觀」時，也將此說法列入。智顗認爲，「界方便觀」可以破除境界逼障，與「念佛觀」功能相同，而且「念佛觀」爲大乘菩薩法門，「界分別觀」則被判爲小乘佛教禪觀，所以可以用「念佛觀」來取代「界分別觀」。

由於受到「天台宗」與「淨土宗」的影響，後來漢傳佛教中，主要以「念佛觀」來取代「界分別觀」，「界分別觀」因而少人修習。

在「達摩」東渡到中國之前，佛教在中國已經傳布了三百多年，而禪經的翻譯、禪學的弘傳，已經大爲流行。其間所傳授的禪法，以「五門禪」爲主。

下面，對「五門禪法」的五種修行方法，做簡略的介紹。

一、不淨觀

「不淨觀」又名「不淨想」，是以觀想自他身的不潔淨，感悟人身空寂，四大無我，從而斷除貪慾的禪法。衆生生死輪迴的根本，主要在「淫慾的過患」。欲界最重貪，爲「男女欲貪」，「不淨觀」適合「多貪」的衆生修習。

多貪的衆生，觀想自己和他人色身的不淨，而息止貪欲之心。如觀想「死屍青瘀」等相，以對治「顯色貪」，觀想「鳥獸噉食死屍」以對治「形色貪」，觀想「死屍腐爛生蟲蛆之相」以對治「妙觸貪」，觀想「死屍之不動」以對治「供奉貪」，及觀想「白骨之骨鎖觀」以對治以上之四貪。

二、慈悲觀

「慈悲觀」又名「慈心觀、慈愍觀」，是以對治「瞋恚」爲主的修行方法。所謂「慈能拔苦，悲能予樂。」，即是在內心中，生出無量的愛心和濟渡之心，以消除無始以來的憤恨和瞋怒之心。「慈悲觀」適合「瞋恚」的衆生修習，觀想一切有情的可憐之相，發起慈悲心，樂對衆生與樂拔苦，因而停止瞋恚的方法。

三、數息觀

「數息觀」又譯爲「阿那般那觀、安那般那念、阿那波那、安般守意、安般念、安般」；又稱爲「念出入息、念無所起、息念觀、持息念、息念、數息」。「數息觀」是以計算出息（呼氣）或入息（吸氣）的次數，令心攝於一境，以對治散亂的修持方法。坐禪時，藉著專心計數「呼吸（出入息）次數」，沒有數錯，從一數到十，使分散浮躁的精神，專注於一境，進入禪定意境，適合「散心」多的衆生修習。

修習「數息觀」有六種方式，稱爲「六息念」或「六妙門」。卽：

(1) 數：指專心數「入、出息」，「入息」結束爲數一，「出息」結束爲二，再「入息」爲三，一直數到十，再從一開始循環不息，直到到集中思慮，使不散亂。

(2) 隨：又名「隨行、隨順、相隨、隨息」。卽隨順「出入息」，感受呼吸的長短、冷暖，不再數息的修法。

(3) 止：又名「止住、安」。指繫念唯在「鼻端」或在「眉間」，乃至「足指」，隨所樂處，安止其心。

(4) 觀：又名「觀相、占相」，此已正式進入「觀想、觀察」階段。從觀想「出入息」的生滅無常，進而觀想「五陰」的生滅無常，以體悟人生的空寂。

(5) 轉：又名「轉還、還」。卽從對人生「五陰」等的粗略觀察，引向更爲深入的細緻觀察，轉觀「身、受、心、法」的「四念住」，進而觀想「四諦」。

(6) 淨：又名「清淨、快淨」。是前五法的果，卽通過對人身「五陰」觀察，體悟人生的無常、苦、空、無我，感悟「四諦」之理，終而達到斷除煩惱，究竟涅槃。

在「數息觀」的修行過程中，有十六個境界必須經過，此卽「十六勝行」。又稱作「十六特勝」，爲「數息觀」中最爲殊勝的十六種觀法。有關其內容細目、順序、解釋，諸經論說法不同。

根據《成實論》卷十四所記載，有下列十六種：

(1) 念息短：心若粗雜散亂，則呼吸短促，在此短促之呼吸中，集中心念，作意識分明之呼吸。

(2)念息長：如(1)所述，觀心微細而呼吸亦長。
(3)念息遍身：知肉身是空，而作氣息遍滿全身之觀想。
(4)除身行：除去身體之行爲，使心安靜，並消滅粗雜之氣息。
(5)覺喜：即心得到歡喜。
(6)覺樂：即身體得到安樂。
(7)覺心行：知從喜心可能引起貪心之禍。
(8)除心行：即滅貪心，除粗雜之受。
(9)覺心：覺知心之不沈浮。
(10)令心喜：心沈則令之振起生喜。
(11)令心攝：心浮則將之攝歸於靜。
(12)令心解脫：捨離心之浮沈而解脫。
(13)無常行：知心寂靜，一切無常。
(14)斷行：知無常而斷煩惱。
(15)離行：斷煩惱，生厭離心。
(16)滅行：厭離而得一切之滅。

四、緣起觀

「緣起觀」，又作「因緣觀、觀緣觀、緣性緣起觀」。即觀察「十二緣起」的連環相續，而悟生死流轉不息的道理，是對治衆生「愚痴煩惱」的觀法。

爲了去除無明的障礙，應該重複的觀想，直到「十二因緣」遍觀，或順（流轉門）或逆（還滅門），就達到了預期的目標，即無明的斷除。在禪定狀態中，觀想「十二因緣」，認識「三世因果」相續，以退治不明佛理者的「愚痴」，適合「愚痴」多的衆生修習。

五、念佛觀

「念佛觀」，即念「應身、報身、法身」等三佛身，以次第對治「昏沈暗塞障、惡念思惟障、境界逼迫障」等三種障害。亦即一心觀想釋迦牟尼佛、阿彌陀佛等，佛身的相好及功德等的禪法，能對治「多罪」及「多種煩惱」的過患。

《五門禪經要用法》中，以「念佛觀」取代「界分別觀」，而與其他四觀合稱爲「五門禪」。所謂「界分別觀」，又稱作「界方便觀、析界觀、分析觀、無我觀」。是透過觀想「十八界」的諸法，悉由「地、水、火、風、空、識」所和合，以對治「我執」之障。外道於身心常執爲我，而起「我執」，故於「地、水、火、風、空、識」六界起「因緣假和合」的分別，若觀「無我」，則能對治「我執」。此觀爲聖道之方便，故稱「界方便觀」。

以上介紹的「五門禪」，是屬於「小乘」的禪法，儘管也攙雜了一些大乘的內容。在實際的禪法修行活動中，此「五門禪法」不是絕對的獨立，而是可以相互交叉實踐的。

「五門禪」雖然不能達到生命的最終解脫，然其實用性卻很強，能夠解決人生中的許多的煩惱，因而受到禪修者的普遍歡迎，並且成爲中國初期佛教的重要禪修方法。

《五門禪經要用法》的重要原文如下：

坐禪之要法有五門。一者安般。二不淨。三慈心。四觀緣。五念佛。安般不淨二門觀緣。此三門有內外境界。念佛慈心緣外境界。所以五門者。隨眾生病。若亂心多者教以安般。若貪愛多者教以不淨。若瞋恚多者教以慈心。若著我多者教以因緣。若心沒者教以念佛。

《達摩多羅禪經》

《達摩多羅禪經》共二卷，東晉「佛陀跋陀羅（意譯「覺賢」）」所譯。又稱作《達磨多羅禪經》、《禪經修行方便》、《修行地不淨觀經》、《修行方便禪經》、《不淨觀經》，是五世紀初西域僧「達摩多羅」與「佛大先」兩人共著。《達摩多羅禪經》的經名冠上「達摩多羅」之名，因此後世誤認為，是禪宗祖師「達摩」大師所說，而對之珍視，並且加以論究。

《達摩多羅禪經》共分十七品內容闡述禪觀的修煉，闡說修習「數息」、「不淨」等禪觀之法。經中的「方便道」，主要是指「數息觀」和「不淨觀」；「勝道」主要是指「心識、行持」上的變化；「退、進、住」分別是指習禪上的「退步、進步、定止」，可說是佛教「止觀禪修」主要的修行指導教科書。

「佛陀跋陀羅」與「鳩摩羅什」約為同時代人，因受廬山「慧遠」之請而將本經譯出。「鳩摩羅什」譯之《坐禪三昧經》稱「關中禪經」，《達摩多羅禪經》則稱「廬山禪經」；此二禪經總合大小二乘禪觀。

《達摩多羅禪經》的目錄如下：

《達摩多羅禪經》卷上

(1) 修行方便道安那般那念退分第一

(2) 修行勝道退分第二

(3) 修行方便道安般念住分第三
(4) 修行勝道住分第四
(5) 修行方便道升進分第五
(6) 修行勝道升進分第六
(7) 修行方便道安般念決定分第七
(8) 修行方便勝道決定分第八

《達摩多羅禪經》卷下

(9) 修行方便道不淨觀退分第九
(10) 修行方便不淨觀住分第十
(11) 修行方便道不淨觀升進分第十一
(12) 修行方便道不淨決定分第十二
(13) 修行觀界第十三
(14) 修行四無量三昧第十四
(15) 修行觀陰第十五
(16) 修行觀入第十六
(17) 修行觀十二因緣第十七

《達摩多羅禪經》對禪觀實修的心理有詳細的論述，所以是一本實修者的極佳指導書。下面節錄一段原文：

修行方便道安般念住分第三

如我力所能。演說退過已。今當說住過。修行者善聽。

若於入出息。無見亦無覺。不解方便求。是則初門住。

聞慧既已生。應起思慧念。不善解次第。愚癡住所縛。

若數已成就。息去應隨去。不知隨順法。是說修行住。

如佛問比丘。誰習安般念。有一比丘答。是念我修習。

汝有安般念。不言汝無有。復更有勝妙。牟尼說當修

方便道安般。

《禪祕要法經》

《禪祕要法經》共三卷，姚秦「鳩摩羅什」等譯。又稱《禪經祕要法》、《禪祕要法》。內容記述坐禪時，調心、調息、觀法等要法。

《禪祕要法經》說明種種「觀法」，修「繫念法」，觀全身骨節能成白色，觀身中火蟲、風蟲，及「不淨觀」，得「不淨想」最初境界。行者專心觀想三個月能得「甘露法三乘聖種」。

再修自身「四大」等十六種觀法」，然後禪修境界越來越高，能觀外界色境，一切色從何處生，作此觀能知「五色（青、黃、赤、白、黑）」，身能生「五色」，觀「色中無我」等法。次觀「己身四大」等，觀「四大」種種境界，如此觀法能令行者「繫念住意、心不散亂、端坐正受、住意一處、閉塞諸根」，此人安心念定力故，雖無境界，捨身他世，能生「兜率天」中。值遇「彌勒菩薩」，於後世「龍華三會」中，最先聞法，悟解脫道。

《禪祕要法經》詳細介紹「白骨觀」和「不淨觀」的禪觀方法。

●名相：白骨觀

◎釋文：又作「想相生、骨想、枯骨想」。為觀法之一；即「九想觀（九想）」中的「骨想」。「觀」意即以智慧專心一致，觀察念想佛或法等特定的對象，而致力於證悟，為佛教一般的實踐修行法，「白骨觀」即其中重要觀法之一。蓋觀想死屍之筋斷骨離，形骸分散，白骨狼藉不淨之狀，藉以知無常而除卻貪欲執著之念。佛陀弟子「優波尼沙陀」即以作此觀而成道。《楞嚴經》卷五：「觀不淨相，生大厭離，悟諸色性，以從不淨白骨微塵歸於虛空，空色二無，成無學道。」

●名相：不淨觀

◎釋文：又作「不淨想」。爲「五停心觀」之一。即觀想自他肉體之骯髒、齷齪，以對治貪欲煩惱的觀法。人的屍體隨時間而變化爲醜惡的形狀，故在諸經典中皆舉有多種不淨的觀屍法，以治貪欲之心，今列舉如下：

根據《禪法要解》卷上載，若淫欲多者，應修習二種不淨觀。即：

(1)觀死屍臭爛不淨，取此不淨之相，至閑靜處以自觀不淨。

(2)雖眼不見死屍，然從師受法而憶想分別，自觀身中充滿髮、毛、涕、淚、汗、垢、痰等三十六種不淨物。

●名相：九想

◎釋文：又作「九相、九想門、九想觀」。即對人屍體的醜惡形相，作九種觀想。爲「不淨觀」的一種，行之可斷除對肉體的執著與情執。「九想」爲：

(1)青瘀想：又作「想相壞、青想」，觀想風吹日曬，死屍變黃赤色，復又發黑青。

(2)膿爛想：又作「想相爛、絳汁想」，觀想死屍皮肉糜爛，自九孔出膿生蟲。

(3)蟲噉想：又作「想相蟲啖、食不消想」，觀想蛆蟲、鳥獸的食屍。

(4)膨脹想：觀想死屍的膨脹。

(5)血塗想：又作「想相紅腐、膿血想」，觀想死屍的膿血溢塗。

(6)壞爛想：又作「想相蟲食」，觀想皮肉的破裂、腐爛。

(7)敗壞想：又作「想相解散」，觀想皮肉爛盡，僅存筋骨，七零八落。
(8)燒想：又作「想相火燒」，觀想死屍燒爲灰燼。
(9)骨想：又作「想相生、枯骨想」，觀想死屍成爲一堆散亂的白骨。

《禪祕要法經》的重要原文如下：

（一）爾時長老「阿難」。即從坐起。白佛言世尊。如來初為「迦絺羅難陀」。說「不淨門」。為「禪難提比丘」。說「數息法」。為「阿祇達」。說「四大觀（地大、火大、風大、水大觀）」。如是眾多微妙法門。云何受持。當以何名宣示後世。佛告阿難。此經名「禪法祕要」。亦名「白骨觀門」。亦名「次第九想」。亦名「雜想觀法」。亦名「阿那般那方便」。亦名「次第四果想」。亦名「分別境界」。如是受持。慎勿忘失。分別境界

（二）若復有人。繫念諦觀。見舉身「白骨」。此人命終。生「兜率陀天」。值遇一生補處菩薩。號曰「彌勒」。見彼天已。隨從受樂。「彌勒」成佛。最初聞法。得「阿羅漢果」。「三明（宿命智證明、生死智證明、漏盡智證明）」「六通」。具「八解脫」。

●名相：六通

◎釋文：指六神通，爲佛菩薩依定慧力所示現之六種無礙自在之妙用。卽：神足通、天耳通、他心通、宿命通、天眼通、漏盡智證通。

●名相：八解脫

◎釋文：謂依八種定力而捨卻對色與無色之貪欲。又作八背捨、八惟無、八惟務。八者卽：

(1)內有色想觀諸色解脫：爲除內心之色想，於外諸色修不淨觀。

⑵內無色想觀外色解脫：內心之色想雖已除盡，但因欲界貪欲難斷，故觀外不淨之相，令生厭惡以求斷除。

⑶淨解脫身作證具足住：爲試練善根成滿，棄捨前之不淨觀心，於外色境之淨相修觀，令煩惱不生，身證淨解脫具足安住。

⑷超諸色想滅有對想不思惟種種想入無邊空空無邊處具足住解脫：盡滅有對之色想，修空無邊處之行相而成就之。

⑸超一切空無邊處入無邊識識無邊處具足住解脫：棄捨空無邊心，修識無邊之相而成就之。

⑹超一切識無邊處入無所有無所有處具足住解脫：棄捨識無邊心，修無所有之相而成就之。

⑺超一切無所有處入非想非非想處具足住解脫：棄捨無所有心，無有明勝想，住非無想之相並成就之。

⑻超一切非想非非想處入想受滅身作證具足住解脫：厭捨受想等，入滅一切心心所法之滅盡定。

此中前二者依初禪與第二禪，治顯色之貪，第三依第四禪修淨觀，皆以無貪爲性。第四至第七依次以四無色之定善爲性，第八依有頂地，以滅有所緣心爲性。又初二者各分爲二，第三分爲四，合謂「八勝處」。

（三）佛告阿難。若比丘比丘尼。優婆塞優婆夷。繫念住意。心不散亂。端坐正受。住意一處。閉塞諸根。此人安心念定力故。雖無境界。捨身他世。生「兜率天」。值遇「彌勒」。與「彌勒」俱。下生「閻浮提」。「龍華初會」。最先聞法。悟解脫道。

（四）我今觀於水火風等及與水大。一切無常。須臾變滅。當自觀我身內「四大」。火起無窮。地水風等亦復如是。此無明相。空無所有。假僞顚倒。猶如霜炎。屬於三界。緣於癡愛。三十三億念生法。九百九十轉。次第念麁相。「結使九十有八」。枝條種子。彌覆三界。爲是衆結。

●名相：結使

◎釋文：煩惱之異稱。諸煩惱纏縛衆生，不使出離生死，故稱結；驅役而惱亂衆生，故稱使。結有九種，使有十種，稱爲九結十使。《大智度論》卷一（大二五．五八下）：「一切衆生爲結使病所煩惱，無始生死已來，無人能治此病者。

《禪法要解》

《禪法要解》共二卷，又稱為《禪法要解經》、《禪要經》，「鳩摩羅什」等譯於姚秦弘始四年至十四年。

《禪法要解》旨在解說「菩薩習禪的要法」，初敘「淨觀、不淨觀」，次述「除五蓋、修四禪之相」，次說明「四無量心（慈、悲、喜、捨）」等，及「四空定」、「四諦觀」之修習；並述心專正、質直、慚愧等「十事」，及「四如意足」、「五神通」之法。北涼「沮渠京聲」亦譯有《禪法要解》一書，凡二卷。現已不存。

下面列出《禪法要解》經文中，重要的「名相（專有名詞）」。

●名相：不淨觀

◎釋文：又作「不淨想」。為「五停心觀」之一。即觀想自他肉體的骯髒、齷齪，以對治貪欲煩惱的觀法。人的屍體隨時間而變化為醜惡的形狀，故在諸經典中皆舉有多種不淨之觀屍法，以治貪欲之心。

●名相：五蓋

◎釋文：「蓋」是覆蓋之意。謂覆蓋心性，令善法不生的五種煩惱。即：

(1)貪欲蓋：執著貪愛五欲之境，無有厭足，而蓋覆心性。

(2)瞋恚蓋：於違情之境上懷忿怒，亦能蓋覆心性。

(3)惛眠蓋：又作「睡眠蓋」。惛沈與睡眠，皆使心性無法積極活動。

(4) 掉舉惡作蓋：又作「掉戲蓋」、調戲蓋、掉悔蓋。心之躁動（掉），或憂惱已作之事（悔），皆能蓋覆心性。

(5) 疑蓋：於法猶豫而無決斷，因而蓋覆心性。

又諸煩惱皆有蓋之義，然此五者於無漏之五蘊能為殊勝障礙，即「貪欲」與「瞋恚」能障「戒蘊」，「惛沈」與「睡眠」能障「慧蘊」，「掉舉」與「惡作」能障「定蘊」，「疑者」疑於「四諦」之理，故唯立此五者為「蓋」。

●名相：四禪

◎釋文：又作「四禪定、四靜慮」。指用以治惑、生諸功德的四種根本禪定。亦即指色界中的初禪、第二禪、第三禪、第四禪，故又稱「色界定」。「禪」是「禪那」的略稱；意譯作「靜慮」，即由寂靜，善能審慮，而如實了知之意，故「四禪」又稱「四靜慮、四定靜慮」。此「四禪」之體為「心一境性」，其用為「能審慮」，特點為已離「欲界」的感受，而與「色界」的觀想、感受相應。自「初禪」至「第四禪」，心理活動逐次發展，形成不同的精神世界。或謂自修證過程而言，前三禪乃方便的階梯，僅「第四禪」為真實的禪（真禪）。「四禪」能攝「尋、伺，喜、樂」等諸靜慮支，為「止（定）」與「觀（慧）」並行者；以其最能審慮，故其義最勝。蓋「四禪」之差別，乃由所攝「靜慮」不同而分為四種。

●名相：四無量

◎釋文：又作「四無量心、四等心、四等、四心」。即佛菩薩為普度無量眾生，令離苦得樂，所應具有的四種精神。「四無量心」即「慈無量心、悲無量心、喜無量心、捨無量心」。

(1) 慈無量心：

給予衆生一切樂，名「慈無量心」。發願不但今生，乃至盡未來世，都要救度無量無邊的衆生，隨著願力給予一切快樂，因爲衆生無量，所以菩薩行也是無量，起這種慈心，就是修慈無量心。

(2)悲無量心：

救拔一切衆生的苦，名「悲無量心」。衆生有種種的苦，要盡我們的力量，用自己的悲心，想辦法把衆生的苦除掉。不但這一生要去做，生生世世都要去做，起這種悲心，就是修悲無量心。

(3)喜無量心：

見人行善或快樂時，心生歡喜，名「喜無量心」。見衆生有種種的成就或得樂時，心生喜悅，心量廣大，念念如此無有間斷，就是修喜無量心。

(4)捨無量心：

對一切衆生，不論是冤或親，都能一律平等，不起愛、憎，名「捨無量心」。能捨內在種種心境、外在種種境界、物質等，而不起分別、憎愛，就是修捨無量心。

●名相：四念處

◎釋文：爲三十七道品中之一科。指集中心念於一點，防止雜念妄想生起，以得眞理之四種方法。乃原始經典中所說之修行法門。又作「四念住、四意止、四止念、四念、身受心法」。卽以「自相、共相，觀身不淨、受是苦、心無常、法無我」，以次第對治「淨、樂、常、我」等四顚倒的觀法。「念」含有慧觀之義；「住」，卽於「身、受、心、法」四境，生起不淨、苦等觀慧時，其念能止住於其處。

●名相：四無色定

◎釋文：又稱作「四空定、四空處定、四無色」。指超離色法（物質）繫縛的四種境界。卽由思惟

「四無色界」所得之定。若欲生於此「四無色界」，則必須修習「四無色定」；換言之，「四無色定」是對治色法的繫縛，滅除一切對外境的感受與思想的修行，及藉此修行所達到的清淨無染、虛空靜寂的精神境界。

●名相：四諦

◎釋文：「諦」是審實不虛之義。卽指「苦、集、滅、道」四種正確無誤的眞理。此四者皆眞實不虛，故稱「四諦、四眞諦」；又此四者爲聖者所知見，故稱「四聖諦」。「四諦」大體上乃佛教用以解釋宇宙現象的「十二緣起說的歸納，爲原始佛教教義的大綱，乃釋尊最初之說法。「四諦」卽：

⑴苦諦：「苦」泛指逼迫身心苦惱的狀態。審實世間事物，不論有情、非情悉皆爲苦；亦卽對人生及環境所作的價値判斷，認爲世俗的一切，本質皆苦。「苦諦」卽關於生死實是苦的眞諦。

⑵集諦：「集」是招聚之義。審實一切煩惱惑業，實能招集三界生死苦果。「集諦」卽關於世間人生諸苦的生起及其根源的眞諦。

⑶滅諦：「滅」卽寂滅；審實斷除苦之根本一欲愛，則得苦滅，可入於涅槃的境界。「滅諦」卽關於滅盡苦、集之眞諦。

⑷道諦：「道」是能通之義。審實滅苦之道，乃正見、正思惟等「八正道」，若依此而修行，則可超脫苦、集二諦，達到寂靜涅槃之境。「道諦」卽關於「八正道」的眞諦。

●名相：四神足

◎釋文：爲三十七道品中，次於「四念處、四正勤」的第三行法。又作「四如意分、四如意足」。是由欲求（欲）、心念（心）、精進（勤）、觀照（觀）四法之力，引發種種神用而產生的「三摩地

（定）」。

(1)欲三摩地斷行成就神足：由想達到神通的意欲力，發起的禪定。又作「欲三摩地勝行成就神足、欲定滅行成就修習神足、欲神足、欲如意足」。

(2)心三摩地斷行成就神足：由心念力，發起的禪定。又作「心三摩地勝行成就神足、意定滅行成就修習神足、念神足、念如意足」。

(3)勤三摩地斷行成就神足：由不斷止惡行善力，發起的禪定。又作「勤三摩地勝行成就神足、精進定滅行成就修習神足、勤神足、精進神足、精進如意足、進如意足」。

(4)觀三摩地斷行成就神足：由思惟佛理之力，發起的禪定。又作「觀三摩地勝行成就神足、思惟定滅行成就修習神足、觀神足、思惟神足、思惟如意足、慧如意足」。

●名相：神通

◎釋文又作「神通力、神力、通力、通等」。即依修禪定而得的無礙自在、超人間的、不可思議的作用。共有「神足、天眼、天耳、他心、宿命」等五神通（五通、五旬、般遮旬），加「漏盡通」，共爲「六神通（六通）」分別而言：

(1)神足通：又稱「神境智證通、神境通、身如意通、如意通、身通」等。根據《大智度論》卷五、卷二十八所記載，「神足通」有三種：

①爲隨心所欲，可至任何地方之能到（飛行）。

②爲隨意改變相狀轉變（變化）。

③爲隨意轉變外界對境（六境）的聖如意（隨意自在），唯佛所獨具者。

⑵天眼通：又稱「天眼智證通、天眼智通」。即看透世間所有遠近、苦樂、粗細等之作用。

⑶天耳通：又稱「天耳智證通、天耳智通」。即悉聞世間一切音聲的作用。

⑷他心通：又稱「他心智證通、知他心通」。即悉知他人心中所想各種善惡等事作用力（他心徹鑒力）。

⑸宿命通：又稱「宿住隨念智證通、宿住智通、識宿命通」。即悉知自他過去世等各種生存狀態的作用力。

⑹漏盡通：又稱「漏盡智證通」。即斷盡煩惱，永不再生於迷界的悟力。

其中，以佛、阿羅漢所具有的三通（宿命通、天眼通、漏盡通）最爲殊勝，故稱爲「三明」。根據《俱舍論》卷二十七，「六神通」皆以「慧」爲本質，其中「五神通」是依修「四禪」而得，不唯聖者獨有，凡夫亦可得；但是「漏盡通」唯聖者可得。

《禪法要解》的重要原文如下：

⑴淨觀者三品或初習行。或已習行。或久習行。若初習行當教言。破皮却不淨。當觀『白骨人』。繫意在觀不令外意。外念諸緣攝之令還。若已習行當教言。心却皮肉。具觀頭骨不令外念。外念諸緣攝之令還。若人習行。却身中一寸皮肉繫意五處。『頂上額上眉間鼻端心處』。如是等處住意在骨不令外念。外念諸緣攝之令還。當復觀心。若心疲極捨諸外想注念在緣。譬如獼猴被繫在柱終日馳走。鎖常攝還極乃休息。所緣如柱。念則如鎖。心喻獼猴。亦如乳母。常觀小兒不令墮落。行者觀心亦復如是。漸漸制心令住緣處。若心久住是應禪法。若得禪定即有三相。身悉和悅柔軟輕便。白骨流光猶如白珂。心得靜住是為淨觀。是時便得色界中心。是名『初學禪法門』。若定得勝心。則

不如制之令住。是名『一心』。

(2)若習法時。中間或有『五蓋』覆心。卽應除滅。如黑雲翳日風力破散。若婬欲蓋起。心念五欲卽應思惟。我今在道自捨五欲云何復念。

(3)如是種種呵疑。當疾除却。行者如是思惟除捨『五蓋』集諸善法。深入『一心』。斷欲界煩惱得『初禪定』。

(4)問曰。云何知是『第四禪相』。答曰。如佛說『四禪相』。若比丘斷樂斷苦先滅憂喜。不苦不樂護念清淨入『第四禪』。

(5)欲行『四無量心』隨意易得。欲修『四念處』修之則易。欲得『四諦』疾得不難。欲入『四無色定』易可得入。欲得『六通』求之亦易。

(6)若方便初習其門則有『十事』。

『一者心專正』。種種外事來壞不能移轉。如四邊風起山不傾動。

『二者質直』。聞師說法不見長短。心無增減隨教無疑。譬如入稠林採木直者易出曲者難出。如是三界稠林。直者易出曲者難出。佛法中唯直是用曲者遺棄。

『三者慚愧』。是第一上服最妙莊嚴。慚愧爲鉤制諸惡心。有慚有愧眞爲是人。若無慚愧畜生無異。

『四者不放逸』。一切善法之根本。如世間放逸失諸利事。行者放逸失涅槃利。當知放逸如怨如賊。心常遠離。當知不放逸如君父師長。應遵承不捨。

『五者遠離』。因此遠離成不放逸。若近五欲諸情開發。先常身離聚落。次心遠離不念世事。

『六者少欲』。資生之物心不多求。多求故則墮衆惱。

『七者知足』。有人雖復少欲。樂著好物則敗道心。是故智者趣足而已。

『八者心不繫著』。若弟子檀越知識親里。若問訊迎送多營多事。如是等者毀敗道故不應繫著。

『九者不樂世樂』。若歌舞伎樂。良時好日選擇吉凶。一切世事悉不喜樂。

『十者忍辱』。行者求道時。當忍『十事』。一蚊虻侵害。二蛇蚖毒螫。三者毒獸。四者罵詈誹謗。五者打擲加害。六者病痛。七飢。八渴。九寒。十熱。如是惱事。行者忍之莫令有勝。常勝此事。

(7) 問曰。如是可信云何當學。答曰。若行者住於『第四禪』。依『四如意分』。一心攝念觀身。處處虛空如藕根孔。取身輕疾相。習之不已。身與心合。如鐵與火合。滅身麁重相。但有輕疾身。與欲精進思惟及助行法合。欲等善行力故。身則隨逐如火在鐵輕軟中用。

(8) 問曰。『五神通』何者先生。

答曰。隨所樂者爲先。

問曰。若爾者何以變化『神通』在初。

答曰。『五神通』多爲衆生。所以者何。如慧解脫阿羅漢。既得阿羅漢作是念言。有衆生多鈍根者。不信道事輕慢佛法。我得難事『漏盡神通』。如何不起神通教化衆生而令墮罪。又佛大悲利益衆生。我爲弟子。應以『神通』助益衆生。然諸衆生多以現事而得利益。神變感動貴賤大衆無不傾伏。餘通無有是者。以是故變化『神通』在初。

國家圖書館出版品預行編目資料

看懂證道歌／呂冬倪著. --初版.--臺中市：白象文化事業有限公司，2021.12
面； 公分
ISBN 978-626-7056-36-3（平裝）
1.禪宗 2.佛教說法
226.65　　110017905

看懂證道歌

作　　者　呂冬倪
校　　對　呂冬倪
發 行 人　張輝潭
出版發行　白象文化事業有限公司
412台中市大里區科技路1號8樓之2（台中軟體園區）
出版專線：（04）2496-5995　傳真：（04）2496-9901
401台中市東區和平街228巷44號（經銷部）
購書專線：（04）2220-8589　傳真：（04）2220-8505
專案主編　陳逸儒
出版編印　林榮威、陳逸儒、黃麗穎、水邊、陳媁婷、李婕
設計創意　張禮南、何佳諠
經銷推廣　李莉吟、莊博亞、劉育姍、李如玉
經紀企劃　張輝潭、徐錦淳、廖書湘、黃姿虹
營運管理　林金郎、曾千熏
印　　刷　基盛印刷工場
初版一刷　2021年12月
定　　價　480元